W0324659

Thomas Möbius

Wie interpretiere ich ein Drama?

Anleitung

Bange Verlag

Über den Autor:

Thomas Möbius, geboren 1963 in Heidelberg, Studium der Germanistik und ev. Theologie, Promotion zum Dr. phil. in der germanistischen Mediävistik, Stipendiat der Konrad-Adenauer-Stiftung, Lehraufträge an der Universität Heidelberg, 1991–2001 Lehrer an einem Gymnasium in Mannheim, seit 2002 Akademischer Rat für Literaturwissenschaft und Literaturdidaktik an der Pädagogischen Hochschule Heidelberg, mehrjährige Auslandsaufenthalte in Mailand, Rom und Singapur, Autor von Lernhilfen und Königs Erläuterungen des Bange Verlags.

Das Werk und seine Teile sind urheberrechtlich geschützt. Jede Verwertung in anderen als den gesetzlich zugelassenen Fällen bedarf der vorherigen schriftlichen Einwilligung des Verlages. Hinweis zu § 52 a UrhG: Weder das Werk noch seine Teile dürfen ohne eine solche Einwilligung eingescannt oder gespeichert und in ein Netzwerk eingestellt werden. Dies gilt auch für Intranets von Schulen und sonstigen Bildungseinrichtungen.

1. Auflage 2004
ISBN 3-8044-1466-4
© by C. Bange Verlag, 96142 Hollfeld
Alle Rechte vorbehalten!
Gestaltung: Georg Lehmacher, Friedberg (Bay.)
Alle Rechte vorbehalten!

Inhalt

Hinweise zur Benutzung des Buches **5**

Stichwortverzeichnis **6**

1 Das Drama **10**
1.1 Was ist ein Drama? 10
1.2 Dramentexte 10
a) G. E. Lessing: *Nathan der Weise* 10
b) Johann Wolfgang von Goethe: *Faust. Der Tragödie erster Teil* 17

2 Interpretationsschritte **22**
2.1 Textzusammenfassung und Inhaltsangabe schreiben 22
2.2 Gliederung und Aufbau einer Szene erfassen und einen Argumentationsgang herausarbeiten 24
2.3 Regieanweisungen als dramaturgische Gestaltungsmittel untersuchen . 26
2.4 Sprache und Stil als poetische Gestaltungsmittel analysieren 29
2.5 Charakterisieren 33
2.5.1 Die (Haupt-)Figuren charakterisieren 33
2.5.2 Personenkonstellation 38
2.6 Richtiges Zitieren 39

3 Dramenformen: Tragödie, Komödie, Schauspiel, episches Theater, Tragikomödie **41**
3.1 Tragödie: Sophokles: *Antigone* 41
3.2 Komödie: Heinrich von Kleist: *Der zerbrochne Krug* 47
3.3 Schauspiel: Heinrich von Kleist: *Prinz Friedrich von Homburg* 59
3.4 Das epische Theater: Bertolt Brecht: *Mutter Courage und ihre Kinder. Eine Chronik aus dem Dreißigjährigen Krieg* 67
3.5 Tragikomödie: Friedrich Dürrenmatt: *Der Besuch der alten Dame* 73

4 Analyse von Dramenausschnitten unter epochenspezifischen Gesichtspunkten **80**
4.1 Das Drama der Klassik: Johann Wolfgang von Goethe: *Faust. Der Tragödie zweiter Teil* 80
4.2 Das Drama des Naturalismus: Gerhart Hauptmann: *Die Ratten* 90
4.3 Das Drama der Postmoderne: Tankred Dorst: *Merlin oder Das wüste Land* 97

5 Abschlussübung: Was haben Sie gelernt? **110**

6 Lösungen **116**

7 Glossar: Die Grundbegriffe des Dramas 178

8 Literaturverzeichnis 202

Hinweise zur Benutzung dieses Buches

Der vorliegende zweite Band der Drama-Lernhilfenreihe des Bange Verlags ist eine an der Praxis orientierte und dennoch theoretisch ausgerichtete Anleitung zur Interpretation dramatischer Texte. Im Zentrum der Aufmerksamkeit stehen Tragödien, Komödien, Schauspiele, Studien und Tragikomödien sowie Beispiele für das epische Theater.

Schritt für Schritt lässt sich das Erarbeiten eines dramatischen Textes einüben: Dabei werden nicht nur Textzusammenfassung und Gliederungsanalyse verfasst, sondern auch poetische Mittel untersucht und Charakterisierungsübungen vollzogen. Auszüge aus den jeweils relevanten Schullektüren stehen als Erarbeitungsmaterial zur Verfügung.

Die beigefügten Übungen ermöglichen an jeder Stelle der Darstellung eine genaue Überprüfung des eigenen Wissenstandes; in einer Abschlussübung werden sämtliche zentralen Begriffe erneut erfragt.

Ein Kapitel zum epochenbezogenen Interpretieren, ein umfangreiches Glossar zu den Grundbegriffen des Dramas und ein ausführliches Stichwortverzeichnis machen das vorliegende Buch zu einem nützlichen und kompetenten Nachschlagewerk für alle Fragen in Sachen „dramatischer Literatur“.

Stichwortverzeichnis

Absurdes Drama · 110
Akkumulation · 171, 178
Akt · 47, 80, 93, 110, 112, 113, 114, 162, 181, 183, 184, 194, 195, 197
Allegorie · 178, 182, 199
Alliteration (Stabreim) · 33, 57, 65, 123, 140, 145, 164, 178, 180
Analytisches Drama · 88, 161, 177, 179, 184, 185, 201
Anapher · 33, 65, 123, 145, 153, 164, 166, 179, 196
Anrede · 165, 179
Anspielung · 57, 140, 141, 151, 166, 165, 173, 179
Antigone · 3, 41, 42, 44, 45, 47, 131, 135, 172, 192, 203
Antiheld · 107, 175, 179, 188
Antike und biblische Anspielungen · 57, 141
Antilabe · 31, 56, 85, 89, 122, 139, 140, 158, 161, 180
Antithetik · 180
Apodiktische Aussagen · 180
Aposiopese · 56, 57, 138, 139, 140, 141, 151
Argumentationsgang · 3, 10, 24, 45, 54, 134, 136
Aristoteles · 44, 112, 114, 133, 184, 194, 199, 202
Aristotelisches Drama · 110, 177, 180
Assonanz · 178, 180
Asyndeton · 180, 181, 195
Aufbau · 3, 10, 24, 25, 42, 44, 79, 133, 155, 181, 184, 186
Aufsteigende Handlung · 42, 132
Auftritt · 43, 49, 60, 70, 77, 110, 113, 125, 132, 148, 154, 156, 177, 181, 198
Aufzählungen · 72, 86, 159, 181, 190
Ausruf · 32, 56, 57, 64, 77, 122, 123, 139, 140, 141, 144, 151, 153, 159, 164, 166, 171, 181

Bänkelsang · 181, 192
Bild · 156, 182, 198
Blankvers · 11, 58, 138, 142, 182
Botenbericht · 70, 71, 110, 114, 149, 148, 177, 181, 182, 198
Brecht, Bertolt · 3, 65, 67, 71, 105, 111, 146, 150, 185, 186, 200
Bühne · 10, 70, 71, 75, 110, 111, 112, 113, 114, 148, 149, 151, 181, 182, 184, 198

Charakter · 110, 122, 126, 187
Chiasmus · 182
Chor · 42, 44, 89, 110, 133, 134, 156, 161
Der Besuch der alten Dame · 3, 73, 76, 105, 199, 202
Der gute Mensch von Sezuan · 65, 105, 130, 146, 185, 186, 200
Der zerbrochne Krug · 3, 47, 49, 58, 105, 142, 179, 190, 203
Deus ex machina · 110, 177, 183
Deutschstunde · 147, 172
Dialog · 10, 30, 31, 49, 54, 66, 70, 111, 114, 127, 148, 172, 184, 191
Die Ratten · 3, 90, 92, 93, 202
Diminutiv · 32, 123, 183
Dingsymbol · 184, 198
Dokumentarisches Theater · 110, 155, 177, 184
Dorst, Tankred · 3, 97, 98, 101, 102, 167, 168, 172, 202
Drama · 3, 4, 10, 11, 12, 23, 24, 25, 26, 29, 37, 38, 39, 41, 42, 44, 47, 49, 67, 70, 72, 78, 80, 86, 87, 88, 90, 93, 94, 97, 110, 111, 112, 113, 114, 116, 117, 125, 126, 129, 147, 148, 150, 155, 160, 162, 163, 172, 177, 178, 179, 180, 181, 183, 184, 185, 186, 187, 188, 189, 190, 191, 192, 194, 198, 199, 201, 202
Dramaturgische Gestaltungsmittel · 3, 26
Drei Einheiten · 110, 112, 113, 133, 177, 180, 184, 188, 199
Dürrenmatt, Friedrich · 3, 73, 76, 78, 105, 154, 188, 199, 202

Einleitungssatz · 24, 116, 131
Ellipse · 64, 145, 153, 164, 185
Enjambement · 185
Entfaltungsdrama · 185
Enthüllungsdrama · 185
Epilog · 70, 148, 185, 195, 200
Episches Theater · 3, 41, 110, 155, 177, 184, 186, 200
Erregendes Moment · 42, 184, 186
Euphemismus · 186
Exposition · 42, 79, 110, 113, 114, 132, 155, 177, 184, 186, 187, 194, 197

Fabel · 10, 136, 186
Fallende Handlung · 114, 186, 194
Fallhöhe · 110, 113, 166, 177, 186, 187, 188, 197
Faust I · 3, 10, 17, 25, 26, 39, 66, 146, 183, 194, 197, 201
Faust II · 3, 38, 80

Gattung · 97, 183, 186
Geminatio · 31, 122, 154, 188
Geschlossenes Drama · 110, 177
Gesprächsverlauf · 25, 71, 77, 83
Gleichnis · 193
Gliederung · 3, 24
Goethe, Johann Wolfgang · 3, 10, 17, 21, 24, 26, 66, 80, 83, 86, 87, 105, 116, 117, 120, 130, 146, 161, 173, 181, 183, 188, 190, 192, 194, 197, 200, 201, 202
Groteske · 78, 108, 154, 175, 188

Handlung · 10, 24, 25, 26, 33, 41, 42, 44, 67 71, 78, 80, 94, 110, 111, 112, 113, 114, 125, 126, 133, 136, 148, 151, 155, 162, 163, 164, 166, 179, 182, 183, 184, 186, 187, 192, 194, 195, 197
Hauptmann, Gerhart · 3, 90, 92, 105, 173, 192, 201, 202
Held · 107
Höhepunkt · 24, 77, 79, 113, 114, 118, 153, 155, 163, 184, 187, 194, 197
Humor · 189
Hyperbel · 32, 65, 123, 145, 189, 199
Hypotaxe · 29, 31, 121, 164

Inhaltsangabe · 3, 10, 22, 24, 38, 41, 63, 86, 104
Intertextualität · 107, 174, 176
Inversion · 189, 196
Iphigenie auf Tauris · 58, 59, 66, 142, 146, 173, 188
Ironie · 88, 108, 161, 175, 189, 193, 200

Jambus · 58, 142, 158, 182, 189, 191
Juristische Fachsprache · 57, 141

Katastrophe · 36, 42, 79, 110, 111, 114, 128, 133, 155, 160, 177, 184, 187, 189, 194, 201
Katharsis · 110, 112, 177, 180, 190, 199
Klassik · 87, 89, 112, 161, 199
Kleist, Heinrich von · 3, 47, 49, 54, 59, 60, 63, 66, 105, 147, 179, 183, 190, 202
Klimax · 64, 145, 184, 187, 190
Knittelvers · 158
Komik · 47, 111, 166, 199
Komödie · 3, 44, 47, 78, 110, 112, 113, 197, 199
Konflikt · 59, 58, 65, 66, 111, 113, 135, 136, 142, 143, 145, 146, 147, 170, 182, 183, 186, 189
König Ödipus · 166, 172, 179, 189

Leben des Galilei · 65, 105, 146
Lenz, Siegfried · 147, 172
Lessing, Gotthold Ephraim · 3, 10, 11, 12, 16, 22, 23, 25, 105, 116, 125, 126, 173, 182, 187, 189, 191, 197, 202
Lied von der Glocke · 87, 180, 184, 190, 203
Lustspiel · 47, 49, 110, 111, 177, 184, 191

Merlin oder Das wüste Land · 3, 97, 98, 101, 102, 109, 167, 168, 172, 202
Metapher · 57, 64, 90, 107, 119, 140, 141, 144, 151, 159, 162, 164, 182, 191, 199
Metapher, Vergleich · 57, 140
Metonymie · 191
Monolog · 10, 70, 110, 111, 148, 156, 177, 183, 184, 191
Montage · 72, 150
Moritat · 181, 192
Motiv · 87, 166, 192
Mutter Courage und ihre Kinder. Eine Chronik aus dem Dreißigjährigen Krieg · 3, 67, 70, 150

Nathan der Weise · 3, 10, 11, 12, 16, 22, 23, 24, 25, 30, 33, 35, 38, 39, 105, 116, 173, 182, 189, 197, 202
Naturalismus · 3, 90, 95, 96, 113, 165, 192, 196
Neologismus · 192
Nominalstil · 29, 31, 121

Offenes Drama · 110, 177

Parabel · 193
Paradoxon · 56, 140, 193
Parallelismus · 57, 139, 141, 151, 193
Parataxe · 29, 31, 121, 151
Parenthese · 193
Parodie · 108, 175, 193
Peripetie · 42, 79, 110, 114, 133, 155, 177, 184, 187, 194, 195
Periphrase · 194
Personenkonstellation · 3, 38, 45
Personifizierung · 151
Pleonasmus · 194
Poesie · 88, 95, 160, 188, 202
Poetologie · 72, 95, 96, 97
Pointe · 181, 194
Polyptoton · 32, 123, 151, 194
Polysyndeton · 65, 145, 180, 195
Postmoderne · 3, 97, 106, 108, 109, 174, 176, 202
Prinz Friedrich von Homburg · 3, 59, 60, 63, 66, 202
Prolog · 43, 70, 110, 132, 148, 159, 177, 185, 195, 200
Prosa · 200

Regieanweisung · 3, 26, 27, 28, 36, 54, 64, 71, 72, 84, 110, 120, 144, 149, 151, 153, 154, 157, 165, 171, 177, 195
Retardation · 42, 110, 177, 186, 195
Rhetorische Figuren · 31, 185, 195, 197
Romantik · 88, 160, 190

Satire · 196
Satzarten · 29, 30, 31, 121, 122
Satzbau · 29, 30, 31, 77, 121, 122, 153, 195
Schauspiel · 3, 5, 10, 41, 59, 60, 72, 110, 177, 183, 184
Schiller, Friedrich · 87, 105, 147, 161, 178, 180, 181, 182, 184, 185, 187, 190, 192, 193, 203
Schlüsselwörter · 30
Sekundenstil · 110, 177, 196
Sinnabschnitte · 24
Sinnbild · 197
Song · 72, 150, 151, 186, 200
Sophokles · 3, 41, 42, 45, 47, 131, 166, 172, 179, 189, 203
Sprache · 3, 10, 29, 58, 59, 70, 72, 77, 88, 97, 107, 108, 142, 148, 150, 151, 153, 161, 166, 174, 175, 176
Sprechende Namen · 56, 139
Ständeklausel · 59, 79, 110, 112, 133, 142, 155, 177, 182, 186, 197, 199
Steigerung · 42, 79, 110, 155, 177, 184, 185, 189
Stichomythie · 56, 138, 140, 197
Stil · 3, 10, 29, 30, 31, 58, 122, 138, 142
Stilanalyse · 31

Symbol · 178, 182, 184, 192, 197, 198
Synästhesie · 198
Synekdoche · 182, 194, 198, 199
Szene · 3, 24, 43, 44, 49, 60, 67, 70, 71, 73, 76, 80, 87, 97, 110, 112, 132, 148, 149, 151, 156, 163, 166, 172, 177, 181, 198

Tautologie · 198
Teichoskopie · 71, 72, 110, 149, 151, 177, 181, 182, 191, 198
tertium comparationis · 193, 200
Thema · 10, 23, 24, 25, 26, 42, 49, 73, 105, 147, 156
Tragikomödie · 3, 5, 41, 73, 92, 93, 97, 110, 155, 162, 177, 184, 199
Tragödie · 3, 5, 10, 17, 21, 25, 26, 31, 36, 39, 41, 42, 44, 78, 80, 110, 111, 116, 117, 131, 133, 136, 155, 159, 160, 166, 184, 189, 190, 197, 199
Trauerspiel · 110, 111, 112, 177, 182, 184, 187, 199
Trias · 159

Utopie · 100, 103, 104, 105, 168, 169, 173, 174

Verbalstil · 29, 30, 31, 121
Verfremdung · 71, 72, 148, 150, 151, 154
Vergleich · 48, 57, 58, 78, 135, 139, 140, 144, 157, 164, 182, 196, 200
Vorausdeutung · 155, 180, 200

Wiederholung · 32, 64, 77, 107, 123, 144, 145, 151, 154, 164, 171, 172, 178, 179, 185, 188, 190, 193, 194, 200
Wortarten · 29, 30, 121
Wortspiele · 56, 139, 140
Wortwahl · 29, 30, 31, 185, 195, 199

Zieldrama · 110, 177, 179, 184, 185, 201
Zitat · 39, 89
Zitierregeln · 39, 66

1. Das Drama

1.1 Was ist ein Drama?

Eine Definition besagt: Das Drama ist „(...) eine der drei natürlichen Grundformen der Dichtung, die im Ggs. zur subjektiven Stimmungshaftigkeit einmaligen Einzelerlebens und dem Bekenntnischarakter in der Lyrik und zur breiten Stofffülle vergangenen Geschehens in der Epik e. knappe und in sich geschlossene, organisch erwachsene Handlung unmittelbar gegenwärtig in Dialog und Monolog, und zwar nicht nur durch das die Phantasie anregende Wort, sondern auch durch szen. Darstellung auf der Bühne zur Anschauung bringt und damit dem Zuschauer durch Entlastung der nachschaffenden Phantasie e. direktes äußeres wie inneres Mitgehen ermöglicht." (Wilpert 1989, S. 207)
Zur Interpretation von Dramentexten gehören die folgenden Aspekte: Inhalt und Aufbau des Textes, Bestimmung des Themas bzw. der Fabel, Analyse des Argumentationsgangs, Raum- und Zeitstruktur, Charaktere, zentrale Motive, Analyse von Sprache, Stil, dramaturgische Mittel und schließlich die Bestimmung der Aussage.
Diese Aspekte sollen im Folgenden an zwei Texten eingeübt werden: An Lessings Schauspiel *Nathan der Weise* werden die Schritte der Drameninterpretation systematisch eingeübt. An Goethes Tragödie *Faust. Der Tragödie erster Teil* können Sie diese dann eigenständig zur Anwendung bringen.

1.2 Dramentexte

a) Gotthold Ephraim Lessing: *Nathan der Weise*

Das fünfaktige Drama *Nathan der Weise*, das von seinem Dichter Gotthold Ephraim Lessing als ein „dramatisches Gedicht" klassifiziert wird, ist wohl eines der berühmtesten Werke der Aufklärung, das die Gedanken von religiöser Toleranz und Humanität thematisiert. Diese Grundgedanken spielen im Hintergrund auch in der vorliegenden Textstelle, in der es um eine Unterredung zwischen dem Patriarchen und dem Tempelherrn geht, eine Rolle.

Übung

Übung 1.1 *Lesen Sie zunächst die folgende Inhaltsangabe.*

Nathan der Weise ist ein „dramatisches Gedicht", das Gotthold Ephraim Lessing in den Jahren 1778/79 in Blankversen schrieb und das im Jahre 1783 seine Uraufführung in Berlin erlebte. Das Drama, das historisch in der Zeit des Waffenstillstandes 1192 in Jerusalem angesiedelt ist, thematisiert mit seinen Beispielen für Toleranz und Humanität zwei wichtige Begriffe der Aufklärung und verbindet mit der Aufdeckung der Familiengeschichte die nicht von der jeweiligen Religion abhängige Zugehörigkeit aller Menschen zu einer „Menschheitsfamilie".
Während einer Geschäftsreise des jüdischen Kaufmanns Nathan rettet ein kurz zuvor von der Todesstrafe begnadigter Tempelherr Nathans Tochter Recha aus dem brennenden Haus. Im Gespräch mit ihrem zurückgekehrten Vater distanziert sie sich zwar von ihrem anfänglichen naiven Wunderglauben, die Zuneigung zu ihrem Retter bleibt jedoch bestehen. Nathan gibt Rechas Gesellschafterin Daja den Auftrag, den Tempelherrn zu einem Besuch einzuladen. Der Tempelherr weist sowohl die Bitte des Patriarchen, ihm Kundschafterdienste zu leisten, als auch die Einladung Dajas zurück.
Sultan Saladin, der den Tempelherrn aufgrund der Ähnlichkeit mit seinem Bruder Assad begnadigt hat, ist in Geldschwierigkeiten geraten, nachdem der lang erwartete Tribut aus Ägypten noch immer nicht eingetroffen ist. Zusammen mit seiner Schwester Sittah beschließt er, Nathan um einen Kredit zu bitten. Die Einladung zum Sultan erreicht den Juden während eines Gespräches mit dem Tempelherrn. Im Verlaufe der Unterhaltung kann Nathan das Vertrauen des Tempelherrn gewinnen, dessen Aussehen ihn an einen alten Freund erinnert. Während der nachfolgenden Begegnung zwischen Recha und dem Tempelherrn wird die Zuneigung beider offensichtlich.
Saladin möchte beim Besuch Nathans zunächst erfahren, ob er tatsächlich die Weisheit besitzt, für die er allgemein gelobt wird, und er stellt Nathan die Frage nach der wahren Religion. Nathan erzählt ihm daraufhin das Märchen von den drei Ringen, mit dem er deutlich macht, dass es sich niemand zutrauen kann, die wahre Religion zu benennen, und dass alle Gläubigen vielmehr ihr Verhalten in der Gesellschaft und gegenüber dem Mitmenschen human gestalten sollen. Saladin ist von der Weisheit Nathans beschämt und bietet ihm seine Freundschaft an, während Nathan dem Sultan von sich aus einen Kredit bewilligt. Das Geld wird ihm kurz darauf zurückgegeben, nachdem der ägyptische Tribut eingetroffen ist.
Der Tempelherr ist sich seiner Liebe zu Recha gewiss und möchte um sie werben; die Vertröstung durch Nathan empfindet er als Zurückweisung; nachdem ihm Daja verraten hat, dass Recha eigentlich ein Waisenkind und eine Christin ist, wendet er sich daher mit der Bitte um einen Rat an den Patriarchen. Dieser weist ihn darauf hin, dass die Erziehung eines Christenkindes durch einen Juden ein todeswürdiges Verbrechen sei. Der Tempelherr sucht den Sultan auf; während dieses Gesprächs wird seine Ähnlichkeit mit Assad aufgrund eines Bildes erwiesen. Saladin und der Tempelherr schließen Freundschaft und der Sultan verspricht dem jungen Mann die Hand Rechas.
Um herauszubekommen, wer der jüdische Erzieher sein könnte, schickt der Patriarch den Klosterbruder aus; dieser erinnert sich daran, Nathan vor 18 Jahren ein christliches Waisenkind gebracht zu haben. Nathan erzählt dem Klosterbruder, wie

kurz vor der Übergabe Christen seine Frau und seine sieben Kinder umgebracht haben. Aus dem Gebetbuch, das der Klosterbruder dem gefallenen Vater Rechas abgenommen hat, werden schließlich die Verwandtschaftverhältnisse ersichtlich: Der Gefallene ist Wolf von Filnek gewesen, dessen Kinder sind Recha, also Blanda von Filnek, und der Tempelherr, also Leu von Filnek. Schließlich erkennen Saladin und Sittah die Handschrift ihres Bruders in dem Gebetbuch wieder – Assad ist als Wolf von Filnek zum Christentum übergetreten – und schließen am Ende des Dramas dessen Kinder, Recha und Leu, in ihre Arme.

Übung

Übung 1.2 *Lesen Sie nun langsam den folgenden Textauszug. Machen Sie auch bei diesem Ausschnitt öfters eine Lesepause und rekapitulieren Sie, was genau der Inhalt des gerade gelesenen Abschnitts war. Markieren Sie sich mit einem Stift bereits während des Lesens auffällige Stellen.*

Lesetext

Gotthold Ephraim Lessing (1729–1781)
Nathan der Weise
(IV, 2)

Der PATRIARCH, welcher mit allem geistlichen Pomp
den einen Kreuzgang heraufkömmt, und die VORIGEN.

TEMPELHERR. Ich wich' ihm lieber aus. – Wär' nicht mein Mann! –
Ein dicker, roter, freundlicher Prälat!
Und welcher Prunk!
KLOSTERBRUDER. Ihr solltet ihn erst sehn
Nach Hofe sich erheben. Itzo kömmt
Er nur von einem Kranken.
TEMPELHERR. Wie sich da
Nicht Saladin wird schämen müssen!
PATRIARCH *indem er näher kommt, winkt dem Bruder.*
Hier! –
Das ist ja wohl der Tempelherr. Was will
Er?
KLOSTERBRUDER. Weiß nicht.
PATRIARCH *auf ihn zugehend, indem der Bruder*
Und das Gefolge zurücktreten.
Nun, Herr Ritter! – Sehr erfreut,
Den braven jungen Mann zu sehn! – Ei, noch
So gar jung! – Nun, mit Gottes Hilfe, daraus
Kann etwas werden.
TEMPELHERR. Mehr, ehrwürd'ger Herr,
Wohl schwerlich, als schon ist. Und eher noch;
Was weniger.

PATRIARCH. Ich wünsche wenigstens,
Dass so ein frommer Ritter lange noch
Der lieben Christenheit, der Sache Gottes
Zu Ehr'und Frommen blühn und grünen möge!
Das wird denn auch nicht fehlen, wenn nur fein
Die junge Tapferkeit dem reifen Rate
Des Alters folgen will! – Womit wär' sonst
Dem Herrn zu dienen?
TEMPELHERR. Mit dem nämlichen,
Woran es meiner Jugend fehlt: mit Rat.
PATRIARCH. Recht gern! – Nur ist der Rat auch anzunehmen.
TEMPELHERR. Doch blindlings nicht?
PATRIARCH. Wer sagt denn das? – Ei freilich
Muss niemand die Vernunft, die Gott ihm gab,
Zu brauchen unterlassen, – wo sie hin
Gehört. Gehört sie aber überall
Denn hin? – O nein! – Zum Beispiel: wenn uns Gott
Durch einen seiner Engel, – ist zu sagen,
Durch einen Diener seines Worts, – ein Mittel
Bekannt zu machen würdiget, das Wohl
Der ganzen Christenheit, das Heil der Kirche,
Auf irgendeine ganz besondre Weise
Zu fördern, zu befestigen: wer darf
Sich da noch unterstehn, die Willkür des,
Der die Vernunft erschaffen, nach Vernunft
Zu untersuchen? und das ewige
Gesetz der Herrlichkeit des Himmels, nach
Den kleinen Regeln einer eitlen Ehre
Zu prüfen? – Doch hiervon genug. – Was ist
Es denn, worüber unsern Rat für itzt
Der Herr verlangt?
TEMPELHERR. Gesetzt, ehrwürd'ger Vater,
Ein Jude hätt' ein einzig Kind, – es sei
Ein Mädchen, – das er mit der größten Sorgfalt
Zu allem Guten auferzogen, das
Er liebe mehr als seine Seele, das
Ihn wieder mit der frömmsten Liebe liebe.
Und nun würd' unsereinem hinterbracht,
Dies Mädchen sei des Juden Tochter nicht;
Er hab' es in der Kindheit aufgelesen,
Gekauft, gestohlen, – was Ihr wollt; man wisse,
Das Mädchen sei ein Christenkind, und sei
Getauft; der Jude hab' es nur als Jüdin

Erzogen; lass' es nur als Jüdin und
Als seine Tochter so verharren: – sagt,
Ehrwürd'ger Vater, was wär' hierbei wohl
Zu tun?
PATRIARCH. Mich schaudert! – Doch zu allererst
Erkläre sich der Herr, ob so ein Fall
Ein Faktum oder eine Hypothes'.
Das ist zu sagen: ob der Herr sich das
Nur bloß so dichtet, oder ob's geschehn,
Und fortfährt zu geschehn.
TEMPELHERR. Ich glaubte, das
Sei eins, um Euer Hochehrwürden Meinung
Bloß zu vernehmen.
PATRIARCH. Eins? – Da seh' der Herr
Wie sich die stolze menschliche Vernunft
Im Geistlichen doch irren kann. – Mitnichten!
Denn ist der vorgetragne Fall nur so
Ein Spiel des Witzes: so verlohnt es sich
Der Mühe nicht, im Ernst ihn durchzudenken.
Ich will den Herrn damit auf das Theater
Verwiesen haben, wo dergleichen pro
Et contra sich mit vielem Beifall könnte
Behandeln lassen. – Hat der Herr mich aber
Nicht bloß mit einer theatral'schen Schnurre
Zum besten; ist der Fall ein Faktum; hätt'
Er sich wohl gar in unsrer Diözes',
In unsrer lieben Stadt Jerusalem
Ereignet: – ja alsdann –
TEMPELHERR. Und was alsdann?
PATRIARCH. Dann wäre an dem Juden fördersamst
Die Strafe zu vollziehn, die päpstliches
Und kaiserliches Recht, so einem Frevel,
So einer Lastertat bestimmen.
TEMPELHERR. So?
PATRIARCH. Und zwar bestimmen obbesagte Rechte
Dem Juden, welcher einen Christen zur
Apostasie verführt, – den Scheiterhaufen, –
Den Holzstoß –
TEMPELHERR. So?
PATRIARCH. Und wie vielmehr dem Juden,
Der mit Gewalt ein armes Christenkind
Dem Bunde seiner Tauf' entreißt! Denn ist
Nicht alles, was man Kindern tut, Gewalt? –

Zu sagen: – ausgenommen, was die Kirch'
An Kindern tut.
TEMPELHERR. Wenn aber nun das Kind,
Erbarmte seiner sich der Jude nicht,
Vielleicht im Elend umgekommen wäre?
PATRIARCH. Tut nichts! der Jude wird verbrannt! – Denn besser,
Es wäre hier im Elend umgekommen,
Als dass zu seinem ewigen Verderben
Es so gerettet ward. – Zudem, was hat
Der Jude Gott denn vorzugreifen? Gott
Kann, wen er retten will, schon ohn' ihn retten.
TEMPELHERR. Auch trotz ihm, sollt' ich meinen, – selig machen.
PATRIARCH. Tut nichts! der Jude wird verbrannt.
TEMPELHERR. Das geht
Mir nah'! Besonders, da man sagt, er habe
Das Mädchen nicht sowohl in seinem, als
Vielmehr in keinem Glauben auferzogen,
Und sie von Gott nicht mehr nicht weniger
Gelehrt, als der Vernunft genügt.
PATRIARCH. Tut nichts
Der Jude wird verbrannt ... Ja, wär' allein
Schon dieserwegen wert, dreimal verbrannt
Zu werden! – Was? ein Kind ohn' allen Glauben
Erwachsen lassen? – Wie? die große Pflicht,
Zu glauben, ganz und gar ein Kind nicht lehren?
Das ist zu arg! Mich wundert sehr, Herr Ritter,
Euch selbst ...
TEMPELHERR. Ehrwürd'ger Herr, das Übrige,
Wenn Gott will, in der Beichte.
Will gehn.
PATRIARCH. Was? mir nun
Nicht einmal Rede stehn? – Den Bösewicht,
Den Juden mir nicht nennen? – mir ihn nicht
Zur Stelle schaffen? – O da weiß ich Rat!
Ich geh' sogleich zum Sultan. – Saladin,
Vermöge der Kapitulation,
Die er beschworen, muss uns, muss uns schützen;
Bei allen Rechten, allen Lehren schützen,
Die wir zu unsrer allerheiligsten
Religion nur immer rechnen dürfen!
Gottlob! wir haben das Original.
Wir haben seine Hand, sein Siegel. Wir! –
Auch mach' ich ihm gar leicht begreiflich, wie

Gefährlich selber für den Staat es ist,
Nichts glauben! Alle bürgerlichen Bande
Sind aufgelöset, sind zerrissen, wenn
Der Mensch nichts glauben darf. – Hinweg! hinweg
Mit solchem Frevel! ...

TEMPELHERR. Schade, dass ich nicht
Den trefflichen Sermon mit bessrer Muße
Genießen kann! Ich bin zum Saladin
Gerufen.

PATRIARCH. Ja? – Nun so – Nun freilich – Dann –

TEMPELHERR. Ich will den Sultan vorbereiten, wenn
Es Eurer Hochehrwürden so gefällt.

PATRIARCH. Oh, oh! – Ich weiß, der Herr hat Gnade funden
Vor Saladin! – Ich bitte meiner nur
Im Besten bei ihm eingedenk zu sein. –
Mich treibt der Eifer Gottes lediglich.
Was ich zuviel tu', tu' ich ihm. – Das wolle
Doch ja der Herr erwägen! – Und nicht wahr
Herr Ritter? das vorhin Erwähnte von
Dem Juden, war nur ein Problema? – ist
Zu sagen –

TEMPELHERR. Ein Problema.
Geht ab.

PATRIARCH. (Dem ich tiefer
Doch auf den Grund zu kommen suchen muss.
Das wär' so wiederum ein Auftrag für
Den Bruder Bonafides.) – Hier, mein Sohn!
Er spricht im Abgehn mit dem Klosterbruder.

(Text aus: Lessing, Gotthold Ephraim: Nathan der Weise.
Hrsg. von Gerd Eversberg. Hollfeld: Bange, 1996, S. 92–97)

b) Johann Wolfgang Goethe: *Faust. Der Tragödie erster Teil*

Der vorliegende Ausschnitt beendet den ersten Teil von Johann Wolfgang von Goethes Tragödie *Faust. Der Tragödie erster Teil.*
Doktor Faust schließt aus unbezähmbarem Erkenntnistrieb und unersättlichem Lebenshunger einen Pakt mit dem Teufel, der in der Gestalt des Mephistopheles auftritt. Durch ihn sichert sich der Gelehrte um den Preis seiner Seligkeit die Dienstbarkeit des höllischen Geistes im Diesseits. Auf einer gemeinsamen Wallfahrt versucht Mephistopheles, Fausts Streben nach der Totalität menschlicher Existenz durch Sinnlichkeit zu betäuben.
So bewirkt er, dass der Anblick des Idealbilds weiblicher Schönheit in einem Zauberspiegel Fausts Begehren weckt. Unmittelbar darauf verführt dieser mit Mephistos Hilfe die unerfahrene Margarete und reißt sie aus ihrem engen Lebenskreis ohne Rücksicht auf ihre Bindungen an Familie, Tradition und Religion. Faust bringt sie dazu, ihrer Mutter, vor der seine nächtlichen Besuche verheimlicht werden müssen, ein Schlafmittel zu verabreichen. Nur Mephistopheles, der es besorgt hat, weiß, dass es tödlich wirkt. Der Teufel führt auch den Degen, mit dem Faust im Zweikampf um die Ehre des Mädchens Margaretes Bruder Valentin ersticht.
Margarete, vom Geliebten schließlich verlassen und von der Gesellschaft geächtet, tötet in ihrer Seelennot das Kind, das sie geboren hat. Der Teufel verschafft Faust Zugang zum Kerker, in dem sie auf ihre Hinrichtung wartet.

Lesetext

Johann Wolfgang von Goethe (1749–1832)
Faust
Der Tragödie erster Teil

Kerker
(...)
FAUST *fortstrebend.* Komm mit! Komm mit!
MARGARETE. O weile!
Weil' ich doch so gern, wo du weilest.
Liebkosend.
FAUST. Eile!
Wenn du nicht eilest,
Werden wir's teuer büßen müssen.
MARGARETE. Wie? Du kannst nicht mehr küssen?
Mein Freund, so kurz von mir entfernt,
Und hast's Küssen verlernt?
Warum wird mir an deinem Halse so bang?
Wenn sonst von deinen Worten, deinen Blicken
Ein ganzer Himmel mich überdrang,
Und du mich küsstest, als wolltest du mich ersticken.
Küsse mich!

Sonst küss' ich dich!
Sie umfasst ihn.
O weh! deine Lippen sind kalt,
Sind stumm.
Wo ist dein Lieben
Geblieben?
Wer brachte mich drum?
Sie wendet sich von ihm.
FAUST. Komm! Folge mir! Liebchen, fasse Mut!
Ich herze dich mit tausendfacher Glut;
Nur folge mir! Ich bitte dich nur dies!
MARGARETE *zu ihm gewendet.*
Und bist du's denn? Und bist du's auch gewiss?
FAUST. Ich bin's! Komm mit!
MARGARETE. Du machst die Fesseln los,
Nimmst wieder mich in deinen Schoß.
Wie kommt es, dass du dich vor mir nicht scheust? –
Und weißt du denn, mein Freund, wen du befreist?
FAUST. Komm! komm! schon weicht die tiefe Nacht.
MARGARETE. Meine Mutter hab' ich umgebracht,
Mein Kind hab' ich ertränkt.
War es nicht dir und mir geschenkt?
Dir auch. – Du bist's! Ich glaub' es kaum.
Gib deine Hand! Es ist kein Traum!
Deine liebe Hand! – Ach aber sie ist feucht!
Wische sie ab! Wie mich deucht,
Ist Blut dran.
Ach Gott! Was hast du getan!
Stecke den Degen ein,
Ich bitte dich drum!
FAUST. Lass das Vergangne vergangen sein,
Du bringst mich um.
MARGARETE. Nein, du musst übrig bleiben!
Ich will dir die Gräber beschreiben.
Für die musst du sorgen
Gleich morgen;
Der Mutter den besten Platz geben,
Meinen Bruder sogleich darneben,
Mich ein wenig beiseit',
Nur nicht gar zu weit!
Und das Kleine mir an die rechte Brust.
Niemand wird sonst bei mir liegen!
Mich an deine Seite zu schmiegen,

Das war ein süßes, ein holdes Glück!
Aber es will mir nicht mehr gelingen;
Mir ist's, als müsst' ich mich zu dir zwingen,
Als stießest du mich von dir zurück;
Und doch bist du's und blickst so gut, so fromm.
FAUST. Fühlst du, dass ich es bin, so komm!
MARGARETE. Dahinaus?
FAUST. Ins Freie.
MARGARETE. Ist das Grab drauß,
Lauert der Tod, so komm!
Von hier ins ewige Ruhebett
Und weiter keinen Schritt –
Du gehst nun fort? O Heinrich, könnt' ich mit!
FAUST. Du kannst! So wolle nur! Die Tür steht offen.
MARGARETE. Ich darf nicht fort; für mich ist nichts zu hoffen.
Was hilft es fliehn? Sie lauern doch mir auf.
Es ist so elend, betteln zu müssen,
Und noch dazu mit bösem Gewissen!
Es ist so elend, in der Fremde schweifen,
Und sie werden mich doch ergreifen!
FAUST. Ich bleibe bei dir.
MARGARETE. Geschwind! Geschwind!
Rette dein armes Kind.
Fort! Immer den Weg
Am Bach hinauf,
Über den Steg,
In den Wald hinein,
Links, wo die Planke steht,
Im Teich.
Fass es nur gleich!
Es will sich heben,
Es zappelt noch!
Rette! rette!
FAUST. Besinne dich doch!
Nur einen Schritt, so bist du frei!
MARGARETE. Wären wir nur den Berg vorbei!
Da sitzt meine Mutter auf einem Stein,
Es fasst mich kalt beim Schopfe!
Da sitzt meine Mutter auf einem Stein
Und wackelt mit dem Kopfe;
Sie winkt nicht, sie nickt nicht, der Kopf ist ihr schwer,
Sie schlief so lange, sie wacht nicht mehr.

Sie schlief, damit wir uns freuten.
Es waren glückliche Zeiten!
FAUST. Hilft hier kein Flehen, hilft kein Sagen,
So wag' ich's, dich hinweg zu tragen.
MARGARETE. Lass mich! Nein, ich leide keine Gewalt!
Fasse mich nicht so mörderisch an!
Sonst hab' ich dir ja alles zu Lieb' getan.
FAUST. Der Tag graut! Liebchen! Liebchen!
MARGARETE. Tag! Ja es wird Tag! der letzte Tag dringt herein;
Mein Hochzeitstag sollt' es sein!
Sag niemand, dass du schon bei Gretchen warst.
Weh meinem Kranze[1]!
Es ist eben geschehn!
Wir werden uns wiedersehn;
Aber nicht beim Tanze.
Die Menge drängt sich, man hört sie nicht.
Der Platz, die Gassen
Können sie nicht fassen.
Die Glocke ruft, das Stäbchen bricht.[2]
Wie sie mich binden und packen!
Zum Blutstuhl[3] bin ich schon entrückt.
Schon zuckt nach jedem Nacken
Die Schärfe, die nach meinem zückt.
Stumm liegt die Welt wie das Grab!
FAUST. O wär' ich nie geboren!
MEPHISTOPHELES *erscheint draußen.* Auf! oder ihr seid verloren.
Unnützes Zagen! Zaudern und Plaudern!
Meine Pferde schaudern,
Der Morgen dämmert auf.
MARGARETE. Was steigt aus dem Boden herauf?
Der! der! Schick' ihn fort!
Was will der an dem heiligen Ort?
Er will mich!
FAUST. Du sollst leben!
MARGARETE. Gericht Gottes! dir hab' ich mich übergeben!
MEPHISTOPHELES *zu Faust.* Komm! komm! Ich lasse dich mit ihr im Stich.
MARGARETE. Dein bin ich, Vater! Rette mich!
Ihr Engel! Ihr heiligen Scharen,

[1] Gretchen denkt hier an den Hochzeitskranz, den bei der Hochzeit nur unbescholtene Jungfrauen aufsetzen durften.

[2] Die Glocke ist die „Armesünderglocke", die geläutet wird, wenn ein Verbrecher zur Hinrichtung geführt wird. Das Stäbchen zerbricht der Richter nach der Verlesung des Todesurteils als Zeichen dafür, dass das Leben verwirkt ist.

[3] Schafott.

Lagert euch umher, mich zu bewahren!
Heinrich! Mir graut's vor dir.
MEPHISTOPHELES Sie ist gerichtet!
STIMME *von oben.* Ist gerettet!
MEPHISTOPHELES *zu Faust.* Her zu mir!
Verschwindet mit Faust.
STIMME *von innen, verhallend.* Heinrich! Heinrich!

(Text aus: Goethe, Johann Wolfgang von: Faust. Der Tragödie erster Teil.
In: Werke. Bd. 3. Hrsg. v. Erich Trunz, Hamburg: Beck, [9]1972, S. 141–145)

2. Interpretationsschritte

2.1 Textzusammenfassung und Inhaltsangabe schreiben

Oft als Pflichtübung empfunden, ist die Textzusammenfassung doch ein sinnvoller und wichtiger erster Schritt zur Interpretation. Bei der zusammenfassenden Wiedergabe eines Textes vergewissert man sich des eigenen Verständnisses; zugleich wird einem durch die Aufgabe der Zusammenfassung auch klar, was man nicht verstanden hat und was man daher noch einmal lesen sollte.
In die folgende Textzusammenfassung des Auszuges aus Lessings *Nathan der Weise* wurden absichtlich mehrere Fehler eingebaut:

> *Der Gegenstand der Unterhaltung war die Frage des Tempelherrn, ob ein Jude ein muslimisches Mädchen erziehen dürfe. Der Patriarch verneinte dies – was ja auch klar ist – und fordert unsinnigerweise die Todesstrafe für den Juden, weil er das Mädchen zur Apostasie verleitet habe. Auch der Einwand des Tempelherrn: „Das Mädchen wäre ohne den Juden möglicherweise umgekommen!" überzeugt den ziemlich beschränkten Patriarchen nicht. Seiner Meinung nach müsste der Jude verbrannt werden. Als ob es nicht schon genug Unheil auf der Welt gäbe!*

Übung 2.1 *Korrigieren Sie, was Ihnen an der Inhaltsangabe nicht gelungen erscheint!*
► *Lösung Seite 116*

Für die Inhaltsangabe am Beginn einer Interpretation gilt Folgendes:

Inhaltsangabe

Im Einleitungsteil der Interpretation steht eine knappe Inhaltsangabe, die das Textverständnis sicherstellen und zugleich ein Vorverständnis für die Interpretation ermöglichen soll. Zu beachten ist:

- Wiedergabe der **wichtigsten** Handlungen und Handlungsschritte sowie Nennung der wichtigsten Personen
- Textwiedergabe in eigenen Worten
- objektiv-distanzierende Schreibhaltung, d. h. Verzicht auf wörtliche Rede und andere möglicherweise spannungssteigernde Elemente
- keine persönliche Kommentierung des Geschehens

- Tempus: Präsens
- Kürze: Weglassen aller überflüssigen Details

Übung 2.2 *Überarbeiten Sie nun unter Berücksichtigung der genannten Kriterien nochmals die Textzusammenfassung zum Auszug aus Lessings* Nathan der Weise.

► *Lösung Seite 116*

Wenn die Einleitung ein erstes „Tor" zur Interpretation ist, so ist der **einleitende Satz** der „Schlüssel" dazu. Er hat die Aufgabe, den Leser auf die Interpretation einzustimmen und muss somit sachlich und – soweit möglich – spannend sein.

Übung 2.3 *Prüfen Sie folgende einleitende Sätze und ordnen Sie ihnen die richtige Beurteilung zu:*

► *Lösung Seite 116*

einleitende Sätze	**Beurteilung**
a) Im Textauszug aus dem 1779 entstandenen Drama Lessings *Nathan der Weise* geht es um religiöse Toleranz.	1) ... erwähnt nur kurz einen Aspekt der Handlung
b) Im Textauszug aus *Nathan der Weise* von Lessing geht es um eine Unterhaltung zwischen dem Tempelherrn und dem Patriarchen.	2) ... nennt Autor, Titel, Datum und umreißt knapp das Thema
c) Das fünfaktige 1779 entstandene Drama *Nathan der Weise* von Lessing und die vorliegende Textstelle aus dem Drama sprechen von Toleranz.	3) ... vergisst, Autor und Entstehungs- bzw. Erscheinungsdatum zu nennen, und umreißt mehr den Inhalt als das Thema
d) Im Textauszug aus dem Drama *Nathan der Weise* geht es um ein Gespräch zwischen dem Tempelherrn und dem Patriarchen. Thema der Unterhaltung ist die Frage, ob ein Jude zur Strafe verbrannt werden soll.	4) ... bestimmt das Thema ungenau und beschränkt sich auf dieses

Übung 2.4 *Welcher Satz erscheint Ihnen am geeignetsten für die Einleitung? Formulieren Sie eigenständig einen Einleitungssatz!*
► *Lösung Seite 116*

Einleitungssatz

Der einleitende Satz soll einen ersten Eindruck vom Text vermitteln, indem er auf das **Thema** hinweist. Darüber hinaus kann er schlaglichtartig auf die Handlung oder auf Schwerpunkte der folgenden Untersuchung hinweisen. Auf jeden Fall müssen **Textart, Titel, Autor** und ggf. **Entstehungs- oder Erscheinungsdatum** des Textes genannt werden.

Übung 2.5 *Teilen Sie den Textauszug aus dem Drama* Faust *von Goethe in voneinander unterscheidbare Sinnabschnitte ein. Fassen Sie jeden Abschnitt in 1–2 Sätzen zusammen.*
► *Lösung Seite 116*

Übung 2.6 *Fügen Sie die einzelnen Sätze zu einer vollständigen Inhaltsangabe zusammen.*
► *Lösung Seite 117*

2.2 Gliederung und Aufbau einer Szene erfassen und einen Argumentationsgang herausarbeiten

Dem Verständnis eines Textes nähert man sich also im ersten Schritt über die Zusammenfassung. Im zweiten Schritt geht es darum, den **Aufbau** zu erfassen. Mögliche Fragen zum Aufbau sind z. B.:

- Lassen sich **Einleitung**, **Hauptteil** und **Schluss** klar voneinander unterscheiden?
- Gibt es erkennbare **Argumentationsschritte**?
- Wird in der Einleitung eine **Vorgeschichte** zur Handlung erzählt oder nicht? Wie **ausführlich** ist die Vorgeschichte?
- An welcher Stelle befindet sich der **Höhepunkt** des Gesprächs?
- Wie wird der Höhepunkt des Gesprächs **vorbereitet**?
- Gibt es ein **„offenes"** oder ein **„geschlossenes" Ende**?

Übung 2.7 *Teilen Sie den Textauszug aus* Nathan der Weise *in erkennbare Sinnabschnitte ein.*
► *Lösung Seite 117*

Übung 2.8 *Versuchen Sie einmal, den Argumentationsverlauf in Stichworten zusammenzufassen.*
▶ *Lösung Seite 117*

Übung 2.9 *Formulieren Sie aufgrund Ihrer Stichworte einen fortlaufenden Text zur Analyse des Gesprächs- und Argumentationsverlaufs.*
▶ *Lösung Seite 117 ff.*

Über den Aufbau den Aufbau des Textes hinaus ist es gut, wenn **Beziehungen innerhalb des Textes** aufgewiesen werden können. Hierbei ist besonders das **Verhältnis zwischen Anfang und Ende** von Bedeutung. Haben die Handlung oder die sie tragenden Figuren eine Entwicklung durchlaufen? Besteht zwischen Anfang und Ende das Verhältnis einer Entsprechung oder das eines **Widerspruchs**? Ist die Struktur eine **linear-fortschreitende** oder eine **kreisförmige**?

Übung 2.10 *Analysieren Sie nun stichwortartig den Gesprächsverlauf im Textauszug aus* Faust. Der Tragödie erster Teil.
▶ *Lösung Seite 119 f.*

Der Inhalt eines erzählenden Textes ist nicht mit dem Thema zu verwechseln! Den Unterschied kann man sich gut anhand der Inhalts- und der Themenfrage deutlich machen:

Was wird erzählt?
→ **Inhaltsfrage**, wird beantwortet durch Textzusammenfassung und Aufbau

Wovon handelt die Geschichte?
→ **Themenfrage**, wird beantwortet im einleitenden Satz bzw. im Rahmen der Einleitung

Übung 2.11 *Welche der folgenden Themenbestimmungen trifft Ihrer Ansicht nach zu? Begründen Sie Ihre Meinung.*

Thema des Dramas *Nathan der Weise* von Gotthold Ephraim Lessing ist
a) Mitleidlosigkeit und ihre Folgen,
b) das Verhältnis der Geistlichen zum einfachen Volk,
c) humanes Handeln und religiöse Toleranz,
d) ein historisches Ereignis aus der Geschichte des Christentums.
▶ *Lösung Seite 120*

Übung 2.12 *Bestimmen Sie das Thema des Dramas* Faust. Der Tragödie erster Teil *von Johann Wolfgang von Goethe.*

▶ *Lösung Seite 120*

2.3 Regieanweisungen als dramaturgische Gestaltungsmittel untersuchen

Neben der Handlung und den Personen sind für die Gestaltung und Aussage eines Textes die Regieanweisungen entscheidende dramaturgische Gestaltungsmittel. Sie vermitteln die nonverbalen Signale, die eine Figurenrede begleiten; sie sagen außerdem etwas aus über die Räume, ihre Größe und z. B. ihre Einrichtung, die wiederum Rückschlüsse zulassen über die Menschen, die in ihnen leben, ebenso wie über Handlungen, die mit ihnen verbunden werden.

Übung 2.13 *Ordnen Sie folgende recht allgemein gehaltene Raumbeschreibungen den folgenden „Gefühls- und Menschentypen" zu, wie sie auf der rechten Seite skizziert sind!*

Raum	Gefühl, Menschentyp
1) Spärlich möblierter Raum, mit ausgewählten Einzelstücken bestückt	a) stark an Erinnerungen hängender Mensch, der sein Herz „an die Dinge hängt"
2) Weitläufigkeit	b) Angst
3) Raum angefüllt mit vielen einzelnen Möbelstücken und Gegenständen	c) Repräsentationsfunktion
4) Durcheinander, Unaufgeräumtheit	d) „Designer-Typ"
5) Weitläufigkeit, edle, aufeinander abgestimmte Möblierung	e) Zerstreutheit
6) Enge	f) Großzügigkeit

▶ *Lösung Seite 120*

Die Raumgestaltung bezieht sich natürlich nicht nur auf geschlossene Räume, sondern auch auf die Natur. Die Weite bis zum Horizont kann dabei für den Wunsch nach Freiheit stehen, aber auch für die „Weite des Horizonts" der betreffenden Person. Regieanweisungen verbalisieren auch nonverbale Signale. Die folgende Übung hilft Ihnen dabei, solche Gestaltungsmittel wahrzunehmen und zu analysieren.

Übung 2.14 *Versuchen Sie einmal, die folgenden Regieanweisungen aus der* Faust-*Stelle zu erläutern, indem Sie sie auf Wirkung und Intention der Verwendung beziehen.*

Regieanweisung	Deutung
„FAUST *fortstrebend.*" (V. 2)	______________________
	______________________
	______________________
	______________________
„*Liebkosend.*" (V. 5)	______________________
	______________________
	______________________
	______________________
„*Sie umfasst ihn.*" (V. 18)	______________________
	______________________
	______________________
	______________________
„*Sie wendet sich von ihm.*" (V. 24)	______________________
	______________________

Übung

Regieanweisung	Deutung
„MARGARETE *zu ihm gewendet.*" (V. 28)	
„MEPHISTOPHELES *erscheint draußen.*" (V. 127)	
„STIMME *von oben.*" (V. 143)	
„MEPHISTOPHELES *zu Faust.* Her zu mir! *Verschwindet mit Faust.*" (V. 144 f.)	

„STIMME *von innen, verhallend.*" (V. 146)	____________________ ____________________ ____________________ ____________________

► *Lösung Seite 120 f.*

2.4 Sprache und Stil als poetische Gestaltungsmittel analysieren

Wenn die Sprache einer der wichtigsten Untersuchungsaspekte von literarischen Texten überhaupt ist, so gilt dies natürlich auch für das Drama. Die Verwendungsweise der Sprache konstituiert den individuellen Stil eines Autors bzw. eines Textes. Als „Stil" lässt sich die einheitliche Darstellungs- und Ausdrucksweise eines poetischen Textes bezeichnen. Für die Textinterpretation kommen v. a. zwei Aufgaben in den Blick:

1. Aufweisen der Stilmittel
2. Deutung des Ausdruckswertes dieser Stilmittel innerhalb des Ganzen.

Übung 2.15 *Fügen Sie die Begriffe aus dem Kasten in die passende Stelle im Lückentext ein!*

Wortwahl	**Satzbau**
– Verbalstil – ausdrucksstarke Adjektive oder Adverbien – Nominalstil – Wortarten – Adjektive und adverbiale Bestimmungen	– Hypotaxe – Satzarten – lange, kurze oder mittellange Sätze – Parataxe – Satzbau

Neben Wortwahl und Satzbau bestimmt sich der Stil eines Textes im Wesentlichen durch die besonderen Stilmittel und rhetorischen Figuren. Bei der Analyse der

Wortwahl untersucht man einen Text z. B. darauf, ob bestimmte ______________ (a) dominieren. Tauchen besonders viele Substantive oder Substantivierungen auf, so spricht man vom ______________________________ (b), der in seiner Wirkung als verknappend und sachlich beschrieben wird. Besonders ‚farbig' und anschaulich wird ein Text durch die Verwendung von ____________________ (c). Liegt die Betonung auf dem Fortgang und der Vielseitigkeit der Handlung, werden sich besonders viele Verben finden; man spricht dann vom ____________________ (d). Ein weiteres wichtiges Charakteristikum des Stils ist der ____________________ (e). Ein Kriterium dabei ist die Satzlänge: Enthält der Text vorwiegend ______________, ________________ oder __________________ (f)? Darüber hinaus stellt sich die Frage, wie die Sätze miteinander verbunden sind. So spricht man, wenn viele Hauptsätze nebeneinander stehen, von einer __________________ (g). Sie bewirkt oft den Eindruck des unverbundenen Nebeneinanders, des wie Aufgezählten. Besteht dagegen der Text zum überwiegenden Anteil aus Satzgefügen (Hauptsatz + Nebensätze, zumeist durch Konjunktionen miteinander verbunden), handelt es sich um die ___________________ (h). Sie bewirkt einen verschlungenen Eindruck und stellt die verschiedensten Zusammenhänge zwischen Personen und Handlungen her. Interessant ist auch die Untersuchung nach ______________ (i). Besteht ein Text vorwiegend aus Aussagesätzen oder gibt es Häufungen von Fragesätzen und Ausrufen? Solche Häufungen verraten oft die Aufregung des Sprechers.

▶ *Lösung Seite 121*

Übung

Übung 2.16 *Sehen Sie sich den ersten Dialog zwischen dem Tempelherrn und dem Patriarchen aus* Nathan der Weise *genau an.*

- *Was ist zur Länge der Sätze zu sagen?*
- *Wie ist der Satzbau zu beschreiben?*
- *Welche Wirkung geht davon aus?*

▶ *Lösung Seite 122*

Übung

Übung 2.17 *Welche Satzarten werden in dem Dialog überwiegend verwendet? Welche Schlüsse können Sie daraus ziehen?*

▶ *Lösung Seite 122*

Übung

Übung 2.18 *Versuchen Sie einmal, die Schlüsselwörter des Dialogs zwischen dem Tempelherrn und dem Patriarchen zu benennen.*

▶ *Lösung Seite 122*

Übung

Übung 2.19 *Welche Wortarten dominieren in dem Dialog zwischen dem Tempelherrn und dem Patriarchen? Liegt eher ein Nominal- oder ein Verbalstil vor?*

▶ *Lösung Seite 122*

Übung 2.20 *Wie würden Sie abschließend den Stil des Dialogs beschreiben?*
► *Lösung Seite 122*

Die folgende Übersicht macht noch einmal den Zusammenhang zwischen Satzbau, Wortwahl und Stilanalyse deutlich.

Stilanalyse

Kriterien: Satzbau	+	Wortwahl
↓		↓
Satzlänge; Parataxe, Hypotaxe?		dominierende Wortart? Nominalstil, Verbalstil?
↓		↓
einfacher, nüchterner, unverbundener oder komplizierter, verschlungener Satzbau?		„Färbung", Ausdrucksgehalt der Wörter
↓		↓
Satzarten (Frage-, Ausrufe-, Aussagesätze)		Wertung der Figuren oder Handlungsmotive?
↓		
Grad der Aufregung, Unsicherheit oder Bestimmtheit?		

Zur sprachlichen Gestaltung von literarischen Texten gehören auch rhetorische Figuren. Ihre Untersuchung muss stets im Zusammenhang mit der vermuteten Intention bzw. der Wirkung der Textstelle geschehen.

Übung 2.21 *Formulieren Sie einmal Aussagen zur Intention bzw. zur Wirkung der zitierten Textpassagen aus der vorliegenden Textstelle aus* Faust. Der Tragödie erster Teil.

Poetisches Gestaltungsmittel – Begriff	**Belegstelle**	**Bezug zu Intention bzw. Wirkung**
Geminatio und Antilabe	„FAUST *fortstrebend.* Komm mit! Komm mit!/ MARGARETE. O weile!" (V. 2 f.)	____________ ____________ ____________ ____________

Poetisches Gestaltungsmittel – Begriff	Belegstelle	Bezug zu Intention bzw. Wirkung
Ausruf	„Eile!“ (V. 6)	____________________ ____________________ ____________________ ____________________
Polyptoton	„(...) Und du mich küsstest, als wolltest du mich ersticken./Küsse mich!/ Sonst küss’ ich dich!“ (V. 15–17)	____________________ ____________________ ____________________ ____________________
Diminutiv	„Liebchen“ (V. 25)	____________________ ____________________ ____________________ ____________________
Hyperbel	„Ich herze dich mit tausendfacher Glut“ (V. 26)	____________________ ____________________ ____________________ ____________________
Wiederholung	„Gib deine Hand! Es ist kein Traum!/Deine liebe Hand! (...)“ (V. 40 f.)	____________________ ____________________

Alliteration	„Lass das Vergangne vergangen sein“ (V. 47)	____________________ ____________________
Anapher	Es will sich heben,/ Es zappelt noch!“ (V. 90 f.)	____________________ ____________________ ____________________ ____________________

▶ *Lösung Seite 122 f.*

Im Glossar können Sie die unbekannten Begriffe nachschlagen; das Erkennen poetischer Gestaltungsmittel üben Sie intensiv in den Kapiteln 3 und 4.

Textverweis

2.5 Charakterisieren

2.5.1 Die (Haupt-)Figuren charakterisieren

Übung 2.22 *Welchen Eindruck macht auf Sie der Patriarch im Dramenauszug* Nathan der Weise*?*

Übung

unbeherrscht / herrschsüchtig / geltungsbedürftig / leidenschaftlich / menschlich / liberal / mitleidlos / herrisch / großzügig / unreflektiert / brutal / dogmatisch / verrückt, wahnsinnig / hochmütig / unbesonnen / unbeweglich / unvernünftig / …

Mehrfachnennungen und Ergänzungen möglich!
Bitte begründen Sie Ihre Ansicht!
▶ *Lösung Seite 123*

Um die Handlung und die Aussage eines Textes voll zu erfassen, ist es nötig, sich einen gründlichen Eindruck vor allem von den Hauptpersonen, aber auch von Nebenfiguren einer Geschichte zu verschaffen. Dem dient die Charakterisierung der

Personen. Sie erfolgt sowohl *innerhalb* des betreffenden Textes als auch explizit im Interpretationsaufsatz.

In einem literarischen Text kann eine Figur **direkt**, d. h. durch Angaben anderer Figuren desselben Stückes, aus denen der Zuschauer Einsicht in die beschriebene Figur gewinnt, oder **indirekt**, d. h. durch Rückschlüsse aus dem Benehmen, den Worten und Taten der Figur, charakterisiert werden.

Übung 2.23 *Überlegen Sie, welche der folgenden Aspekte zur direkten und welche zur indirekten Charakterisierung einer literarischen Figur gehören, und ordnen Sie die genannten Aspekte in die vorgegebene Tabelle ein!*

Aussagen der Figur, die über ihre Wesensart Aufschluss geben – äußere Erscheinungsweise (Kleidung, Körperhaltung, Aussehen) – Beschreibung von Handlungen, Verhaltensweisen oder Äußerungen durch den Erzähler – Äußerungen der Figur über sich selbst – sozialer Stand der Figur – Verhalten und Handeln der Figur – Kommentierung von Handlungen, Verhaltensweisen oder Äußerungen durch andere Figuren

Direkte Charakterisierung	Indirekte Charakterisierung

► *Lösung Seite 124*

Die Charakterisierung einer literarischen Person

Eine literarische Figur zu charakterisieren bedeutet, ihr Äußeres und ihre Wesensart, so wie sie im Text erscheint, zu beschreiben und von da aus Rückschlüsse auf die Aussageabsicht des Textes zu ziehen. Zur Beschreibung der äußeren Erscheinung gehören Selbstverständlichkeiten wie das **Geschlecht** und das **Alter** der Figur, aber auch **Aussehen, Kleidung** und **Habitus** (Haltung; Art des Auftretens). Von Bedeutung, vor allem auch in Beziehung zu anderen Figuren des Textes, ist die **soziale Situation**: **Herkunft, Beruf, Familienstand, soziales Umfeld, Freunde** sind hier wichtige Kriterien.

Neben diesen Gegebenheiten ist auch das **konkrete Verhalten** der jeweiligen Figur von Bedeutung: Wie verhält sie sich anderen gegenüber? Wie wird sie von anderen wahrgenommen? Wovon sind konkrete Verhaltensweisen bestimmt? Wie spricht die Figur, welche scheinbar nebensächlichen Eigenarten und Gewohnheiten zeigt sie?

Auch die **Interessen** und **Gefühle**, kurz, die **seelische Disposition** der Figur sind von Bedeutung für die Charakteristik.

Charakteristiken sind **sachlich** und im **Präsens** zu verfassen.

Übung 2.24 *Die Hauptfiguren in dem Dramenauszug aus* Nathan der Weise *sind der Tempelherr und der Patriarch. Im Folgenden werden einige der Aussagen des Patriarchen aufgeführt, wie sie im Text vorkommen. Ermitteln Sie daraus jeweils ein passendes Charaktermerkmal.*

Textbeleg	Charaktermerkmal
„(...) wer darf Sich da noch unterstehn, die Willkür des, Der die Vernunft erschaffen, nach Vernunft Zu untersuchen?" (V. 47–50)	______________________
„Tut nichts! der Jude wird verbrannt." (V. 123)	______________________
„(...) (Dem ich tiefer Doch auf den Grund zu kommen suchen muss. Das wär' so wiederum ein Auftrag für	______________________

Textbeleg	Charaktermerkmal
Den Bruder Bonafides.) – Hier, mein Sohn!" (V. 177–180)	
Vgl. V. 41–58	____________________
„Apostasie" (V. 104)	____________________

► *Lösung Seite 124*

Übung 2.25 *Fertigen Sie eine zusammenhängende Charakteristik des Patriarchen an. Achten Sie darauf, dass Sie sich bei Ihren Beobachtungen auf den Text beziehen! Beachten Sie dabei auch die Regieanweisungen!*
► *Lösung Seite 125 f.*

Übung 2.26 *Verfassen Sie nun eine eigenständige Charakterisierung des Tempelherrn. Versuchen Sie dabei, sich auch auf Textstellen zu beziehen, die über den vorliegenden Textauszug hinausgehen.*
► *Lösung Seite 126 f.*

Übung 2.27 *Der folgende Text charakterisiert die Figur des Faust auf der Grundlage der beiden Teile der Tragödie. Lesen Sie den Text aufmerksam durch und versuchen Sie, die Leerstellen mit den korrekten Ausdrücken zu füllen. Achten Sie auch auf die Zitierweise im Text. – Sie werden sich mit dem korrekten Zitieren im nächsten Kapitel eingehender befassen.*

Einzusetzende Ausdrücke:
Seligkeit / Katastrophe / Buchwissen / Magie / Veränderung und des Wandels / Sinnsuche / Wesen der Dinge / Erkenntnis / innerlich erfassendes / bedingungslos / idealistisches Menschenbild / Reue und Buße / Tätigsein / Welterfahrung / Entgrenzungsversuch

(Anm.: Die Belegangaben orientieren sich an der Ausgabe des Primärtextes, siehe S. 21)

Charakterisierung der Faust-Figur

Faust ist die Figur des Wissenschaftlers, der das ____________________ (a), die Naturgesetze des Lebens, den Urgrund des Seins ergründen will: Sein Ziel ist, zu erkennen, „(...) was die Welt / Im Innersten zusammenhält" (V. 382 f.). Herkömmliche wissenschaftliche Methoden und Disziplinen befriedigen ihn nicht. Im Gespräch mit seinem Famulus Wagner, der Positionen der humanistisch-aufklärerischen Tradition vertritt, wendet sich Faust gegen die Kunst schillernder Rhetorik; die Wahrheit sei das letzte Ziel menschlichen Strebens (vgl. V. 548–557). Er betont, dass es **nicht auf theoretisches, sondern** ____________________ (b) **Erkennen** ankomme (vgl. V. 590–595).

Die durch das ____________________ (c) gesetzte Grenze versucht er zunächst mit der Hilfe der ____________________ (d) zu überwinden. Die von ihm gerufenen Geister vermag er aber nicht festzuhalten. Der Erdgeist macht Faust klar, dass er ihm nicht ähnlich sei: „Du gleichst dem Geist, den du begreifst, / Nicht mir!" (V. 512 f.). Auch der ____________________ (e) **mittels Selbstmord** scheitert.

Mephisto verspricht ihm **Hilfe bei seiner** ____________________ **(f)**. Faust erkauft sich um den Preis seiner ____________________ (g) die Möglichkeit, seinen **Drang nach unbegrenzter** ____________________ **(h)** zu befriedigen.

Die Erfahrung von Liebe endet in einer ____________________ (i) (Gretchentragödie). Mephisto verhilft ihm dazu, seinen Erfahrungsbereich um den der Liebe zu erweitern. Das „Opfer", Margarete, wird im Verlaufe der Beziehung zu Faust **aus ihren sozialen Bindungen gerissen** – unwissentlich vergiftet sie ihre Mutter und wird zum Auslöser für die Ermordung des Bruders –; in dieser Isolation, auch Faust verlässt sie, tötet sie das gemeinsame Kind und wird dafür zum Tode verurteilt. In Faust und Gretchen zeigen sich **zwei unterschiedliche Liebeskonzeptionen: Gretchen liebt Faust** ____________________ (j) und ist bereit, alles für diese Liebe zu tun; **Faust** sieht in der Liebe zu Gretchen ein **Mittel zur Erweiterung seiner** ____________________ **(k)**, seine Liebe trägt einen berechnenden Charakter. Gretchen wird am Ende des Dramas wahnsinnig, tötet ihr Kind und sieht ihrer Hinrichtung entgegen. Ihre ____________________ (l) **sind Voraussetzung für ihre Erlösung**. Faust dagegen setzt seinen Weg der Welterfahrung fort.

Erst am Ende seines Lebens erkennt er einen Sinn im ____________________ (m) für andere, in der Bändigung der Natur, in der Gründung eines friedlichen und die **Freiheit der Bürger** garantierenden Staates. Er begreift die **Sinnhaftigkeit seiner Existenz in seinem Bemühen, Lebensraum für eine tätige Gesellschaft zu schaffen**. Seine **idealistische** Grundeinstellung zeigt sich darin, dass er allein von der Vorstellung des gelungenen Werkes beglückt ist, obgleich die Arbeiten an der Realisierung seines Projektes erst begonnen haben.

Faust verkörpert ein ____________________ (n), er zeigt, wie groß die Bedeutung des menschlichen Strebens ist und dass der strebende Mensch auch Fehler macht. Daneben verkörpert er auch das **Lebensprinzip der** ____________________ (o). Im *Prolog im Himmel* fordert Der Herr die Engel mit dem angesprochenen Lebensprinzip auf: „Das Werdende, das ewig wirkt und lebt, / Umfass' euch mit der Liebe holden Schranken (...)" (V. 346 f.); seinen Irrtum erklärt Mephisto mit der folgenden Auffassung: „(...) alles, was entsteht, / Ist wert, dass es zugrunde geht; / Drum besser wär's, dass nichts entstünde" (V. 1339–1341); der Bestandteil der Wette zwischen Faust und Mephisto nimmt das als unmöglich angenommene Außerkraftsetzen des Lebensgesetzes auf: „Werd' ich zum Augenblicke sagen: / Verweile doch! du bist so schön! Dann magst du mich in Fesseln schlagen / Dann will ich

gern zugrunde gehn!" (V. 1699–1702); die Lehre des Faust formulieren im zweiten Teil der Dichtung die Engel, die Fausts Unsterbliches tragen: „Wer immer strebend sich bemüht, / Den können wir erlösen" (V. 11936 f.).
► *Lösung Seite 128*

2.5.2 Personenkonstellation

Übung 2.28 *Machen Sie sich anhand der Inhaltsangabe aus Übung 1.1 (S. 11 f.) klar, welche anderen Figuren neben dem Patriarchen und dem Tempelherren im Drama* Nathan der Weise *auftreten.*
► *Lösung Seite 128*

Die Beziehung der einzelnen Personen zueinander bezeichnet man als **Personenkonstellation**. Es ist sinnvoll, sich über die Personen und ihre Beziehungen zueinander einen Überblick zu verschaffen. Geeignet dazu sind eine Skizze oder ein Schaubild.

Übung 2.29 *Tragen Sie in das Schaubild die Figurennamen jeweils an den korrekten Stellen ein und begründen Sie Ihre Zuordnung, indem Sie ein treffendes Adjektiv oder Substantiv dazu notieren.*
► *Lösung Seite 128*

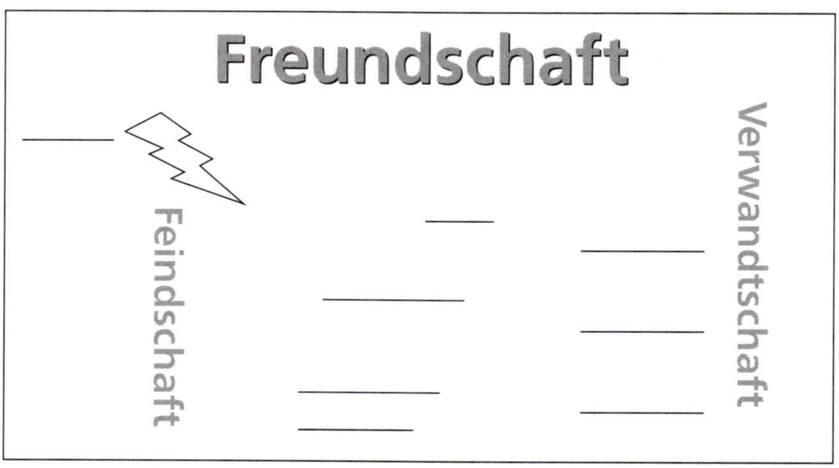

Übung 2.30 *Man könnte die These vertreten, dass der Tempelherr der christliche „Gegenpol" zu Nathan sei.*
Wie schätzen Sie diese Einsicht ein?
Wenn Sie ihr zustimmen, geben Sie eine kurze Begründung.
► *Lösung Seite 129*

Übung 2.31 *Verfassen Sie einen kurzen Text zur Bedeutung der Nebenfiguren Al Hafi und Klosterbruder im Drama* Nathan der Weise.
► *Lösung Seite 129 f.*

2.6 Richtiges Zitieren

Auch die schriftliche Interpretation von dramatischen Texten kommt nicht ohne geeignete Zitate aus, die die aufgestellten Thesen belegen. Für das korrekte Zitieren müssen bestimmte Regeln eingehalten werden.

Zitierregeln

1. Das Zitat muss inhaltlich passen.
2. Das Zitat muss vollständig sein und genau dem Wortlaut entsprechen.
3. Das Zitat immer mit Belegstelle angeben.
4. Das Zitat darf nicht für sich selbst sprechen.
5. Das Zitat muss syntaktisch passen.
6. Zitate nur spärlich verwenden, häufig genügt auch der Vergleichshinweis („vergleiche Zeile 5" lautet abgekürzt: „vgl. Z. 5").
7. Auslassungen werden mit „(...)" gekennzeichnet. Begriffe oder zusammengehörende Ausdrücke werden ohne (...) zitiert.
8. Hinzufügungen werden in Klammer gesetzt.
9. Zitate müssen immer zwischen Anführungs- und Schlusszeichen stehen.
10. Lyrische Texte / Versdramen werden als Verse (V.) zitiert; alle anderen Texte als Zeilen (Z.).

Übung 2.32 *Korrigieren Sie die nachfolgenden Zitierweisen. Anm.: Die Zitate beziehen sich auf die Textauszüge aus* Nathan der Weise *bzw.* Faust. Der Tragödie erster Teil.

a) Margarete will nicht fliehen, da sie sich keine Illusionen über ihr zukünftiges Schicksal als gesellschaftlich Geächtete macht, die darüber hinaus Schuld plagt: Es ist so elend, betteln zu müssen, / Und noch dazu mit bösem Gewissen! / Es ist so elend, in der Fremde schweifen, / Und sie werden mich doch ergreifen!
b) Margarete will nicht fliehen, da sie sich keine Illusionen über ihr zukünftiges Schicksal als gesellschaftlich Geächtete macht, die, darüber hinaus schuldig, ein „(...) böses Gewissen (...)", plagt.

c) Margarete will fliehen, da sie sich keine Illusionen über ihr zukünftiges Schicksal als Todgeweihte macht, sie fühlt sich schuldlos (siehe in V. 76–79).
d) Margarete will sofort fliehen, sie stellt sich ihr Leben als Bettlerin und Landstreicherin vor und findet es so reizvoll, dass sie sofort „in die Ferne schweifen" will.
e) Der Patriarch will genau wissen, ob es sich um einen tatsächlichen oder nur erfundenen Fall handelt.
f) Sollte es sich nur „ein Spiel des Witzes" (V. 85) handeln, so „verlohne es" „(...) der Mühe nicht, im Ernst ihn durchzudenken" (V. 85 f.).
g) Der Patriarch will genau wissen, ob es sich um einen tatsächlichen oder nur erfundenen Fall handelt: „Denn ist der vorgetragne Fall nur so / Ein Spiel des Witzes: so verlohnt es sich / Der Mühe nicht, im Ernst ihn durchzudenken" (vgl. V. 84–86).

► *Lösung Seite 131*

3. Dramenformen: Tragödie, Komödie, Schauspiel, episches Theater, Tragikomödie

3.1 Tragödie: Sophokles: *Antigone*

Inhaltsangabe

Die Handlung des Dramas ist in sieben Hauptszenen eingeteilt, zwischen denen jeweils ein Chorlied steht. Sie setzt am frühen Morgen des Tages, der nach dem Tod der beiden Brüder Polyneikes und Eteokles folgt, ein und endet am Abend desselben Tages. Handlungsort ist vor dem Königspalast in Theben. Antigone teilt ihrer Schwester Ismene mit, gegen das Bestattungsverbot Kreons, des neuen Herrschers, handeln zu wollen und ihrem Bruder Polyneikes, der nicht begraben wurde, diese Ehre zu erweisen. Sie begründet ihre Haltung mit dem Göttergebot, das die Bestattung eines Toten zur heiligen Pflicht macht, und geht ab, um die Tat auszuführen.
Kreon, Onkel der Antigone, der sich als grundsatztreuer und strenger Herrscher darstellt, erlässt das Bestattungsverbot, weil er in Polyneikes einen Feind sieht, der Theben mit Krieg überzogen hat. Als ihm ein Wächter die Nachricht von der symbolischen Bestattung des Toten überbringt, verlangt Kreon unter Androhung der Todesstrafe die Aufklärung des Tatbestandes. Kurze Zeit später kann derselbe Wächter die Ergreifung Antigones melden, die versucht hat, Polyneikes ein zweites Mal zu begraben. Gegenüber Kreon rechtfertigt sie sich mit dem Hinweis auf Göttergebot und Familienpflicht. Kreon sieht in ihr nur eine Straftäterin, über die er das vorgesehene Urteil verhängen wird.
Im Gespräch mit seinem Sohn Haimon, dem Verlobten Antigones, erläutert Kreon seine Haltung und fordert gleichzeitig Gehorsam. Haimon appelliert dagegen an die Einsicht des Vaters und bittet ihn zu erkennen, dass die Tat Antigones beim Volk als ehrenhaft eingestuft wird. Sollte Antigone sterben, so deutet Haimon seinen Selbstmord an, werde der Vater auch ihn zum letzten Mal gesehen haben.
Auf ihrem Weg ins Felsengrab klagt Antigone darüber, von keinem Unterstützung für ihre Tat erhalten zu haben und nicht zu wissen, gegen welches göttliche Gesetz sie verstoßen habe. Ihr einziger Trost sei es, im Tod von den Angehörigen empfangen zu werden.
Nachdem Kreon die Ausführung des Urteils befohlen hat, teilt ihm der blinde Seher Teiresias mit, dass Kreon bei Ausführung seines Urteils mit der Verfolgung durch die Erinnyen zu rechnen hat, da er einem Toten die Bestattung versage und eine Unschuldige, gemeint ist Antigone, hinrichten lasse. Aus Angst vor den Folgen befiehlt Kreon die Befreiung Antigones; in der Schlussszene wird klar, dass seine Verhaltensänderung zu spät kommt: Nach Antigone sterben auch Kreons Sohn und Eurydike, Kreons Gattin, durch eigene Hand; Kreon bleibt am Ende des Tages als gebrochener Mann zurück.

Die Hauptszenen sind von Chorliedern, so genannten Stasima, unterbrochen, mit denen der Chor der Geronten die Handlung durch Beispiele aus der Mythologie kommentierend begleitet. Vor der Schlussszene ruft der Chor den Schutzherrn Thebens, den Zeussohn Dionysos an, zu dessen Ehren die Tragödienaufführung im Rahmen seines Gottesdienstes stattfindet.
Die Aussage der Tragödie lässt sich aus den Schlussversen des Chores entnehmen, in denen die Besonnenheit gelobt wird. Sie bedeutet im Kontext der Handlung die Spannung zwischen Götterwillen und menschlichem eigenmächtigen Handeln, das sich in Kreons Gesetzgebung für die Polis zeigt. Besonnenheit heißt, dass menschliche Entscheidungen hinsichtlich ihrer Legitimationsgrundlagen, seien sie familiärer, politischer oder religiöser Art, überprüft werden müssen. Eigenmächtiges Handeln ist ein Ausdruck der Verblendung, die zu Unheil führt.
Mit der Absage an despotisches, nur dem eigenen Gewissen unterworfenes Tyrannentum lässt sich vor dem Hintergrund der athenischen Polis-Demokratie möglicherweise auch der Erfolg der Tragödie erklären: Die erste Aufführung der *Antigone* im Jahre 442 oder 441 v. Chr. erntet nach Auskunft des alexandrinischen Gelehrten Aristophanes von Byzanz großes Lob. Sophokles erhält kurz darauf das Strategenamt auf Samos, was möglicherweise im Zusammenhang mit der erfolgreichen Aufführung gesehen werden kann.

Übung 3.1 *Welche der folgenden Schlagworte würden Sie als Thema des Dramas als Erstes in Betracht ziehen?*

☐ Die Geschichte und das Ende einer Freundschaft.
☐ Existenzkrisen und ihre Bewältigung.
☐ Grundlagen und Grenzen menschlichen Handelns.
☐ Probleme in der Partnerschaft zwischen Mann und Frau.

Bitte begründen Sie die Auswahl, die Sie getroffen haben.
Formulieren Sie einleitende Sätze für die Interpretation.
► *Lösung Seite 131*

Übung 3.2 *Wie würden Sie nach der Zusammenfassung den* ***Aufbau*** *des Dramas beschreiben?*
► *Lösung Seite 131*

Übung 3.3 *Die Funktion von Dramenszenen oder -akten lässt sich mit den folgenden Begriffen bestimmen: „Retardierendes Moment/Retardation", „Exposition", „Katastrophe", „Erregendes Moment/Steigerung", „Aufsteigende Handlung", „Peripetie/Umschwung". Schlagen Sie die Begriffe im Glossar nach und versuchen Sie einmal, sie korrekt in die Funktionsspalte der folgenden Übersicht einzufügen.*

Szene	Funktion	Personen	Inhalt/Thema	ab ...
Prolog	____________	Ismene/ Antigone	Antigones Plan, Polyneikes zu bestatten	V. 1 ff.
Parodos (= Einzugslied des Chores)	____________	Chor	Vorgeschichte: Streit zwischen Polyneikes und Eteokles	V. 100 ff.
1. Epeisodion (= Auftritt)	____________	Kreon, Chor, Wächter	Regierungsgrundsätze Kreons Bestattungsverbot Entdeckung der Tat	V. 162 ff.
1. Stasimon (= Standlied des Chores)	____________	Chor	Fülle und Grenze menschlicher Macht	V. 332 ff.
2. Epeisodion	____________	Chor, Wächter, Kreon, Antigone, Ismene	Ergreifung Antigones und ihre Rechtfertigung Kreons Todesurteil	V. 376 ff.
2. Stasimon	____________	Chor	Unheil und Verblendung („Ate") als Bestandteile des menschlichen Lebens	V. 583 ff.
3. Epeisodion	____________	Chor, Kreon, Haimon	Kritik Haimons an Entscheidung Kreons Kreons Rechtfertigung	V. 628 ff.
3. Stasimon	____________	Chor	Macht des Eros	V. 781 ff.
4. Epeisodion	____________	Antigone, Chor, Kreon	Abschiedsworte Antigones, Prüfung ihrer Entscheidung	V. 800 ff.
4. Stasimon	____________	Chor	Macht des Schicksals Beispiele für Gefangenschaft und Tod in Türmen bzw. Felsenhöhlen	V. 944 ff.

Szene	Funktion	Personen	Inhalt/Thema	ab ...
5. Epeisodion	____________	Teiresias (mit einem Knaben), Kreon, Chor	Verurteilung des Bestattungsverbotes Warnung an Kreon und sein Sinneswandel	V. 988 ff.
5. Stasimon	____________	Chor	Anrufung des Dionysos und Bitte um sein Kommen	V. 1115 ff.
Schlussszene/ Exodos (= Auszugslied des Chores)	____________ ____________	Chor, Eurydike Chor, Kreon, Bote	Selbstmord von Antigone, Haimon, Eurydike Verzweiflung und Reue Kreons Lob der Besonnenheit	V. 1155 ff.

► *Lösung Seite 132 f.*

Übung 3.4 *Lesen Sie den folgenden Text aus der* Poetik *des Aristoteles und bestimmen Sie, welche Funktion dem Theater zuerkannt wird. Weisen Sie anhand der Ihnen bisher vorliegenden Informationen nach, dass es sich bei der* Antigone *um ein Drama im Sinne der aristotelischen Aussagen handelt.*

> *„Über die Nachahmungskunst in Hexametern und über die Komödie wollen wir später reden. Jetzt sei von der Tragödie gesprochen. Aus dem bisher Gesagten entnehmen wir die Bestimmung ihres Wesens. Die Tragödie ist die Nachahmung einer edlen und abgeschlossenen Handlung [mythós] von einer bestimmten Größe in gewählter Rede, derart, dass jede Form solcher Rede in gesonderten Teilen erscheint und dass gehandelt und nicht berichtet wird und dass mit Hilfe von Mitleid [élios] und Furcht [phóbos] eine Reinigung [kátharsis] von eben derartigen Affekten bewerkstelligt wird. [...]*
> *Das Wichtigste davon ist der Aufbau der Handlungen. Denn die Tragödie ist nicht die Nachahmung von Menschen, sondern von Handlungen und Lebensweisen, von Glück und Unglück. (Glück und Unglück beruhen aber in Handlungen, und das Ziel der Tragödie ist eine Handlung, keine charakterliche Qualität. Qualifiziert sind die Menschen je nach ihrem Charakter, glücklich oder unglücklich sind sie aber auf Grund ihrer Handlungen.) Sie handeln also nicht, um die Charaktere darzustellen, sondern in den Handlungen sind auch die Charaktere eingeschlossen. Darum sind Handlung und Mythos Ziel der Tragödie. Das Ziel ist aber das Wichtigste von allem."*

► *Lösung Seite 133*

Übung 3.5 *Versuchen Sie die Personenkonstellation in einem Schaubild festzuhalten.*
▶ *Lösung Seite 134*

Übung 3.6 *Stellen Sie Vermutungen zur Vorgeschichte des vorliegenden Textauszuges an. Erschließen Sie dann den Argumentationsgang.*
▶ *Lösung Seite 134*

Sophokles (497/96–406 v. Chr.)
Antigone

KREON
(zu Antigone)
Dich frag ich nun, du senkst den Blick zu Boden:
Gestehst du oder leugnest du die Tat?

ANTIGONE
Ich sage, dass ich's tat, und leugne nicht.

KREON
(zum Wächter)
Du mach dich fort, wohin es dir beliebt,
Von einem schweren Vorwurf bist du frei!
Wächter ab.
Du aber sag mir – ohne Umschweif, kurz:
Hast du gewusst, dass es verboten war?

ANTIGONE
Ich wusst' es, allerdings, es war doch klar!

KREON
Und wagtest, mein Gesetz zu übertreten?

ANTIGONE
Der das verkündete, war ja nicht Zeus,
Auch Dike in der Totengötter Rat
Gab solch Gesetz den Menschen nie. So groß
Schien dein Befehl mir nicht, der sterbliche,
Dass er die ungeschriebnen Gottgebote,
Die wandellosen, konnte übertreffen.
Sie stammen nicht von heute oder gestern,
Sie leben immer, keiner weiß, seit wann.
An ihnen wollt' ich nicht, weil Menschenstolz

Mich schreckte, schuldig werden vor den Göttern.
Und sterben muss ich doch, das wusste ich
Auch ohne deinen Machtspruch. Sterbe ich
Vor meiner Zeit, nenn ich es noch Gewinn.
Wes Leben voller Unheil ist, wie meines,
Trägt der nicht, wenn er stirbt, Gewinn davon?
Drum schmerzt mich nicht, dass sich mein Schicksal nun
Erfüllt. Ja, hätt' ich meiner Mutter Sohn,
Den Toten, unbestattet liegen lassen,
Das schmerzte mich, doch dies tut mir nicht weh.
[Mag ich dir nun auch eine Törin scheinen –
Vielleicht zeiht mich der Torheit nur ein Tor.]

CHOR
Des Vaters trotzige Art verrät das Kind,
Dem Unglück sich zu beugen weiß sie nicht.

KREON
So merke dir: Der allzu starre Sinn
Zerbricht am ehsten, und der stärkste Stahl,
Wenn man ihn überhart im Feuer glühte,
Zersplittert und zerspringt zuallererst.
Ich weiß, mit kleinem Zügel bändigt man
Die wilden Rosse. Überheblichkeit
Ist nicht am Platz, wo man gehorchen muss.
Die war im Frevelmut schon Meisterin,
Als sie erlassene Gesetze brach.
Und ihrem ersten Frevel folgt der zweite:
Hohnlachend prahlt sie noch mit ihrer Tat.
Wenn sie sich ungestraft das leisten darf,
Bin ich kein Mann mehr, dann ist sie der Mann!
Nein – sei sie meiner Schwester Kind und näher
Als alle Blutsverwandten mir verwandt –,
Sie wird der schwersten Buße nicht entgehn,
Samt ihrer Schwester! Die ist gleichfalls schuldig
An dem Begräbnis, hat es mitgeplant.
Ruft sie mir her! Noch eben sah ich sie
Wie eine Rasende im Hause toben.
Meist spielt das Herz schon vorher den Verräter,
Wenn einer krumme Wege geht im Dunkeln.
Erst recht verhasst ist mir, wer sein Verbrechen
Verschönern will, bei dem man ihn ertappt.

ANTIGONE
Willst du noch mehr, als dass ich sterben muss?

KREON
Sonst nichts. Damit hab ich vollauf genug.

(*Sophokles:* Antigone. *Übersetzt von W. Kuchenmüller. Stuttgart: Reclam, 1955)*

Übung 3.7 *Begründen Sie in einem fortlaufenden Text, warum es sich bei der* Antigone *in der Hauptsache um ein Zweifigurendrama handelt. Erläutern Sie die Positionen der beiden Figuren und beenden Sie Ihren Text mit einem Verweis auf die „Lehre" des Dramas.*
▶ *Lösung Seite 135 f.*

3.2 Komödie: Heinrich von Kleist: *Der zerbrochne Krug*

Es gibt nicht viele und noch dazu bekannte Komödien in der deutschen Literatur; das 1808 am Weimarer Hoftheater uraufgeführte Lustspiel *Der zerbrochne Krug* gehört zu ihren berühmtesten. Eine reine Komödie aber war es ursprünglich nicht: Da dem Premieren-Publikum sowohl Stoff als auch Länge des Dramas missfielen, arbeitete Kleist das Werk um; die gestrichenen etwa 480 Verse lassen erkennen, dass Tragik und Komik sich in etwa die Waage hielten. In beiden Fassungen ist für den Hauptschuldigen kein gutes Ende vorgesehen.

Übung 3.8 *Informieren Sie sich über den Inhalt des Dramas, indem Sie die folgende Zusammenfassung aus* Kindlers Literatur Lexikon *lesen.*

DER ZERBROCHNE KRUG. Lustspiel in einem Akt von Heinrich von KLEIST (1777–1811), entstanden 1803–1806; Uraufführung: Weimar, 2. 3. 1808. – (...) *Der zerbrochne Krug* ist das Lustspiel vom Dorfrichter Adam, der sich gezwungen sieht, über seine eigene Verfehlung zu Gericht zu sitzen. In einem Dorf bei Utrecht trifft der Schreiber Licht diesen Richter morgens in der Gerichtsstube jämmerlich zugerichtet an, wofür Adam die fadenscheinigsten Erklärungen abgibt. Licht hat erfahren, dass der Gerichtsrat Walter, der auf Revisionsreise im Nachbardorf mit eisernem Besen gekehrt hat, bald eintreffen werde. Adam, der Licht erzählt, er habe geträumt, selbst angeklagt zu sein, hat Angst vor Walters Ankunft und dem anbrechenden Gerichtstag: Er kann kaum das Nötigste veranlassen – da ist Walter schon zur Stelle, um der Sitzung beizuwohnen; peinlich für den Dorfrichter, weil seine Perücke nicht aufzufinden ist und ihr Verlust ihn hinfort zu immer neuen, durchsichtigeren Lügen treibt.

Die Personen, über die Adam nun zu Gericht sitzen soll, sind Frau Marthe Rull, ihre Tochter Eve, der Bauer Veit Tümpel und Ruprecht, dessen Sohn, den Frau Marthe beschuldigt, im Zimmer von Eve in der vorausgegangenen Nacht einen wertvollen Krug zerschlagen zu haben. Ruprecht, der mit Eve verlobt war, schimpft sie jetzt eine Metze, während Richter Adam noch vor der Verhandlung das eingeschüchterte Mädchen unter Hinweis auf ein Papier, das er bei sich trage, zu beeinflussen sucht. Erst nach Walters wiederholten Ermahnungen beginnt der Richter mit dem Verhör, in dessen Verlauf er von Frau Marthe Rull eine umständliche und genaue Beschreibung des Kruges erhält, schließlich den Bericht über die vergangene Nacht, in der ein Tumult sie in die Kammer der Tochter gelockt habe. Dort habe sie, inmitten der Scherben des Krugs, Ruprecht und die Hände ringende Eve angetroffen, die ihr geschworen habe, dass Ruprecht der Übeltäter sei. Doch die Tochter wehrt sich gegen die Behauptung, schwört im Gegenteil jetzt darauf, dies nicht geschworen zu haben. Das entspricht der Aussage Ruprechts: Er sei zwar bei Eve gewesen, habe dort aber einen anderen Mann vorgefunden, ihn in der Dunkelheit nicht erkannt und, als er floh, ihm zweimal die Türklinke auf den Kopf geschlagen. Als er den Flüchtenden verfolgen wollte, habe dieser ihm eine Handvoll Sand in die Augen geworfen. Der Dorfrichter, der sich immer weniger wohl in seiner Haut fühlt und die Verhandlung möglichst rasch zu Ende bringen möchte, stößt auf den Widerspruch Walters, als er meint: »*Die Sache eignet gut sich zum Vergleich.*« Adams Verhalten ist zu sonderbar, als dass es nicht längst den Argwohn des Gerichtsrats hervorgerufen hätte, der schließlich, als Adam dem Mädchen unzweideutig droht, er werde die Schuld dem Ruprecht oder dem Flickschuster Lebrecht – dessen Namen Ruprecht hatte fallen lassen – und keinem Dritten in die Schuhe schieben, dem Richter klipp und klar erklärt, er habe »*zulängst hier auf dem Stuhl gesprochen*«. Doch da Eve den Namen dessen, der den Krug zerbrach, noch immer nicht nennt und behauptet, »*des Himmels wunderbare Fügung*« verschließe ihr »*den Mund in dieser Sache*«, beginnt die Verhandlung sich festzufahren. Da nennt Frau Marthe Rull als Zeugin die Muhme Brigitte. Inzwischen drängt Adam seinem Gast Speis und Trank auf und versucht mit den plumpesten Mitteln, den Gerichtsrat für sich einzunehmen und den Verdacht von sich abzulenken. Doch schon die Ankunft der Muhme entscheidet die Verhandlung: Sie bringt die Perücke des Richters mit, die im Spalier der Frau Marthe hing. Zudem hat Frau Brigitte Fußspuren im Schnee verfolgt, die zum Haus des Richters führten. Ihre Behauptung, der Klumpfuß des Teufels habe diese Spur hinterlassen, verfängt freilich nicht. So fällt dem völlig in die Enge getriebenen Adam nichts Besseres ein, als Ruprecht zu verurteilen, was, da Walter ihn wohlweislich gewähren lässt, zur Folge hat, dass Eve endlich das erlösende »*Der Richter Adam hat den Krug zerbrochen*« ausspricht. »*Blitz–Hinketeufel*« Adam flieht, Eve wirft sich Walter zu Füßen und fleht ihn an, Ruprecht vor der »*Konskription*« zu retten, denn der Richter habe sie durch ein – wie sich herausstellt, gefälschtes – Papier zu erpressen versucht: Ihr Verlobter solle nach Ostindien eingezogen werden, von wo »*von drei Männern einer nur*« zurückkehre. Um ein »*erlogenes Krankheitszeugnis*«, das Ruprecht vom Kriegsdienst befreie, auszufertigen, sei Adam in ihr Zimmer geschlichen, habe dort aber »*so Schändliches*« von ihr gefordert, »*dass es kein Mädchenmund wagt, auszusprechen*«. Sofort suspendiert Walter den verlogenen Richter, setzt den Schreiber in dessen Rechte ein, will aber die härteste Strafe vermeiden, falls er die Kasse in Ordnung fände. Ruprecht und Eve versöhnen sich – Frau Marthe Rull aber wird sich an die nächste Instanz, nach Utrecht, wenden, damit auch dem Kruge »*sein Recht*« geschehe.

Übung 3.9 *Um welches Thema geht es in der Komödie?*

☐ Liebe und Versuchung.
☐ Loyalität.
☐ zeitgenössische Rechtsproblematik.
☐ Probleme in der Partnerschaft zwischen Mann und Frau.

▶ *Lösung Seite 136*

Im folgenden Szenenausschnitt vom Beginn des Dramas kommt es zu einem Dialog zwischen Licht und Adam.

Heinrich von Kleist (1777–1811)
Der zerbrochne Krug
Ein Lustspiel (1, 1)

Szene: Die Gerichtsstube
Erster Auftritt

Adam sitzt und verbindet sich ein Bein. Licht tritt auf.

LICHT. Ei, was zum Henker, sagt, Gevatter Adam!
Was ist mit Euch geschehn? Wie seht Ihr aus?
ADAM. Ja, seht. Zum Straucheln brauchts doch nichts, als Füße.
Auf diesem glatten Boden, ist ein Strauch hier?
Gestrauchelt bin ich hier; denn jeder trägt
Den leidgen Stein zum Anstoß in sich selbst.
LICHT. Nein, sagt mir, Freund! Den Stein trüg jeglicher ...?
ADAM. Ja, in sich selbst!
LICHT. Verflucht das!
ADAM. Was beliebt?
LICHT. Ihr stammt von einem lockern Ältervater[1],
Der so beim Anbeginn der Dinge fiel,
Und wegen seines Falls berühmt geworden;
Ihr seid doch nicht – ?

[1] „Ältervater": Urahn

ADAM. Nun?
LICHT. Gleichfalls – ?
ADAM. Ob ich – ? Ich glaube –
Hier bin ich hingefallen, sag ich Euch.
LICHT. Unbildlich[2] hingeschlagen?
ADAM. Ja, unbildlich.
Es mag ein schlechtes Bild gewesen sein.
LICHT. Wann trug sich die Begebenheit denn zu?
ADAM. Jetzt in dem Augenblick, da ich dem Bett
Entsteig. Ich hatte noch das Morgenlied
Im Mund, da stolpr' ich in den Morgen schon,
Und eh ich noch den Lauf des Tags beginne,
Renkt unser Herrgott mir den Fuß schon aus.
LICHT. Und wohl den linken obenein?
ADAM. Den linken?
LICHT. Hier, den gesetzten?
ADAM. Freilich!
LICHT. Allgerechter!
Der ohnhin schwer den Weg der Sünde wandelt.
ADAM. Der Fuß! Was! Schwer! Warum?
LICHT. Der Klumpfuß?
ADAM. Klumpfuß!
Ein Fuß ist, wie der andere, ein Klumpen.
LICHT. Erlaubt! Da tut Ihr Eurem rechten Unrecht.
Der rechte kann sich dieser – Wucht nicht rühmen,
Und wagt sich eh'r aufs Schlüpfrige.
ADAM. Ach, was!
Wo sich der eine hinwagt, folgt der andre.
LICHT. Und was hat das Gesicht Euch so verrenkt?
ADAM. Mir das Gesicht?
LICHT. Wie? Davon wisst Ihr nichts?
ADAM. Ich müsst ein Lügner sein – wie siehts denn aus?
LICHT. Wies aussieht?
ADAM. Ja, Gevatterchen.
LICHT. Abscheulich!
ADAM. Erklärt Euch deutlicher.
LICHT. Geschunden ists,
Ein Gräul zu sehn. Ein Stück fehlt von der Wange,
Wie groß? Nicht ohne Waage kann ichs schätzen.
ADAM. Den Teufel auch!

[2] „unbildlich“: buchstäblich, tatsächlich

LICHT *bringt einen Spiegel.* Hier! Überzeugt Euch selbst!
Ein Schaf, das, eingehetzt von Hunden, sich
Durch Dornen drängt, lässt nicht mehr Wolle sitzen,
Als Ihr, Gott weiß wo? Fleisch habt sitzen lassen.
ADAM. Hm! Ja! 's ist wahr. Unlieblich sieht es aus.
Die Nas hat auch gelitten.
LICHT. Und das Auge.
ADAM. Das Auge nicht, Gevatter.
LICHT. Ei, hier liegt
Querfeld ein Schlag, blutrünstig, straf mich Gott,
Als hätt ein Großknecht wütend ihn geführt.
ADAM. Das ist der Augenknochen. – Ja, nun seht,
Das alles hatt ich nicht einmal gespürt.
LICHT. Ja, ja! So gehts im Feuer des Gefechts.
ADAM. Gefecht! Was! – Mit dem verfluchten Ziegenbock[3],
Am Ofen focht ich, wenn Ihr wollt. Jetzt weiß ichs.
Da ich das Gleichgewicht verlier, und gleichsam
Ertrunken in den Lüften um mich greife,
Fass ich die Hosen, die ich gestern Abend
Durchnässt an das Gestell des Ofens hing.
Nun fass ich sie, versteht Ihr, denke mich,
Ich Tor, daran zu halten, und nun reißt
Der Bund; Bund jetzt und Hos und ich, wir stürzen,
Und häuptlings mit dem Stirnblatt schmettr' ich auf
Den Ofen hin, just wo ein Ziegenbock
Die Nase an der Ecke vorgestreckt.
LICHT *lacht.* Gut, gut.
ADAM. Verdammt!
LICHT. Der erste Adamsfall,
Den Ihr aus einem Bett hinaus getan.
ADAM. Mein Seel! – Doch, was ich sagen wollte, was gibts Neues?
LICHT. Ja, was es Neues gibt! Der Henker hols,
Hätt ichs doch bald vergessen.
ADAM. Nun?
LICHT. Macht Euch bereit auf unerwarteten
Besuch aus Utrecht.
ADAM. So?
LICHT. Der Herr Gerichtsrat kömmt.
ADAM. Wer kömmt?

[3] „Ziegenbock": am Ofen als Verzierung angebrachte plastische Kachel

LICHT. Der Herr Gerichtsrat Walter kömmt, aus Utrecht.
Er ist in Revisionsbereisung auf den Ämtern
Und heut noch trifft er bei uns ein.
ADAM. Noch heut! Seid Ihr bei Trost?
LICHT. So wahr ich lebe.
Er war in Holla, auf dem Grenzdorf, gestern,
Hat das Justizamt dort schon revidiert.
Ein Bauer sah zur Fahrt nach Huisum schon
Die Vorspannpferde vor den Wagen schirren.
ADAM. Heut noch, er, der Gerichtsrat, her, aus Utrecht! [...]
LICHT. Nun, ich versichr' Euch, der Gerichtsrat Walter
Erschien in Holla unvermutet gestern,
Vis'tierte[4] Kassen und Registraturen,
Und suspendierte Richter dort und Schreiber,
Warum? ich weiß nicht, ab officio[5].
ADAM. Den Teufel auch? Hat das der Bauer gesagt?
LICHT. Dies und noch mehr –
ADAM. So?
LICHT. Wenn Ihrs wissen wollt.
Denn in der Frühe heut sucht man den Richter,
Dem man in seinem Haus Arrest gegeben,
Und findet hinten in der Scheuer ihn,
Am Sparren[6] hoch des Daches aufgehangen.
ADAM. Was sagt Ihr?
LICHT. Hülf inzwischen kommt herbei,
Man löst ihn ab, man reibt ihn, und begießt ihn,
Ins nackte Leben bringt man ihn zurück.
ADAM. So? Bringt man ihn?
LICHT. Doch jetzo wird versiegelt,
In seinem Haus, vereidet und verschlossen,
Es ist, als wär er eine Leiche schon,
Und auch sein Richteramt ist schon beerbt.
ADAM. Ei, Henker, seht! – Ein liederlicher Hund wars –
Sonst eine ehrliche Haut, so wahr ich lebe,
Ein Kerl, mit dem sichs gut zusammen war;
Doch grausam liederlich, das muss ich sagen.
Wenn der Gerichtsrat heut in Holla war,
So gings ihm schlecht, dem armen Kauz, das glaub ich.

[4] „vis'tierte": Kurzform von visitierte: überprüfte, untersuchte
[5] „ab officio": vom Dienst
[6] „Sparren": schräger Balken

LICHT. Und dieser Vorfall einzig, sprach der Bauer,
Sei schuld, dass der Gerichtsrat noch nicht hier,
Zu Mittag treff er doch ohnfehlbar ein.
ADAM. Zu Mittag! Gut, Gevatter! Jetzt gilts Freundschaft.
Ihr wisst, wie sich zwei Hände waschen können.
Ihr wollt auch gern, ich weiß, Dorfrichter werden,
Und Ihr verdients, bei Gott, so gut wie einer.
Doch heut ist noch nicht die Gelegenheit,
Heut lasst Ihr noch den Kelch vorübergehn.
LICHT. Dorfrichter, ich! Was denkt Ihr auch von mir?
ADAM. Ihr seid ein Freund von wohlgesetzter Rede,
Und Euren Cicero habt Ihr studiert
Trotz einem auf der Schul in Amsterdam.
Drückt Euren Ehrgeiz heut hinunter, hört Ihr?
Es werden wohl sich Fälle noch ergeben,
Wo Ihr mit Eurer Kunst Euch zeigen könnt.
LICHT. Wir zwei Gevatterleute! Geht mir fort.
ADAM. Zu seiner Zeit Ihr wissts, schwieg auch der große
Demosthenes[7]. Folgt hierin seinem Muster.
Und bin ich König nicht von Mazedonien,
Kann ich auf meine Art doch dankbar sein.
LICHT. Geht mir mit Eurem Argwohn, sag ich Euch.
Hab ich jemals –?
ADAM. Seht, ich, ich, für mein Teil,
Dem großen Griechen folg ich auch. Es ließe
Von Depositionen sich und Zinsen
Zuletzt auch eine Rede ausarbeiten[8]:
Wer wollte solche Perioden drehn[9]?
LICHT. Nun, also!
ADAM. Von solchem Vorwurf bin ich rein,
Der Henker hols! Und alles, was es gilt,
Ein Schwank ists etwa, der zur Nacht geboren,
Des Tags vorwitzgen Lichtstrahl scheut.
LICHT. Ich weiß.
ADAM. Mein Seel! Es ist kein Grund, warum ein Richter,
Wenn er nicht auf dem Richtstuhl sitzt,
Soll gravitätisch wie ein Eisbär sein.
LICHT. Das sag ich auch.

[7] Demosthenes (384–322 v. Chr.) soll einmal in der Volksversammlung unter dem Vorwand, erkältet zu sein, gegen seine Überzeugung geschwiegen haben, weil er von Harpalos, dem Schatzmeister Alexanders des Großen (356–323), bestochen worden war. Alexander der Große war ab 336 v. Chr. König von Mazedonien.

[8] Adam spielt hier auf Gelder an, von deren Veruntreuung Licht weiß.

[9] „Perioden drehn“: kunstvoll gefügte Sätze formulieren

ADAM. Nun denn, so kommt Gevatter,
Folgt mir ein wenig zur Registratur;
Die Aktenstöße setz ich auf, denn die,
Die liegen wie der Turm zu Babylon.

(Text aus: Kleist, Heinrich von: Sämtliche Werke und Briefe. *Bd. 1. 9. vermehrte und revidierte Auflage. Herausgegeben von Helmut Sembdner. München: Hanser, 1993, S. 177–182)*

Übung 3.10 *Erschließen Sie den Argumentationsgang und den Inhalt des Dialogs.*
► *Lösung Seite 136 f.*

Übung 3.11 *Versuchen Sie einmal zu bestimmen, welche psychische Verfassung der Figuren durch die eingesetzten dramaturgischen und sprachlich-stilistischen Mittel zum Ausdruck gebracht wird.*
► *Lösung Seite 138*

Übung 3.12 *Bestimmen Sie das metrische Schema, die Sprechweise und die Figurenwahl und deuten Sie Ihr Ergebnis in Bezug auf die mögliche dichterische Intention.*
► *Lösung Seite 138*

Übung 3.13 *Warum werden nur wenige Regieanweisungen gegeben?*
► *Lösung Seite 138*

Übung 3.14 *Bestimmen Sie die sprachlichen Gestaltungsmittel in den folgenden Versen*

Textauszüge	sprachliche Gestaltungsmittel
LICHT. Und was hat das Gesicht Euch so verrenkt? ADAM. Mir das Gesicht? LICHT. Wie? Davon wisst Ihr nichts? ADAM. Ich müsst ein Lügner sein – wie sieht's denn aus? LICHT. Wies aussieht? ADAM. Ja, Gevatterchen. LICHT. Abscheulich! ADAM. Erklärt Euch deutlicher. (V. 46–53)	______________________

(...) Ihr seid doch nicht –? ADAM. Nun? LICHT. Gleichfalls –? ADAM. Ob ich –? Ich glaube – (V. 17–20)	______________________
ADAM. Ja, seht. Zum Straucheln braucht's doch nichts, als Füße. Auf diesem glatten Boden, ist ein Strauch hier? Gestrauchelt bin ich hier; denn jeder trägt Den leidgen Stein zum Anstoß in sich selbst. LICHT. Nein, sagt mir, Freund! Den Stein trüg jeglicher...? ADAM. Ja, in sich selbst! (V. 6–10)	______________________
Ihr wisst, wie sich zwei Hände waschen können. Ihr wollt auch gern, ich weiß, Dorf- richter werden (...) (V. 139 f.)	______________________
ADAM. Mein Seel! Es ist kein Grund, warum ein Richter, Wenn er nicht auf dem Richtstuhl sitzt, Soll gravitätisch wie ein Eisbär sein. (V. 169–171)	______________________
(...) Die Nas hat auch gelitten. LICHT. Und das Auge. (V. 63 f.)	______________________

▶ *Lösung Seite 138 f.*

Übung 3.15 Weisen Sie die folgenden poetischen Mittel im Textauszug nach und bestimmen Sie ihre jeweilige Funktion.

Übung

Poetisches Mittel	Belegstelle	Funktion
Ausrufe	______	______
	______	______
sprechende Namen	______	______
	______	______
Wortspiele	______	______
	______	______
Paradoxon	______	______
	______	______
Stichomythie	______	______
	______	______
Antilabe	______	______
	______	______
Aposiopese	______	______
	______	______

Häufung von Ausrufen und Fragen	______________	______________
	______________	______________
Metapher, Vergleich	______________	______________
	______________	______________
Alliterationen/ Zwillingsformel	______________	______________
	______________	______________
Aposiopese	______________	______________
	______________	______________
juristische Fachsprache	______________	______________
	______________	______________
Parallelismus	______________	______________
	______________	______________
Metapher	______________	______________
	______________	______________
antike und biblische Anspielungen	______________	______________
	______________	______________

► *Lösung Seite 139 f.*

Übung 3.16 *Charakterisieren Sie die Argumentationsweise des Dorfrichters Adam auf der Grundlage des vorliegenden Textauszuges.*

► *Lösung Seite 141*

Übung 3.17 *Charakterisieren Sie die Argumentationsweise Lichts auf der Grundlage des vorliegenden Textauszuges.*

► *Lösung Seite 141 f.*

Übung 3.18 *In der folgenden Übersicht finden Sie einen Vergleich zwischen zwei Dramen aus der Epoche der Klassik. Informieren Sie sich gegebenenfalls in einem Literaturlexikon über Goethes* Iphigenie auf Tauris. *Ordnen Sie dann die durcheinander geratenen Bestimmungen den korrekten Feldern zu.*

► *Lösung Seite 142 f.*

Der zerbrochne Krug

Stil und Sprache	Verzicht auf hohen Stil, Verssprache (fünfhebiger Jambus, Blankvers)
Personen	idealtypisch, eingebettet in die griechische Heldensage
Raum und Zeit	idealtypisch, auf Verstehen angelegte stringente Dialoge
Handlung	keine explizite Einführung in die Handlung, ohne genaue Klärung der Ausgangssituation, der drohende Konflikt wird deutlich angelegt (Überprüfung durch den Gerichtsrat, Entlarvung des Richters)
Redegestaltung	Festlegung des Spielortes, ungefähre zeitliche Einordnung (Trojanischer Krieg)
Gestaltungsweise	hoher Stil, Verssprache (fünfhebiger Jambus, Blankvers)

Iphigenie auf Tauris	
Stil und Sprache	realistisch, eingebettet in die bürgerliche Lebenswelt
Personen	Iphigenie als Vertreterin eines Herrscherhauses, auf Tauris Priesterin (Ständeklausel)
Raum und Zeit	realistisch, Missverständnisse, Verzicht auf Herstellung einer stringenten Dialogführung
Handlung	Einführung in die Handlung, Klärung der Ausgangssituation (Iphigenie auf Tauris), Konflikt deutlich angelegt (Fremdheitsempfindung und Heimweh Iphigenies, Pflicht gegenüber Diana und Thoas, Bitte um Rettung)
Redegestaltung	Festlegung des Spielortes, keine zeitliche Einordnung
Gestaltungsweise	Adam, Licht, Walter als Vertreter des Bürgertums (Verzicht auf Ständeklausel)

3.3 Schauspiel: Heinrich von Kleist: *Prinz Friedrich von Homburg*

Prinz Friedrich von Homburg. Ein Schauspiel entstand in den Jahren 1809 bis 1811. Am Abend vor der Schlacht bei Fehrbellin gegen die Schweden (1675) hat der nachtwandelnde Prinz von Homburg eine Vision von künftigem Soldatenruhm und vom Liebesglück mit der Prinzessin Natalie. Noch in der Euphorie seiner Traumerlebnisse stürzt sich der Prinz am nächsten Tag mit seiner Reiterei, einen ausdrücklichen Befehl des Kurfürsten von Brandenburg missachtend, voreilig in die Schlacht. Obwohl er dadurch entscheidend zum Sieg beiträgt, wird er verhaftet, angeklagt und zum Tode verurteilt.
Zunächst verkennt der Prinz, im Vertrauen auf die Gnade des Kurfürsten, den Ernst der Lage, doch angesichts der Vorbereitungen, die für seine Hinrichtung getroffen

werden, bittet er die Kurfürstin und Natalie in unverhüllter Todesangst, sich beim Kurfürsten für ihn einzusetzen. Auf Natalies Fürsprache hin schreibt dieser einen Brief an den Prinzen, den sie dem Gefangenen im folgenden Szenenausschnitt überbringt.

Lesetext

Heinrich von Kleist (1777–1811)
Prinz Friedrich von Homburg
Ein Schauspiel
(vierter Akt, vierter Auftritt)

Szene: Gefängnis des Prinzen.

Prinzessin Natalie tritt auf, geführt von dem Rittmeister, Graf Reuß. Hofdamen folgen. Ihnen voran tritt ein Läufer mit einer Fackel. – Der Prinz von Homburg
(...)
DER PRINZ VON HOMBURG. Mein teures Fräulein!
NATALIE. Lieber, guter Vetter!
DER PRINZ VON HOMBURG *(führt sie vor)*.
Nun sagt, was bringt Ihr? Sprecht! Wie steht's mit mir?
NATALIE. Gut. Alles gut. Wie ich vorher Euch sagte,
Begnadigt seid Ihr, frei; hier ist ein Brief,
Von seiner Hand, der es bekräftiget.
DER PRINZ VON HOMBURG. Es ist nicht möglich! Nein! Es ist ein Traum!
NATALIE. Lest, lest den Brief! So werdet Ihrs erfahren.
DER PRINZ VON HOMBURG *(liest)*.
„Mein Prinz von Homburg, als ich Euch gefangen setzte,
Um Eures Angriffs, all zu früh vollbracht,
Da glaubt ich nichts, als meine Pflicht zu tun;
Auf Euren eignen Beifall rechnet ich.
Meint Ihr, ein Unrecht sei Euch widerfahren,
So bitt ich, sagt's mir mit zwei Worten –
Und gleich den Degen schick ich Euch zurück."
(Natalie erblasst. Pause. Der Prinz sieht sie fragend an.)
NATALIE *(mit dem Ausdruck plötzlicher Freude)*.
Nun denn, da steht's! Zwei Worte nur bedarf's –!
O, lieber süßer Freund!
(Sie drückt seine Hand.)
(...)
DER PRINZ VON HOMBURG. Er sagt, wenn ich der Meinung wäre –?
NATALIE *(unterbricht ihn)*. Freilich!
Geschwind! Setzt Euch! Ich will es Euch diktieren.
(Sie setzt ihm einen Stuhl hin.)
DER PRINZ VON HOMBURG. – Ich will den Brief noch einmal überlesen.

NATALIE *(reißt ihm den Brief aus der Hand).*
Wozu? – Saht Ihr die Gruft nicht schon im Münster,
Mit offnem Rachen, Euch entgegen gähn'n?
Der Augenblick ist dringend. Sitzt und schreibt!
DER PRINZ VON HOMBURG *(lächelnd).*
Wahrhaftig, tut Ihr doch, als würde sie
Mir, wie ein Panter, übern Nacken kommen.
(Er setzt sich, und nimmt eine Feder.)
NATALIE *(wendet sich und weint).*
Schreibt, wenn Ihr mich nicht böse machen wollt!
(Der Prinz klingelt einem Bedienten – der Bediente tritt auf.)
DER PRINZ VON HOMBURG. Papier und Feder, Wachs und Petschaft mir!
(Der Bediente, nachdem er diese Sachen zusammengesucht, geht wieder ab. Der Prinz schreibt, – Pause.)
DER PRINZ VON HOMBURG *(indem er den Brief, den er angefangen bat, zerreißt und unter den Tisch wirft).* Ein dummer Anfang.
(Er nimmt ein anderes Blatt.)
NATALIE *(hebt den Brief auf).* Wie? Was sagtet Ihr? –
Mein Gott, das ist ja gut; das ist vortrefflich!
DER PRINZ VON HOMBURG *(in den Bart).*
Pah! – Eines Schuftes Fassung, keines Prinzen. –
Ich denk mir eine andre Wendung aus.
(Pause. – Er greift nach des Kurfürsten Brief, den die Prinzessin in der Hand hält.)
Was sagt er eigentlich im Briefe denn?
NATALIE *(ihn verweigernd).*
Nichts, gar nichts!
DER PRINZ VON HOMBURG. Gebt!
NATALIE. Ihr last ihn ja!
DER PRINZ VON HOMBURG *(erhascht ihn).* Wenn gleich!
Ich will nur sehn, wie ich mich fassen soll.
(Er entfaltet und überliest ihn.)
NATALIE *(für sich).* O Gott der Welt! Jetzt ists um ihn geschehn!
DER PRINZ VON HOMBURG *(betroffen).* Sieh da! Höchst wunderbar, so wahr ich lebe! – Du übersahst die Stelle wohl?
NATALIE. Nein! – Welche?
DER PRINZ VON HOMBURG. Mich selber ruft er zur Entscheidung auf!
NATALIE. Nun, ja!
DER PRINZ VON HOMBURG. Recht wacker, in der Tat, recht würdig!
Recht, wie ein großes Herz sich fassen muss!
NATALIE. O seine Großmut, Freund, ist ohne Grenzen!
– Doch nun tu auch das deine du, und schreib,
Wie ers begehrt; du siehst, es ist der Vorwand,
Die äußre Form nur, deren es bedarf:

Sobald er die zwei Wort in Händen hat,
Flugs ist der ganze Streit vorbei!
DER PRINZ VON HOMBURG *(legt den Brief weg)*.
Nein, Liebe!
Ich will die Sach bis morgen überlegen.
NATALIE. Du Unbegreiflicher! Welch eine Wendung? Warum? Weshalb?
DER PRINZ VON HOMBURG *(erhebt sich leidenschaftlich vom Stuhl.)*
Ich bitte, frag mich nicht!
Du hast des Briefes Inhalt nicht erwogen!
Dass er mir Unrecht tat, wies mir bedingt wird,
Das kann ich ihm nicht schreiben – zwingst du mich,
Antwort, in dieser Stimmung, ihm zu geben,
Bei Gott! so setz ich hin, du tust mir Recht!
(Er lässt sich mit verschränkten Armen wieder an den Tisch nieder und sieht in den Brief.)
NATALIE *(bleich)*. Du Rasender! Was für ein Wort sprachst du?
(Sie beugt sich gerührt über ihn.)
DER PRINZ VON HOMBURG *(drückt ihr die Hand)*. Lass, einen Augenblick! Mir scheint –
(Er sinnt.)
NATALIE. Was sagst du?
DER PRINZ VON HOMBURG. Gleich werd ich wissen, wie ich schreiben soll.
NATALIE *(schmerzvoll)*. Homburg!
DER PRINZ VON HOMBURG *(nimmt die Feder)*.
Ich hör! Was gibts?
NATALIE. Mein süßer Freund!
Die Regung lob ich, die dein Herz ergriff.
Das aber schwör ich dir: das Regiment
Ist kommandiert, das dir Versenktem morgen,
Aus Karabinern, überm Grabeshügel,
Versöhnt die Totenfeier halten soll.
Kannst du dem Rechtsspruch, edel wie du bist,
Nicht widerstreben, nicht ihn aufzuheben,
Tun, wie ers hier in diesem Brief verlangt:
Nun so versichr' ich dich, er fasst sich dir
Erhaben, wie die Sache steht, und lässt
Den Spruch mitleidsvoll morgen dir vollstrecken!
DER PRINZ VON HOMBURG *(schreibend)*.
Gleichviel!
NATALIE. Gleichviel?
DER PRINZ VON HOMBURG, Er handle, wie er darf;
Mir ziemt's hier zu verfahren, wie ich soll!

NATALIE *(tritt erschrocken näher).*
Du Ungeheuerster, ich glaub, du schriebst?
DER PRINZ VON HOMBURG *(schließt).*
„Homburg; gegeben, Fehrbellin, am zwölften –";
Ich bin schon fertig. – Franz!
(Er kuvertiert und siegelt den Brief.)
NATALIE. O Gott im Himmel!
DER PRINZ VON HOMBURG *(steht auf).*
Bring diesen Brief aufs Schloss, zu meinem Herrn!
(Der Bediente ab.)
Ich will ihm, der so würdig vor mir steht,
Nicht, ein Unwürdger, gegenüber stehn!
Schuld ruht, bedeutende, mir auf der Brust,
Wie ich es wohl erkenne; kann er mir
Vergeben nur, wenn ich mit ihm drum streite,
So mag ich nichts von seiner Gnade wissen.
NATALIE *(küsst ihn).*
Nimm diesen Kuss! – Und bohrten gleich zwölf Kugeln
Dich jetzt in Staub, nicht halten könnt ich mich,
Und jauchzt und weint und spräche: Du gefällst mir!
(...)

(Text aus: Kleist, Heinrich von:
Prinz Friedrich von Homburg. *München 1966. IV, 4.)*

Übung 3.19 *Korrigieren Sie die folgende Inhaltsangabe des Textauszuges.*

Das Gespräch zeichnet sich dadurch aus, dass der Prinz immer weniger weiß, was der Kurfürst eigentlich will. Natalie kann ihm auch nicht helfen und versteht den Brief auch nicht ganz richtig. Aus diesem Grund unternimmt sie immer wieder Beschwichtigungs- und Ablenkungsversuche. Nachdem der Prinz die Rechtmäßigkeit des Todesurteils nochmals abgelehnt hat, zeigt Natalie ihm ihre ganze Zuneigung, weil sie ihn für mutig hält.
▶ *Lösung Seite 143*

Übung 3.20 *Erarbeiten Sie die Dialogführung.*
▶ *Lösung Seite 143 f.*

Übung 3.21 *Die verwendeten poetischen Mittel unterstützen jeweils den Ausdruck der inneren Verfassung. Zeigen Sie das an den folgenden ausgewählten Passagen:*

Übung

Übung

Übung

Poetisches Mittel	Ausdruck der inneren Verfassung
Ausrufe, z. B.: „Mein teures Fräulein!" (V. 1), „Lieber, guter Vetter!" (V. 2)	______________________ ______________________
Einwortsatz, Wiederholung (vgl. V. 5)	______________________ ______________________
Ausruf (vgl. V. 8)	______________________ ______________________
Regieanweisung: „*(Natalie erblasst. Pause. Der Prinz sieht sie fragend an.)*" (V. 18)	______________________ ______________________
Metapher/Personifikation: „(...) Saht Ihr die Gruft nicht schon im Münster,/Mit offnem Rachen, Euch entgegen gähn'n?" (V. 30 f.)	______________________ ______________________
Ellipse: „Pah! – Eines Schuftes Fassung, keines Prinzen." (V. 49)	______________________ ______________________
Klimax: „Mein Gott, das ist ja gut; das ist vortrefflich!" (V. 47)	______________________ ______________________
Wiederholung: „Nichts, gar nichts!" (V. 54)	______________________ ______________________

Anapher: „Recht wacker, in der Tat, recht würdig! / Recht, wie ein großes Herz sich fassen muss!" (V. 66 f.)	
Alliteration: „Welch eine Wendung? Warum? Weshalb?" (V. 77), **Hyperbel:** „Ungeheuerster" (V. 115)	
Polysyndeton: „Und jauchzt und weint und spräche" (V. 133)	

▶ *Lösung Seite 144 f.*

Übung 3.22 *Wie würden Sie den zentralen Konflikt beschreiben, wie er in der Textstelle zum Ausdruck kommt?*

▶ *Lösung Seite 145*

Übung 3.23 *Entscheidungssituationen werden natürlich auch in anderen dramatischen Werken thematisiert. Versuchen Sie – gegebenenfalls unter Zuhilfenahme eines Literaturlexikons – die folgende Übersicht zu vervollständigen.*

Werk	Thematisierte Entscheidungssituation
Bertolt Brecht, ***Der gute Mensch von Sezuan***	
Bertolt Brecht, ***Leben des Galilei***	

Johann Wolfgang von Goethe, ***Faust I***	____________________ ____________________ ____________________
Johann Wolfgang von Goethe, ***Iphigenie auf Tauris***	____________________ ____________________ ____________________

▶ *Lösung Seite 146 f.*

Übung 3.24 *Am Schluss einer Drameninterpretation kann die Einordnung in den zeitgenössischen ideengeschichtlichen Kontext und/oder ein Hinweis auf eine moderne Themengestaltung stehen. Versuchen Sie einmal, einen Schluss zu den von Ihnen zum* Prinz von Homburg *in den vorangegangenen Übungen erarbeiteten Inhalten zu formulieren.*

▶ *Lösung Seite 147*

Übung 3.25 *Informieren Sie sich über die Zitierregeln in Kapitel 2.6 und korrigieren Sie dann die folgenden Zitierweisen (Textgrundlage: Heinrich von Kleist,* Prinz Friedrich von Homburg*).*

a) Am Ende des Dialogs versinkt Prinz in eine tiefe Depression, er verspürt Schmerzen in der Brust, möglicherweise sind das Anzeichen eines drohenden Infarktes – Schuld ruht, bedeutende, mir auf der Brust.

b) Der Brief des Kurfürsten öffnet ihm die Augen für die eigene „Schuld" (vgl. V. 126), die er sich durch sein Verhalten in der Schlacht „auf die Brust" geladen hat.

c) Der Prinz verkennt, dass nicht das Bestehen auf seiner vermeintlich korrekten Überzeugung den Konflikt lösen wird, sondern nur das Eingeständnis seiner eigenen Schuld (V. 126); dieses Eingeständnis muss der Hinrichtung vorausgehen: „Schuld ruht, bedeutende, mir auf der Brust, wie ich es wohl erkenne; kann er mir vergeben nur, wenn ich mit ihm drum streite, so mag ich nichts von seiner Gnade wissen" (vgl. V. 126–129).

▶ *Lösung Seite 147*

3.4 Das epische Theater: Bertolt Brecht: *Mutter Courage und ihre Kinder. Eine Chronik aus dem Dreißigjährigen Krieg*

Der vorliegende Abschnitt stammt aus der sechsten Szene von Bertolt Brechts Drama *Mutter Courage und ihre Kinder. Eine Chronik aus dem Dreißigjährigen Krieg*, das 1939 im schwedischen Exil abgeschlossen und 1941 in Zürich uraufgeführt wurde. Die Handlung spielt im Zeitraum vom Frühjahr 1624 bis Januar 1636. Anna Fierling, genannt Mutter Courage, zieht als Marketenderin mit ihrem Planwagen und mit ihren drei Kindern im Tross der Soldaten durch das Land. Sie versucht sowohl auf der protestantisch-schwedischen als auch auf der kaiserlich-katholischen Seite Geschäfte zu machen. Dabei handelt sie nach der Devise, dass gut ist, was dem Geschäft nützt, und stellt ihre wirtschaftlichen Interessen über das Wohl ihrer Kinder. Im Jahre 1632 befinden sich Mutter Courage und ihre stumme Tochter Kattrin im kaiserlichen Lager und erleben dort gemeinsam mit dem evangelischen Feldprediger das Begräbnis des gefallenen Feldhauptmanns Tilly mit.

Lesetext

Bertolt Brecht (1898–1956)
Mutter Courage und ihre Kinder
Eine Chronik aus dem Dreißigjährigen Krieg

Vor der Stadt Ingolstadt in Bayern wohnt die Courage dem Begräbnis des gefallenen Feldhauptmanns Tilly bei. Es finden Gespräche über Kriegshelden und die Dauer des Krieges statt. Der Feldprediger beklagt, daß seine Talente brachliegen und die stumme Kattrin bekommt die roten Schuhe. Man schreibt das Jahr 1632.

Im Innern eines Marketenderzeltes

Mit einem Ausschank nach hinten zu. Regen. In der Ferne Trommeln und Trauermusik. Der Feldprediger und der Regimentsschreiber spielen ein Brettspiel. Mutter Courage und ihre Tochter machen Inventur.

DER FELDPREDIGER Jetzt setzt sich der Trauerzug in Bewegung.

MUTTER COURAGE Schad um den Feldhauptmann – zweiundzwanzig Paar von die Socken –, daß er gefalln ist, heißt es, war ein Unglücksfall. Es war Nebel auf der Wiesen, der war schuld. Der Feldhauptmann hat noch einem Regiment zugerufen, sie solln todesmutig kämpfen, und ist zurückgeritten, in dem Nebel hat er sich aber in der Richtung geirrt, so daß es nach vorn war und er mitten in der Schlacht eine Kugel erwischt hat – nur noch vier Windlichter zurück. *Von hinten ein Pfiff. Sie geht zum Ausschank.* Eine Schand, daß ihr euch vom Begräbnis von eurem toten Feldhauptmann drückt! *Sie schenkt aus.*

DER SCHREIBER Man hätts Geld nicht vorm Begräbnis auszahln solln. Jetzt besaufen sie sich, anstatt daß sie zum Begräbnis gehen.

DER FELDPREDIGER *zum Schreiber:* Müssen Sie nicht zum Begräbnis?

DER SCHREIBER Ich hab mich gedrückt, wegn Regen.

MUTTER COURAGE Bei Ihnen ists was andres, Ihnen möchts die Uniform verregnen. Es heißt, sie haben ihm natürlich die Glocken läuten wollen zum Begräbnis, aber es hat sich herausgestellt, daß die Kirchen weggeschossen waren auf seinen Befehl, so daß der arme Feldhauptmann keine Glocken hören wird, wenn sie ihn hinabsenken. Anstatt dem wollen sie drei Kanonenschüsse abfeuern, daß es nicht gar zu nüchtern wird – siebzehn Leibriemen.

RUFE *vom Ausschank:* Wirtschaft! Ein Branntwein!

MUTTER COURAGE Ersts Geld! Nein, herein kommt ihr mir nicht mit eure Dreckstiefeln in mein Zelt! Ihr könnt draußen trinken, Regen hin, Regen her. *Zum Schreiber:* Ich laß nur die Chargen herein. Der Feldhauptmann hat die letzte Zeit Sorgen gehabt, hör ich. Im Zweiten Regiment solls Unruhen gegeben haben, weil er keinen Sold ausgezahlt, sondern gesagt hat, es ist ein Glaubenskrieg, sie müssens ihm umsonst tun. *Trauermarsch. Alle sehen nach hinten.*

DER FELDPREDIGER Jetzt defilierens vor der hohen Leich.

MUTTER COURAGE Mir tut so ein Feldhauptmann oder Kaiser leid, er hat sich vielleicht gedacht, er tut was übriges und was, wovon die Leute reden, noch in künftigen Zeiten, und kriegt ein Standbild, zum Beispiel er erobert die Welt, das ist ein großes Ziel für einen Feldhauptmann, er weiß es nicht besser. Kurz, er rackert sich ab, und dann scheiterts am gemeinen Volk, was vielleicht ein Krug Bier will und ein bissel Gesellschaft, nix Höheres. Die schönsten Plän sind schon zuschanden geworden durch die Kleinlichkeit von denen, wo sie ausführen sollten, denn die Kaiser selber können ja nix machen, sie sind angewiesen auf die Unterstützung von ihre Soldaten und dem Volk, wo sie grad sind, hab ich recht?

DER FELDPREDIGER *lacht:* Courage, ich geb Ihnen recht, bis auf die Soldaten. Die tun, was sie können. Mit denen da draußen zum Beispiel, die ihren Branntwein im Regen saufen, getrau ich mich hundert Jahr einen Krieg nach dem andern zu machen und zwei auf einmal, wenns sein muß, und ich bin kein gelernter Feldhauptmann.

MUTTER COURAGE Dann meinen Sie nicht, daß der Krieg ausgehn könnt?

DER FELDPREDIGER Weil der Feldhauptmann hin ist? Sein Sie nicht kindisch. Solche finden sich ein Dutzend, Helden gibts immer.

MUTTER COURAGE Sie, ich frag Sie das nicht nur aus Hetz, sondern weil ich mir überleg, ob ich Vorrät einkaufen soll, was grad billig zu haben sind, aber wenn der Krieg ausgeht, kann ich sie dann wegschmeißen.

DER FELDPREDIGER Ich versteh, daß Sies ernst meinen. Es hat immer welche gegeben, die gehn herum und sagen: „Einmal hört der Krieg auf." Ich sag: daß der Krieg einmal aufhört, ist nicht gesagt. Es kann natürlich zu einer kleinen Paus kommen. Der Krieg kann sich verschnaufen müssen, ja, er kann sogar sozusagen verunglücken. Davor ist er nicht gesichert, es gibt ja nix Vollkommenes allhier auf Erden. Einen vollkommenen Krieg, wo man sagen könnt: an dem ist nix mehr auszusetzen, wirds vielleicht nie geben. Plötzlich kann er ins Stocken kommen, an was Unvorhergesehenem, an alles kann kein Mensch denken. Vielleicht ein

Übersehn, und das Schlamassel ist da. Und dann kann man den Krieg wieder aus dem Dreck ziehn! Aber die Kaiser und Könige und der Papst wird ihm zu Hilf kommen in seiner Not. So hat er im ganzen nix Ernstliches zu fürchten, und ein langes Leben liegt vor ihm.

EIN SOLDAT *singt vor der Schenke:*

Ein Schnaps, Wirt, schnell, sei g'scheit!
Ein Reiter hat kein Zeit.
Muß für sein Kaiser streiten.
Einen doppelten, heut ist ein Festtag!

MUTTER COURAGE Wenn ich ihnen trauen könnt ...

DER FELDPREDIGER Denken Sie selber! Was sollt gegen den Krieg sein?

DER SOLDAT *singt hinten:*

Dein Brust, Weib, schnell, sei g'scheit,
Ein Reiter hat kein Zeit.
Er muss gen Mähren reiten.

DER SCHREIBER *plötzlich:* Und der Frieden, was wird aus ihm? Ich bin aus Böhmen und möcht gelegentlich heim,

DER FELDPREDIGER So, möchten Sie? Ja, der Frieden! Was wird aus dem Loch, wenn der Käs gefressen ist?

DER SOLDAT *singt hinten:*

Trumpf aus, Kamerad, sei g'scheit!
Ein Reiter hat kein Zeit.
Muß kommen, solang sie werben.
Dein Spruch, Pfaff, schnell, sei g'scheit!
Ein Reiter hat kein Zeit,
Er muß fürn Kaiser sterben.

DER SCHREIBER Auf die Dauer kann man nicht ohne Frieden leben.

DER FELDPREDIGER Ich möcht sagen, den Frieden gibts im Krieg auch, er hat seine friedlichen Stelln. Der Krieg befriedigt nämlich alle Bedürfniss, auch die friedlichen darunter, dafür ist gesorgt, sonst möcht er sich nicht halten können. Im Krieg kannst du auch kacken wie im tiefsten Frieden, und zwischen dem einen Gefecht und dem andern gibts ein Bier, und sogar auf dem Vormarsch kannst du ein Nicker machen, aufn Ellbogen, das ist immer möglich, im Straßengraben. Beim Stürmen kannst du nicht Karten spieln, das kannst du beim Ackerpflügen im tiefsten Frieden auch nicht, aber nach dem Sieg gibts Möglichkeiten. Dir mag ein Bein abgeschossen werden, da erhebst du zuerst ein großes Geschrei, als wärs was, aber dann beruhigst du dich oder kriegst Schnaps, und am End hüpfst du wieder herum, und der Krieg ist nicht schlechter dran als vorher. Und was hindert dich, daß du dich vermehrst inmitten all dem Gemetzel, hinter einer Scheun oder woanders, davon bist du nie auf die Dauer abzuhalten, und dann hat der Krieg deine Sprößlinge und kann mit ihnen weiterkommen. Nein, der Krieg findet immer einen Ausweg, was nicht gar. Warum soll er aufhörn müssen?

Kattrin hat aufgehört zu arbeiten und starrt auf den Feldprediger.
MUTTER COURAGE Da kauf ich also die Waren. Ich verlaß mich auf Sie.

(...)

(Text aus: Brecht, Bertolt: Mutter Courage und ihre Kinder. *In:* Gesammelte Werke. *Bd. 2: Stücke 2. Frankfurt/Main: Suhrkamp, 1967, S. 1399–1403. Text muss in alter Rechtschreibung zitiert werden.)*

Übung 3.26 *Es erscheint sinnvoll, vor der Untersuchung des Textauszuges nochmals wichtige Begriffe der dramaturgischen Gestaltung zu klären, die bei der Analyse verwendet werden. Ordnen Sie in der folgenden Übersicht die jeweilige Definition dem korrekten Begriff zu.*

Begriffe der dramaturgischen Gestaltung	Definition
Akt	einheitlicher und geschlossener Abschnitt eines Dramas
Auftritt	Schlussrede
Botenbericht	Mittel zur Verhinderung der Einfühlung des Zuschauers in die dargestellten Personen, z. B. durch Musik, Sprache, Bühnenbild; Ziel: Anregung des Zuschauers zu eigener Aktivität
Charakter	Selbstgespräch einer Figur, Gegensatz: Dialog
Epilog	1. Szene 2. Erscheinen der Schauspieler auf der Bühne
Monolog	Bezeichnung für in der Dichtung vorkommende, der Wirklichkeit nachgebildete oder fingierte Figuren, die nicht bloß typisiert, sondern in ihrer Individualität dargestellt werden
Prolog	(gr. „Mauerschau"), auf der Bühne schwer oder gar nicht darstellbares

	Ereignis, das sich zur selben Zeit zuträgt, wird aus der Perspektive eines z. B. auf einer Mauer stehenden Beobachters wiedergegeben; vergleichbar mit dem Botenbericht, Unterschied: Botenbericht handelt von Vergangenem.
Regieanweisung	in den Dramentext eingefügte Bemerkungen des Dichters bezüglich Bühnenausstattung, Mimik, Gestik, Sprechtempo, Musik, Auftreten und Abtreten von Figuren
Szene	Bühne; Bestandteil des Aktes; allgemein: Vorgang auf der Bühne
Teichoskopie	Worte vom Dichter oder von Schauspielern vor dem Beginn der eigentlichen Handlung
Verfremdung	dramaturgisches Hilfsmittel, um Ereignisse, deren Darstellung den Zusammenhang der Handlung gefährden oder die bühnentechnischen Voraussetzungen übersteigen würde (z. B. Seeschlachten), in Form eines erzählenden Berichts auf die Bühne zu bringen

▶ *Lösung Seite 148 f.*

Übung 3.27 *Analysieren Sie den Gesprächsverlauf im vorliegenden Textauszug.*
▶ *Lösung Seite 149 f.*

Übung 3.28 *Formulieren Sie eine Einleitung in eine Interpretation des vorliegenden Textauszuges.*
▶ *Lösung Seite 150*

Übung 3.29 *Bertolt Brecht ist der Begründer des epischen Theaters. Diese besondere Form zielt darauf ab, den Zuschauer durch so genannte Lehrstücke zum Nach-*

denken und Handeln anzuregen und dadurch die Kritikfunktion des Dramas zuungunsten der Unterhaltungsfunktion zu betonen.

a) Suchen Sie aus der folgenden Aufzählung – entstanden in Anlehnung an die Gegenüberstellung in Brechts Schriften zum Theater – die wesentlichen Elemente des epischen Theaters heraus.
b) Zu welcher Dramenform können Sie die übrigen, nicht zum epischen Theater gehörenden Elemente rechnen?

Suggestion, erzählend, macht Zuschauer zum Betrachter, Spannung auf den Ausgang, ermöglicht gefühlsmäßige Beteiligung des Zuschauers, weckt Aktivität des Zuschauers, argumentierend, der studierende Zuschauer, Montage, Spannung auf den Gang der Handlung, erzwingt Entscheidungen, Zuschauer identifiziert sich mit Figur, das Denken wird durch das gesellschaftliche Sein bestimmt, das Denken bestimmt das Sein, Verfremdungseffekt, Distanz des Schauspielers zu seiner Rolle, Verfremdung durch Songs, Verfremdung durch Bühnenbild und Sprache, handelnd, Zurückdrängung der Unterhaltungsfunktion.

▶ *Lösung Seite 150*

Übung 3.30 *In dem vorliegenden Dramenauszug finden Sie Realisierungen dieser Poetologie, und zwar insbesondere den so genannten „Verfremdungseffekt", der die Distanz zwischen Zuschauer und Bühnengeschehen akzentuiert und damit die Idealvorstellung des „studierenden Zuschauers" verwirklichen will. Versuchen Sie einmal einige typische Belege für den Einsatz des „Verfremdungseffektes" herauszuarbeiten.*

▶ *Lösung Seite 150 f.*

Übung 3.31 *Die dramaturgische Gestaltung steht im Dienste der Konzeption des epischen Theaters. Wichtige Mittel sind insbesondere der Vorspann/die Regieanweisung, die Teichoskopie und der Song. Welche Funktion haben diese Mittel jeweils?*

▶ *Lösung Seite 151*

Übung 3.32 *Untersuchen Sie die sprachlich-stilistische Gestaltung des Textauszuges.*

▶ *Lösung Seite 151*

Übung 3.33 *Welche unterschiedlichen Einstellungen zum Krieg haben Mutter Courage, Feldprediger, Schreiber und Soldat?*

▶ *Lösung Seite 151*

Übung 3.34 *Welchen Erkenntnisprozess bezüglich des Krieges soll der „studierende Zuschauer" durchlaufen?*

▶ *Lösung Seite 152*

Übung

Übung 3.35 *Formulieren Sie einen möglichen Schluss Ihres Interpretationsaufsatzes über den vorliegenden Textauszug.*

▶ *Lösung Seite 152*

3.5 Tragikomödie: Friedrich Dürrenmatt: *Der Besuch der alten Dame*

In der „tragischen Komödie" *Der Besuch der alten Dame*, die 1956 erstmals aufgeführt wurde, gestaltet Friedrich Dürrenmatt das Thema „Gerechtigkeit". Claire Zachanassian, die „alte Dame", kehrt nach 45 Jahren nach Güllen zurück, um Genugtuung für ein Fehlurteil zu erfahren, das ihr Leben entscheidend verändert hat: Sie musste nach einem verlorenen Vaterschaftsprozess die Stadt verlassen, da ihr Jugendgeliebter sie um einer Geldheirat willen verleugnet und falsche Zeugen gegen sie aufgeboten hatte.

Die Güllener, nicht ahnend, dass der wirtschaftliche Verfall ihrer Stadt aus Rache von der inzwischen reich und mächtig gewordenen Claire Zachanassian herbeigeführt wurde, erhoffen sich von ihr großzügige Finanzhilfe, zu der ihr ehemaliger Geliebter, der Kaufmann Alfred Ill, sie bewegen soll.

Die alte Dame ist dazu unter der Bedingung bereit, dass das frühere Gerichtsurteil revidiert und Alfred Ill von den Güllenern getötet wird. Nach anfänglichem Sträuben akzeptieren die Bürger die Bedingung; Alfred Ill wird Opfer eines Kollektivmordes.

In der vorliegenden Szene offenbart Claire Zachanassian in einer Art Tribunal Ills Schuld und bietet eine Milliarde für seinen Tod.

Lesetext

Friedrich Dürrenmatt (1921–1990)
Der Besuch der alten Dame

(Schluss des ersten Aktes)

CLAIRE ZACHANASSIAN Bürgermeister, Güllener. Eure selbstlose Freude über meinen Besuch rührt mich. Ich war zwar ein etwas anderes Kind, als ich nun in der Rede des Bürgermeisters verkomme, in der Schule wurde ich geprügelt, und die Kartoffeln für die Witwe Boll habe ich gestohlen, gemeinsam mit Ill, nicht um die alte Kupplerin vor dem Hungertode zu bewahren, sondern um mit Ill einmal in einem Bett zu liegen, wo es bequemer war als im Konradsweilerwald oder in der Peterschen Scheune. Um jedoch meinen Beitrag an eure Freude zu leisten, will ich gleich erklären, daß ich bereit bin, Güllen eine Milliarde zu schenken. Fünfhundert Millionen der Stadt und fünfhundert Millionen verteilt auf alle Familien.

Totenstille

DER BÜRGERMEISTER *stotternd* Eine Milliarde.

Alle immer noch in Erstarrung.

CLAIRE ZACHANASSIAN Unter einer Bedingung.

Alle brechen in einen unbeschreiblichen Jubel aus. Tanzen herum, stehen auf die Stühle, der Turner turnt usw. Ill trommelt sich begeistert auf die Brust.

ILL Die Klara! Goldig! Wunderbar! Zum Kugeln! Voll und ganz mein Zauberhexchen! *Er küßt sie.*

DER BÜRGERMEISTER Unter einer Bedingung, haben gnädige Frau gesagt. Darf ich diese Bedingung wissen?

CLAIRE ZACHANASSIAN Ich will die Bedingung nennen. Ich gebe euch eine Milliarde und kaufe mir dafür die Gerechtigkeit.

Totenstille.

DER BÜRGERMEISTER Wie ist dies zu verstehen, gnädige Frau?

CLAIRE ZACHANASSIAN Wie ich es sagte.

DER BÜRGERMEISTER Die Gerechtigkeit kann man doch nicht kaufen!

CLAIRE ZACHANASSIAN Man kann alles kaufen.

DER BÜRGERMEISTER Ich verstehe immer noch nicht.

CLAIRE ZACHANASSIAN Tritt vor, Boby.

Der Butler tritt von rechts in die Mitte zwischen die drei Tische, zieht die dunkle Brille ab.

DER BUTLER Ich weiß nicht, ob mich noch jemand von euch erkennt.

DER LEHRER Der Oberrichter Hofer.

DER BUTLER Richtig. Der Oberrichter Hofer. Ich war vor fünfundvierzig Jahren Oberrichter in Güllen und kam dann ins Kaffinger Appellationsgericht, bis mir vor nun fünfundzwanzig Jahren Frau Zachanassian das Angebot machte, als Butler in ihre Dienste zu treten. Ich habe angenommen. Eine für einen Akademiker vielleicht etwas seltsame Karriere, doch die angebotene Besoldung war derart phantastisch –

CLAIRE ZACHANASSIAN Komm zum Fall, Boby.

DER BUTLER Wie ihr vernommen habt, bietet Frau Claire Zachanassian eine Milliarde und will dafür Gerechtigkeit. Mit anderen Worten: Frau Claire Zachanassian bietet eine Milliarde, wenn ihr das Unrecht wiedergutmacht, das Frau Zachanassian in Güllen angetan wurde. Herr Ill, darf ich bitten.

Ill steht auf bleich, gleichzeitig erschrocken und verwundert.

ILL Was wollen Sie von mir?

DER BUTLER Treten Sie vor, Herr Ill.

ILL Bitte. *Er tritt vor den Tisch rechts. Lacht verlegen. Zuckt die Achseln.*

DER BUTLER Es war im Jahre 1910. Ich war Oberrichter in Güllen und hatte eine Vaterschaftsklage zu behandeln. Claire Zachanassian, damals Klara Wäscher, klagte Sie, Herr Ill, an, der Vater ihres Kindes zu sein.

Ill schweigt.

DER BUTLER Sie bestritten damals die Vaterschaft, Herr Ill. Sie hatten zwei Zeugen mitgebracht.

ILL Alte Geschichten. Ich war jung und unbesonnen.

CLAIRE ZACHANASSIAN Führt Koby und Loby vor, Toby und Roby.

Die beiden kaugummikauenden Monstren führen die beiden blinden Eunuchen, die sich fröhlich an der Hand halten, in die Mitte der Bühne.

DIE BEIDEN Wir sind zur Stelle, wir sind zur Stelle!

DER BUTLER Erkennen Sie die beiden, Herr Ill.

Ill schweigt.

DIE BEIDEN Wir sind Koby und Loby, wir sind Koby und Loby.

ILL Ich kenne sie nicht.

DIE BEIDEN Wir haben uns verändert, wir haben uns verändert.

DER BUTLER Nennt eure Namen.

DER ERSTE Jakob Hühnlein, Jakob Hühnlein.

DER ZWEITE Ludwig Sparr, Ludwig Sparr.

DER BUTLER Nun, Herr Ill.

ILL Ich weiß nichts von ihnen.

DER BUTLER Jakob Hühnlein und Ludwig Sparr, kennt ihr Herrn Ill?

DIE BEIDEN Wir sind blind, wir sind blind.

DER BUTLER Kennt ihr ihn an seiner Stimme?

DIE BEIDEN An seiner Stimme, an seiner Stimme.

DER BUTLER 1910 war ich der Richter und ihr die Zeugen. Was habt ihr geschworen, Ludwig Sparr und Jakob Hühnlein, vor dem Gericht zu Güllen?

DIE BEIDEN Wir hätten mit Klara geschlafen, wir hätten mit Klara geschlafen.

DER BUTLER So habt ihr vor mir geschworen. Vor dem Gericht, vor Gott. War dies die Wahrheit?

DIE BEIDEN Wir haben falsch geschworen, wir haben falsch geschworen.

DER BUTLER Warum, Ludwig Sparr und Jakob Hühnlein?

DIE BEIDEN Ill hat uns bestochen, Ill hat uns bestochen.

DER BUTLER Womit?

DIE BEIDEN Mit einem Liter Schnaps, mit einem Liter Schnaps.

CLAIRE ZACHANASSIAN Erzählt nun, was ich mit euch getan habe, Koby und Loby.

DER BUTLER Erzählt es.

DIE BEIDEN Die Dame ließ uns suchen, die Dame ließ uns suchen.

DER BUTLER So ist es. Claire Zachanassian ließ euch suchen. In der ganzen Welt. Jakob Hühnlein war nach Kanada ausgewandert und Ludwig Sparr nach Australien. Aber sie fand euch. Was hat sie dann mit euch getan?

DIE BEIDEN Sie gab uns Toby und Roby. Sie gab uns Toby und Roby.

DER BUTLER Und was haben Toby und Roby mit euch gemacht?

DIE BEIDEN Kastriert und geblendet, kastriert und geblendet.

DER BUTLER Dies ist die Geschichte: Ein Richter, ein Angeklagter, zwei falsche Zeugen, ein Fehlurteil im Jahre 1910. Ist es nicht so, Klägerin?

Claire Zachanassian steht auf.

ILL *stampft auf den Boden* Verjährt, alles verjährt! Eine alte, verrückte Geschichte.

DER BUTLER Was geschah mit dem Kind, Klägerin?

CLAIRE ZACHANASSIAN *leise* Es lebte ein Jahr.

DER BUTLER Was geschah mit Ihnen?

CLAIRE ZACHANASSIAN Ich wurde eine Dirne.

DER BUTLER Weshalb?

CLAIRE ZACHANASSIAN Das Urteil des Gerichts machte mich dazu.

DER BUTLER Und nun wollen Sie Gerechtigkeit, Claire Zachanassian?

CLAIRE ZACHANASSIAN Ich kann sie mir leisten. Eine Milliarde für Güllen, wenn jemand Alfred Ill tötet.

Totenstille.

FRAU ILL *stürzt auf Ill zu, umklammert ihn* Fredi!

ILL Zauberhexchen! Das kannst du doch nicht fordern! Das Leben ging doch längst weiter!

CLAIRE ZACHANASSIAN Das Leben ging weiter, aber ich habe nichts vergessen, Ill. Weder den Konradsweilerwald noch die Petersche Scheune, weder die Schlafkammer der Witwe Boll noch deinen Verrat. Nun sind wir alt geworden, beide, du verkommen und ich von den Messern der Chirurgen zerfleischt, und jetzt will ich, daß wir abrechnen, beide: du hast dein Leben gewählt und mich in das meine gezwungen. Du wolltest, daß die Zeit aufgehoben würde, eben, im Wald unserer Jugend, voll von Vergänglichkeit. Nun habe ich sie aufgehoben, und nun will ich Gerechtigkeit, Gerechtigkeit für eine Milliarde.

Der Bürgermeister steht auf bleich, würdig.

DER BÜRGERMEISTER Frau Zachanassian: Noch sind wir in Europa, noch sind wir keine Heiden. Ich lehne im Namen der Stadt Güllen das Angebot ab. Im Namen der Menschlichkeit. Lieber bleiben wir arm denn blutbefleckt.

Riesiger Beifall.

CLAIRE ZACHANASSIAN Ich warte.

(Text aus: Dürrenmatt, Friedrich: Der Besuch der alten Dame. *Tragische Komödie. Zürich: Diogenes, 1980, S. 44–50. Text muss in der alten Rechtschreibung zitiert werden.)*

Übung 3.36 *Korrigieren Sie die Fehler, die sich in der folgenden Textwiedergabe des Dramenauszugs finden lassen.*

In einer kurzen Einleitung zur Szene korrigiert Claire Zachnanassian die ganze Rede des Pfarrers, weil sie nicht der Realität entsprochen habe. Dann erklärt sie ihre Bereitschaft, der Stadt Berlin eine Milliarde Dollar zu schenken, wenn jemand dafür Alfred Ill tötet.
Auf den Einwand des Bürgermeisters, das könne man nicht kaufen, präsentiert die alte Dame ehemalige Einwohner Güllens, die sie jetzt gefangen hält.
Der ehemalige Oberrichter Hofer konfrontiert Alfred Ill mit seiner Falschaussage in dem Vaterschaftsprozess gegen seine ehemalige Geliebte Claire. Außerdem wird offenbar, dass Claire damals drei Männer bestochen hat, vor Gericht den Geschlechtsverkehr mit ihr zu beeiden. Beide Männer wurden später ausfindig gemacht und durch Kastration und Blendung bestraft. Claire Zachanassian führte aus, dass das uneheliche Kind im Alter von einem Jahr gestorben war;

sie selbst war zur Prostitution gezwungen worden. „Ich wurde eine Dirne." Daher fordert sie nun den Tod von Oberrichter Hofer, für den sie eine Milliarde Mark zu zahlen bereit ist.
Der Bürgermeister lehnt das Angebot mit dem Hinweis auf den zu geringen Betrag ab.

▶ *Lösung Seite 152*

Übung 3.37 *Analysieren Sie Inhalt und Gesprächsverlauf des vorliegenden Textausschnittes.*

▶ *Lösung Seite 152 f.*

Übung 3.38 *Vervollständigen Sie den folgenden Text, indem Sie entweder die fehlenden Textbelege oder die fehlenden Begriffe für die dramaturgische und sprachliche Gestaltung eintragen.*

Die alte Dame wird insbesondere durch ihre ____________________ charakterisiert. Eine klare parataktisch oder hypotaktisch strukturierte ____________________ und zahlreiche Imperative (vgl. z. B. ________________) drücken ihre Überlegenheit und ihre Entschlossenheit aus. Sie beginnt ihre Ansprache mit dem ________________ zu verstehenden Ausdruck „selbstlose Freude" (Z. 1), der zu verstehen gibt, dass sie sich über den finanziellen Hintergrund des freundlichen Empfanges im Klaren ist. Die verstärkte Verwendung des ________________ „ich" in ________________ unterstreicht ihr Selbstbewusstsein. In Z. 109–115, dem Höhepunkt ihrer Argumentation, verstärken der parallele ______________________ , die „weder"- (Z. 109 f.) und die „Nun"- __________________ (Z. 110 und 114) die Schwere der Beschuldigung und unterstreichen ihre Forderung nach Gerechtigkeit.
Betrachtet man dagegen die Reaktion Ills auf das Angebot der Milliardärin: „Die Klara! Goldig! Wunderbar! Zum Kugeln! Voll und ganz mein Zauberhexchen!" (Z. 16), so erkennt man, wie Einwortsätze, ___________________ und die Verwendung von Floskeln seine Sprache dominieren. Im vorliegenden Auszug unterstützen sie den Ausdruck seiner Überraschung; in dem Satz: „Alte Geschichten. Ich war jung und unbesonnen." (Z. 53) wirkt der ______________________ Satzbau unbeholfen und unterstreicht seine Passivität. Ausrufe und die ____________________ „Zauberhexchen" und „Das Leben ging doch längst weiter" (Z. 106 f.) zeigen, dass Ill keine argumentative Basis hat, auf der er gegen die alte Dame aufbauen könnte. Die Spracharmut Ills verdeutlichen auch die ____________________ : „Ill schweigt" (Z. 50, 59).
Eine komische Wirkung erzielt der Auftritt der beiden Eunuchen: Durch die reimende Namengebung „Koby und Loby", die ___________________ Namen „Jakob Hühnlein und Ludwig Sparr" (Z. 68) und die zweifache, chorusartige Wiederholung (___________________) aller ihrer Aussagen, z. B. in: Wir haben uns verändert, wir haben uns verändert" (Z. 62), wird ein Kontrast hergestellt zu dem – für Ill am Ende tödlichen – Ernst ihrer Aussagen.

▶ *Lösung Seite 153 f.*

Übung 3.39 *Als „grotesk" bezeichnet man die Verbindung von Unvereinbarem, z. B. von Tragödie und Komödie oder von Banalem und Ungewöhnlichem. Weisen Sie einige Erscheinungsform der Groteske im Textauszug nach.*
▶ *Lösung Seite 154*

Übung 3.39 *Als „grotesk" bezeichnet man die Verbindung von Unvereinbarem, z. B. von Tragödie und Komödie oder von Banalem und Ungewöhnlichem. Weisen Sie einige Erscheinungsform der Groteske im Textauszug nach.*
▶ *Lösung Seite 154*

Übung 3.40 *Warum bedient sich Dürrenmatt des Mittels der Groteske?*
▶ *Lösung Seite 154*

Übung 3.41 *Charakterisieren Sie Claire Zachanassian, Alfred Ill, den Bürgermeister und die Diener.*
▶ *Lösung Seite 154 f.*

Übung 3.42 *Abschließend wollen wir festhalten, was sich im modernen Drama, wie z. B. in Dürrenmatts* Besuch der alten Dame, *im Vergleich zum aristotelischen/klassischen Drama verändert hat. Versuchen Sie, die folgende Übersicht zu komplettieren.*

Merkmale des aristotelischen/ klassischen Dramas	**Merkmale des modernen Dramas**
Überwiegende Formen sind Tragödie und Komödie	______________________
	______________________
Geschlossene Form des Dramas	______________________
	______________________
Einheit von Zeit, Raum und Handlung (= drei aristotelische Einheiten)	______________________
	______________________

Ständeklausel	______________________________ ______________________________
Hochsprache	______________________________ ______________________________
Schlüssigkeit der Handlung	______________________________ ______________________________
Aufbau meist drei- oder fünfaktig: Exposition, Steigerung, Höhepunkt/Peripetie, retardierendes Moment, Katastrophe/Lösung	______________________________ ______________________________
Handlungsbewegung linear, zielstrebiger Dialog	______________________________ ______________________________
Ausgewogenheit von Spiel und Gegenspiel	______________________________ ______________________________

► *Lösung Seite 155*

4. Analyse von Dramenausschnitten unter epochenspezifischen Gesichtspunkten

4.1 Das Drama der Klassik: Johann Wolfgang von Goethe: *Faust. Der Tragödie zweiter Teil*

Zu Beginn des zweiten Teils von Johann Wolfgang von Goethes Tragödie *Faust* erwacht der Protagonist, von seelischer Erschütterung genesen, aus dem Schlaf des Vergessens.

Fausts weiterer Lebensweg an der Seite des in unterschiedlichen Rollen und Gestalten auftretenden Mephistopheles wird zum Panorama eitlen großen Welttheaters. Die Handlung spielt in symbolischen Zeiten und Räumen. In fünf locker aneinander gereihten Akten mit zum Teil allegorischen Szenen und wechselnden Daseinskreisen enthüllen sich Urphänomene des Lebens wie Macht, Reichtum und Schönheit.

Im letzten Akt des Dramas will der gealterte Faust dem Meer mit Dammbauten Neuland abgewinnen und dieses kolonisieren, um über die Elemente zu triumphieren.

In der Szene „Mitternacht", die der vorliegenden Szene vorausgeht, wird der greise Faust in seinem Palast von den allegorischen Gestalten „Mangel", „Schuld", „Not" und „Sorge", Vorboten des Todes, heimgesucht. Faust, der unter dem Anhauch der „Sorge" erblindet, wähnt die Vollendung seines Kolonisationsprojekts nahe und gibt den Arbeitern Befehl, unverzüglich ans Werk zu geben.

Lesetext

Johann Wolfgang von Goethe (1749–1832)
Faust. Der Tragödie zweiter Teil
[5. Akt]

GROSSER VORHOF DES PALASTS
Fackeln

MEPHISTOPHELES *als Aufseher voran.*
Herbei, herbei! Herein, herein!
Ihr schlotternden Lemuren[1],
Aus Bändern, Sehnen und Gebein
Geflickte Halbnaturen.

[1] „Lemuren": lateinische Bezeichnung für nächtlich umgehende, erschreckende und bösartige Geister von Verstorbenen

LEMUREN *im Chor.* Wir treten dir sogleich zur Hand,
Und wie wir halb vernommen,
Es gilt wohl gar ein weites Land,
Das sollen wir bekommen.

Gespitzte Pfähle, die sind da,
Die Kette lang zum Messen;
Warum an uns der Ruf geschah,
Das haben wir vergessen.

MEPHISTOPHELES. Hier gilt kein künstlerisch Bemühn;
Verfahret nur nach eignen Maßen!
Der Längste lege längelang sich hin,
Ihr andern lüftet ringsumher den Rasen;
Wie man's für unsre Väter tat,
Vertieft ein längliches Quadrat!
Aus dem Palast ins enge Haus,
So dumm läuft es am Ende doch hinaus.

LEMUREN, *mit neckischen Gebärden grabend.*
Wie jung ich war und lebt' und liebt',
Mich deucht, das war wohl süße;
Wo's fröhlich klang und lustig ging,
Da rührten sich meine Füße.
Nun hat das tückische Alter mich
Mit seiner Krücke getroffen;
Ich stolpert' über Grabes Tür,
Warum stand sie just offen!

FAUST, *aus dem Palaste tretend, tastet an den Türpfosten.*
Wie das Geklirr der Spaten mich ergetzt!
Es ist die Menge, die mir frönet[2],
Die Erde mit sich selbst versöhnet,
Den Wellen ihre Grenze setzt,
Das Meer mit strengem Band umzieht.

MEPHISTOPHELES *beiseite.* Du bist doch nur für uns bemüht
Mit deinen Dämmen, deinen Buhnen[3]
Denn du bereitest schon Neptunen,

[2] „frönen": hier im Sinne von „Frondienste leisten"
[3] „Buhnen": im rechten Winkel oder schräg zu den Deichen im Meer installierte schützende Vorbauten

Dem Wasserteufel, großen Schmaus.
In jeder Art seid ihr verloren; –
Die Elemente sind mit uns verschworen,
Und auf Vernichtung läuft's hinaus.

FAUST. Aufseher!

MEPHISTOPHELES. Hier!

FAUST. Wie es auch möglich sei,
Arbeiter schaffe Meng' auf Menge,
Ermuntere durch Genuss und Strenge,
Bezahle, locke, presse bei!
Mit jedem Tage will ich Nachricht haben,
Wie sich verlängt der unternommene Graben.

MEPHISTOPHELES *halblaut.* Man spricht, wie man mir Nachricht gab,
Von keinem Graben, doch vom Grab.

FAUST. Ein Sumpf zieht am Gebirge hin,
Verpestet alles schon Errungene;
Den faulen Pfuhl auch abzuziehn,
Das Letzte wär' das Höchsterrungene.
Eröffn' ich Räume vielen Millionen,
Nicht sicher zwar, doch tätig-frei zu wohnen.
Grün das Gefilde, fruchtbar; Mensch und Herde
Sogleich behaglich auf der neusten Erde,
Gleich angesiedelt an des Hügels Kraft,
Den aufgewälzt kühn-emsige Völkerschaft.
Im Innern hier ein paradiesisch Land,
Da rase draußen Flut bis auf zum Rand,
Und wie sie nascht, gewaltsam einzuschießen,
Gemeindrang eilt, die Lücke zu verschließen.
Ja! diesem Sinne bin ich ganz ergeben,
Das ist der Weisheit letzter Schluss:
Nur der verdient sich Freiheit wie das Leben,
Der täglich sie erobern muss.
Und so verbringt, umrungen von Gefahr,
Hier Kindheit, Mann und Greis sein tüchtig Jahr.
Solch ein Gewimmel möcht' ich sehn,
Auf freiem Grund mit freiem Volke stehn,
Zum Augenblicke dürft' ich sagen:
Verweile doch, du bist so schön!

Es kann die Spur von meinen Erdetagen
Nicht in Äonen[4] untergehn. –
Im Vorgefühl von solchem hohen Glück
Genieß' ich jetzt den höchsten Augenblick.

Faust sinkt zurück,
die Lemuren fassen ihn auf und legen ihn auf den Boden.

MEPHISTOPHELES. Ihn sättigt keine Lust, ihm g'nügt kein Glück,
So buhlt er fort nach wechselnden Gestalten;
Den letzten, schlechten, leeren Augenblick,
Der Arme wünscht ihn festzuhalten.
Der mir so kräftig widerstand,
Die Zeit wird Herr, der Greis hier liegt im Sand.
Die Uhr steht still –

CHOR. Steht still! Sie schweigt wie Mitternacht.
Der Zeiger fällt.

MEPHISTOPHELES. Er fällt, es ist vollbracht.

CHOR. Es ist vorbei.

MEPHISTOPHELES. Vorbei! ein dummes Wort.
Warum vorbei?
Vorbei und reines Nicht, vollkommnes Einerlei!
Was soll uns denn das ew'ge Schaffen!
Geschaffenes zu nichts hinwegzuraffen!
„Da ist's vorbei!" Was ist daran zu lesen?
Es ist so gut, als wär' es nicht gewesen,
Und treibt sich doch im Kreis, als wenn es wäre.
Ich liebte mir dafür das Ewig-Leere.

(Text aus: Goethe, Johann Wolfgang von: Faust. *In: Werke. Bd. 3. 9. Aufl. hrsg. v. Erich Trunz. Hamburg 1972)*

***Übung 4.1** Versuchen Sie, den Inhalt der vorliegenden Textstelle in einem Satz zusammenzufassen.*
► Lösung Seite 156

***Übung 4.2** Erschließen Sie den Gesprächsverlauf.*
► Lösung Seite 156 f.

[4] „Äonen": „lange Zeit", „Weltalter"

Übung

Übung 4.3 *Ein wesentliches dramaturgisches Gestaltungsmittel sind Regieanweisungen. Analysieren Sie die Regieanweisungen in dem vorliegenden Textauszug und formulieren Sie mögliche Bezüge zu Inhalt und Intention.*

Regieanweisung	Bezug zu Inhalt und Intention
„MEPHISTOPHELES *als Aufseher voran*" (V. 3)	
„LEMUREN, *mit neckischen Gebärden grabend*" (V. 24)	
„FAUST, *aus dem Palaste tretend, tastet an den Türpfosten*" (V. 33)	
„MEPHISTOPHELES *beiseite*" (V. 39)	
„MEPHISTOPHELES *halblaut*" (V. 54)	
„Faust sinkt zurück, die Lemuren fassen ihn auf und legen ihn auf den Boden" (V. 84 f.)	

▶ *Lösung Seite 157*

Übung

Übung 4.4 *Bestimmen Sie die metrischen Formen in den folgenden Versen.*

Beispiel	Metrische Form
„Ihn sättigt keine Lust, ihm g'nügt kein Glück, So buhlt er fort nach wechselnden Gestalten" (V. 86 f.)	____________________ ____________________
„Ein Sumpf zieht am Gebirge hin, Verpestet alles schon Errungene; Den faulen Pfuhl auch abzuziehn, Das Letzte wär' das Höchsterrungene" (V. 56–59)	____________________ ____________________
„Wir treten dir sogleich zur Hand, Und wie wir halb vernommen, Es gilt wohl gar ein weites Land, Das sollen wir bekommen." (V. 8–11)	____________________ ____________________

► *Lösung Seite 158*

Übung 4.5 *Vervollständigen Sie die folgende Übersicht, indem Sie entweder die jeweiligen Fachbegriffe und/oder deren Erklärungen eintragen.*

Beispiel	Erklärung	Fachbegriff
„FAUST. Aufseher! MEPHISTOPHELES. Hier! FAUST. Wie es auch möglich sei (...)" (V. 46–48)	Verse, die auf verschiedene Personen verteilt sind	____________________
„Solch ein Gewimmel möcht' ich sehn, Auf freiem Grund mit freiem Volke stehn" (V. 76 f.)	____________________ ____________________	Emphase („frei")
„CHOR. Es ist vorbei. MEPHISTOPHELES. Vorbei! ein dummes Wort." (V. 96 f.)	____________________ ____________________	Antilabe

Beispiel	Erklärung	Fachbegriff
„Da rase draußen Flut bis auf zum Rand, Und wie sie nascht, gewaltsam einzuschießen" (V. 67 f.)	______ ______	______
„Ja! diesem Sinne bin ich ganz ergeben" (V. 70)	______ ______	______
„Bezahle, locke, presse bei!" (V. 51)	dreifache Aufzählung	______
„Nicht sicher zwar, doch tätig-frei zu wohnen" (V. 61)	______ ______	Kontrast, Correctio
„Der Längste lege längelang sich hin" (V. 18)	Verwendung eines Wortes in unterschiedlichen Zusammensetzungen	______
„Denn du bereitest schon Neptunen, Dem Wasserteufel, großen Schmaus" (V. 41 f.)	______ ______	______

► *Lösung Seite 158 f.*

Übung 4.6 *Faust und Mephisto repräsentieren unterschiedliche Einstellungen in Bezug auf das Tätigsein. Beschreiben Sie diese Einstellungen auf der Grundlage des Textauszuges und auf der Basis Ihrer Kenntnis des gesamten Dramas.*
► *Lösung Seite 159 f.*

Übung 4.7 *Lesen Sie die folgenden Auszüge einer Inhaltsangabe von Goethes* Faust*-Dichtung aus einer Literaturgeschichte, die im C.C. Buchner Verlag erschienen ist. Versuchen Sie mit Hilfe dieser Informationen die Frage zu beantworten, inwieweit Faust bei seiner Sinnsuche an Grenzen stößt.*

Die Arbeiten am *Faust* haben Goethe ein Leben lang begleitet. Ein erster Entwurf entstand zwischen 1772 und 1775, die letzten Szenen des zweiten Teils wurden 1831 abgeschlossen. Der Stoff geht auf das Volksbuch *Historia von D. Johann Fausten* (1587) zurück. Im ersten Teil hat Goethe den Teufelspakt mit der zunächst davon unabhängigen Gretchen-Geschichte verbunden. Der Faust des Volksbuches war ein warnendes Beispiel menschlicher Maßlosigkeit. Goethe hat dieses Motiv in das Streben des Menschen nach immer neuer Erkenntnis aufgewertet. Faust, der sich in allen Wissenschaften versucht hat, will die Grenzen des traditionellen Wissens überschreiten. Er greift zur Magie und schließt mit Mephistopheles einen Pakt; er verschreibt ihm seine Seele unter der Bedingung, dass er ihm alle seine Sehnsüchte erfüllen könne. Der verjüngte Faust stürzt sich ins Leben. Noch ehe ihm Mephistopheles Helena, die schönste Frau des Altertums, herbeizaubern kann, lernt er das unschuldige Gretchen kennen; aber Faust ist dieser bedingungslosen Zuneigung einer liebenden Frau nicht gewachsen. Er empfindet jede Bindung als Einengung. Gretchen wird wahnsinnig; sie tötet ihr Kind. Vergeblich versucht Faust, Gretchen aus dem Gefängnis zu befreien. Damit endet der erste Teil, eine Szenenfolge ohne Akteinteilung. Der zweite Teil ist zwar wie ein klassisches Drama in fünf Akte eingeteilt, aber Fausts weiterer Lebensweg verliert sich im Panorama eines großen Welttheaters. Erst am Schluss wird der ursprüngliche Handlungsansatz, der Teufelspakt, wieder aufgegriffen. Faust durchstreift die Geschichte von der Antike bis zum Mittelalter. Er vermählt sich mit Helena. Ihr gemeinsamer Sohn soll die Vereinigung antiker Schönheit und mittelalterlicher Machtfülle symbolisieren; aber alles bleibt nur Schein. Am Ende ist Faust wieder allein. Jetzt entscheidet sich Faust für das tätige Leben in der Gegenwart. Er will dem Meer neues Land abgewinnen und es kolonisieren. Nun glaubt sich Faust am Ziel seiner Wünsche; aber, schon erblindet und vom Alter gebeugt, erkennt er nicht, dass das „Geklirr der Spaten" die Arbeit an seinem eigenen Grabe ist. Auch Mephistopheles glaubt sich am Ziel seiner Wünsche; aber „Faustens Unsterbliches", seine Seele, wird gerettet. Die Engel singen: „Wer immer strebend sich bemüht, / Den können wir erlösen." (Rötzer 1996, S. 45)

▶ *Lösung Seite 160*

Übung 4.8 *Das Gedicht* Lied von der Glocke *von Friedrich Schiller lässt sich wie die* Faust-*Dichtung der Epoche der Klassik zuordnen. Lesen Sie die folgenden Strophen und erarbeiten Sie die Bedeutung des Tätigseins.*

Ü
Übung

„(...)
Tausend fleißge Hände regen,
Helfen sich in munterm Bund,
Und in feurigem Bewegen
Werden alle Kräfte kund.
Meister rührt sich und Geselle

In der Freiheit heilgem Schutz.
Jeder freut sich seiner Stelle,
Bietet dem Verächter Trutz.
Arbeit ist des Bürgers Zierde,
Segen ist der Mühe Preis,
Ehrt den König seine Würde,
Ehret uns der Hände Fleiß. (...)" (V. 309–320)

► *Lösung Seite 160*

Übung 4.9 *In der folgenden Liste finden Sie Merkmale der literarischen Epochen der Klassik, der Romantik und der Moderne. Ordnen Sie die Merkmale der entsprechenden Epoche zu.*

Ideal vollkommener Schönheit / Vorstellung einer progressiven (absoluten) Universalpoesie / strenge Form / allgemein gültiger Anspruch / Wiederentdeckung der Tradition in Märchen und Volksbüchern / Harmonie und Ausgewogenheit / Themen: Sehnsucht, Traum, Sinnlichkeit, Kindheit / hoher Wert des sittlichen Handelns / Reflexion der politischen Situation in der Literatur / Humanität und Toleranz / Experimentieren mit allen literarischen Formen / Herausstellung des Erhabenen / Harmonie zwischen Aussage und Form als Ideal in der Kunstballade / Dinggedicht / Gedankenlyrik / Hymne / Verwendung antiker Formen und Stilmittel / Entwicklungsroman / Betonung der Individualität / Ballade / Sehnsucht nach enger Verbindung mit der Natur / Montagetechnik in Epik, Drama und Lyrik / Ideendrama / Romantische Ironie als Ausdruck des Widerspruchs zwischen Erstrebtem und Realem / analytisches Drama / Verherrlichung des Mittelalters / Konkrete Poesie / Verzicht auf Sinngebung durch mythisch-transzendente Welt / Infragestellung tradierter Werte / „Weltseele" / „Weltgeist" / Weg in das Innere des Menschen (auch Unterwegssein) / Streben nach dem Unendlichen / Trümmerliteratur / Experimentieren mit Sprache / kosmische Ordnung als Notwendigkeit / Poetik des „Kahlschlags" / zunehmende Isoliertheit des lyrischen Ich

Übung

Klassik	Romantik	Moderne

▶ *Lösung Seite 160 f.*

Übung 4.10 *Warum lässt sich die Faust-Dichtung der Epoche der Klassik zuordnen?*
▶ *Lösung Seite 161*

Übung 4.11 *Korrigieren Sie die folgenden Zitate:*

a) „CHOR. Es ist vorbei./MEPHISTOPHELES. Vorbei! ein dummes Wort." (V. 96 f.) ist eine Antilabe, Mephisto hat dabei jeweils immer eine andere Meinung als der Chor und beweist damit seine Eigenschaft als verneinender Geist.

b) Faust blickt voller Begeisterung in die Zukunft, die emphatische Weise steht in: „Solch ein Gewimmel möcht' ich sehn,/Auf freiem Grund mit freiem Volke stehn" (V. 76 f.).

c) Das Grab, das die Lemuren ausheben, und die Metapher „großen Schmaus" deuten auf Tod und Vernichtung hin.

► *Lösung Seite 161 f.*

4.2 Das Drama des Naturalismus: Gerhart Hauptmann: *Die Ratten*

Gerhart Hauptmann, dessen Frühwerk zum Naturalismus zählt, stellt in das Zentrum seiner Dramen häufig Figuren, die dem Arbeitermilieu entstammen, als Beispiel seien die Dramen *Die Weber* und die Diebeskomödie *Der Biberpelz* genannt. Auch in dem Drama *Die Ratten* geht es um einen Ausschnitt aus dem Leben der Arbeiterfamilie John, die in der Großstadt Berlin lebt.

Lesetext

Gerhart Hauptmann (1862–1946)
***Die Ratten*, Auszug (Ende 5. Akt)**

FRAU JOHN. Paul!! Nu soll et nich leben! Nu jerade! Nu ooch nich! Nu brauch et nich leben! Nu muss et mit mich mit unter de Erde komm.

Frau John war blitzschnell hinter den Verschlag gelaufen. Sie kommt mit dem Kinde wieder und will mit ihm zur Tür hinaus. Der Direktor und Spitta werfen sich der Verzweifelten entgegen, in der Absicht, das Kind zu retten.

DIREKTOR HASSENREUTER. Halt! Hier greife ich ein! Hier bin ich zuständig! Wem das Knäblein hier auch immer gehören mag – um so schlimmer, wenn seine Mutter ermordet ist! –, es ist in meinem Fundus geboren! Vorwärts, Spitta! Kämpfen Sie, Spitta! Hier sind Ihre Eigenschaften am Platz! Vorwärts! Vorsicht! So! Bravo! Als wär' es das Jesuskind! Bravo! Sie selber sind frei, Frau John! Wir halten Sie nicht. Sie brauchen uns nur das Jungchen hierlassen.

Frau John stürzt hinaus.

SCHIERKE. Hierjeblieben!

FRAU DIREKTOR HASSENREUTER. Die Frau ist verzweifelt! Aufhalten! Festhalten!

JOHN, *plötzlich verändert.* Jebt uff Muttern Acht! Mutter! Uffhalten! Festhalten! – Mutter! Mutter!

Selma, Schierke und John eilen Frau John nach. Spitta, der Direktor, Frau Direktor und Walburga sind um das Kind bemüht, das auf den Tisch gebettet wird.

DIREKTOR HASSENREUTER, *der das Kind sorgfältig auf den Tisch bettet.* Meinethalben mag diese entsetzliche Frau doch verzweifelt sein! Deshalb braucht sie das Kind nicht zugrunde richten.

FRAU DIREKTOR HASSENREUTER. Aber liebster Papa, das merkt man doch, dass diese Frau ihre Liebe, närrisch bis zum Wahnsinn, gerade an diesen Säugling geheftet hat. Unbedachtsame harte Worte, Papa, können die unglückselige Person in den Tod treiben.

DIREKTOR HASSENREUTER. Harte Worte habe ich nicht gebraucht, Mama.

SPITTA. Mir sagt ein ganz bestimmtes Gefühl: erst jetzt hat das Kind seine Mutter verloren.

QUAQUARO. Det stimmt. Vater is nich, will nischt von wissen, hat jestern in de Hasenheide mit eene Karussellbesitzerswitwe Hochzeit jemacht! Mutter war liederlich! Und beide Kielbacken, wo Kinder in Fleje hat, sterben von's Dutzend mehrschtens zehn. Nu is et soweit: det jeht jetzt ooch zujrunde.

DIREKTOR HASSENREUTER. Sofern es nämlich bei dem Vater dort oben, der alles sieht, nicht anders beschlossen ist.

QUAQUARO. Meen Se Pauln? den Mauerpolier! Nu nich mehr! dem kenn' ick! wo der uff'n Ehrenpunkt kitzlich is.

FRAU DIREKTOR HASSENREUTER. Wie das Kindchen da liegt! es ist unbegreiflich. Feine Leinwand! Spitzen sogar! Schmuck und frisch wie ein Püppchen. Es wendet sich einem das Herz um, zu denken, wie es so plötzlich zu einer von aller Welt verlassenen Waise geworden ist.

SPITTA. Wäre ich Richter in Israel ...

DIREKTOR HASSENREUTER. Sie würden der John ein Denkmal setzen! Mag sein, dass in diesen verkrochenen Kämpfen und Schicksalen manches heroisch und manches verborgen Verdienstliche ist. Aber Kohlhaas von Kohlhaasenbrück konnte da mit seinem Gerechtigkeitswahnsinn auch nicht durchkommen. Treiben wir praktisches Christentum! Vielleicht können wir uns des Kindchens annehmen.

QUAQUARO. Lassen Se da bloß de Finger von!

DIREKTOR HASSENREUTER. Warum?

QUAQUARO. Außer det Se Jeld wollen loswerden und uff de Quengeleien und Scherereien mit de Armenverwaltung, mit Polizei und Jericht womeechlich happich sind.

DIREKTOR HASSENREUTER. Dazu hätte ich allerdings keine Zeit übrig.

SPITTA. Finden Sie nicht, dass hier ein wahrhaft tragisches Verhängnis wirksam gewesen ist?

DIREKTOR HASSENREUTER. Die Tragik ist nicht an Stände gebunden. Ich habe Ihnen das stets gesagt.

Selma, atemlos, öffnet die Flurtür.

SELMA. Herr John, Herr John, Herr Mauerpolier.

FRAU DIREKTOR HASSENREUTER. Herr John ist nicht hier. Was willst du denn, Selma?

SELMA. Herr John. Se sonn uff de Straße kornm'n.

DIREKTOR HASSENREUTER. Nur Ruhe, Ruhe. Was gibt 's denn, Selma?

SELMA, *atemlos.* Ihre Frau ... Ihre Frau ... Janze Straße steht voll ... Omnibus, Pferdebahnwagen is jar keen Durchkommen ... Arme ausjestreckt... Ihre Frau liecht lang uff Jesichte unten.

FRAU DIREKTOR HASSENREUTER. Was ist denn geschehen?

SELMA. Herrjott, Herrjott in Himmel, Mutter John hat sich umjebracht.

(Text aus: Hauptmann, Gerhart: Die Ratten. *In:* Gerhart Hauptmann. Sämtliche Werke. *Hrsg. Von Hans-Egon Haas. Bd. 2:* Dramen. *Frankfurt/Main, Berlin: Propyläen, 1965, S. 829–831)*

Übung 4.12 *Typische Arbeitsanweisung für eine Drameninterpretation auf der Grundlage der vorliegenden Textstelle lauten z. B.:*

Skizzieren Sie die Handlungslinien, die in dieser Textstelle zusammenlaufen. Zeigen Sie, wie Tragisches und Komisches hier miteinander verwoben sind. Beziehen Sie Dialogführung und sprachliche Gestaltung in Ihre Untersuchung ein. Diskutieren Sie, ausgehend von dieser Textstelle, die Angemessenheit des Untertitels „Berliner Tragikomödie".

Vor der Bearbeitung einer Aufgabe sollten Sie sich vergewissern, dass Sie die einzelnen Aspekte einer Aufgabe wahrgenommen haben. Am besten ist es, wenn Sie zunächst in einer „Brainstorming"-Phase mit eigenen Worten und in Frageform formulieren, was die Aufgabe von Ihnen verlangt. Diese erste Annäherung kann auch beispielsweise in der Art eines Mind Map oder einer Tabelle erfolgen.

Arbeitsanweisungen	**Was verlangt die Aufgabe?**
Skizzieren Sie die Handlungslinien, die in dieser Textstelle zusammenlaufen.	______________________ ______________________ ______________________ ______________________
Zeigen Sie, wie Tragisches und Komisches hier miteinander verwoben sind. Beziehen Sie Dialogführung und sprachliche Gestaltung in Ihre Untersuchung ein.	______________________ ______________________ ______________________ ______________________

Diskutieren Sie, ausgehend von dieser Textstelle, die Angemessenheit des Untertitels „Berliner Tragikomödie".

► *Lösung Seite 162*

Übung 4.13 *Informieren Sie sich über den Inhalt des Dramas* Die Ratten, *z. B. in einem Literaturlexikon.*
Überprüfen Sie dann Ihre Textkenntnis, indem Sie die folgenden Fragen beantworten, ohne im Drama nachzulesen.

1) Beschreiben Sie die Lage des Dienstmädchens Piperkarcka zu Beginn des Dramas.

2) Warum kommt es im ersten Akt zum Streit zwischen dem Schauspieler Jettel und Hassenreuter?

3) Mit welchem Anliegen tritt der Theologiestudent Spitta an Hassenreuter heran?

4) Warum will Piperkarcka ihr Kind wieder von Frau John zurückbekommen?

Übung

5) Welche Schuld trägt Frau John am Tode von Piperkarcka?

____

____

6) Was passiert im fünften Akt?

____

____

► *Lösung Seite 162 f.*

Übung

Übung 4.14 *Erarbeiten Sie die Handlungslinien der John-Handlung und der Hassenreuter-Handlung, die das Drama bestimmen, und zeigen Sie, wie sie in der vorliegenden Schlussszene zusammenlaufen.*

► *Lösung Seite 163 f.*

Übung

Übung 4.15 *Welche sprachlichen Mittel werden in den folgenden Belegen benutzt?*

Belege	**Sprachliches Mittel/Begriff**
„Nu soll et nich leben! Nu jerade! Nu ooch nich! Nu brauch et nich leben! Nu muss et mit mich mit unter de Erde komm." (Z. 1 f.)	________________
„Halt! Hier greife ich ein! Hier bin ich zuständig!" (Z. 6)	________________
„Vorwärts! Vorsicht! So! Bravo! Als wär' es das Jesuskind! Bravo!" (Z. 9)	________________
„Wie das Kindchen da liegt! es ist unbegreiflich. Feine Leinwand! Spitzen sogar! Schmuck und frisch wie ein Püppchen. Es wendet sich einem das Herz um, zu denken, wie es so plötzlich zu einer von aller Welt verlassenen Waise geworden ist." (Z. 36–39)	________________

„Ihre Frau ... Ihre Frau ... Janze Straße steht voll ... Omnibus, Pferdebahnwagen is jar keen Durchkommen ... Arme ausjestreckt ... Ihre Frau liecht lang uff Jesichte unten." (Z. 63–65)	
„SPITTA. Finden Sie nicht, dass hier ein wahrhaft tragisches Verhängnis wirksam gewesen ist? DIREKTOR HASSENREUTER. Die Tragik ist nicht an Stände gebunden. Ich habe Ihnen das stets gesagt." (Z. 55 f.)	

▶ *Lösung Seite 164 f.*

Übung 4.16 *Im Folgenden finden Sie Aussagen zur Poetologie des Naturalismus. Erarbeiten Sie die charakteristischen Merkmale dieser Poetologie.*

Poetologie des Naturalismus	**Merkmale**
Wilhelm Bölsche (1861–1939), Auszüge aus: *Die naturwissenschaftlichen Grundlagen der Poesie* (1887) (...) Im Allgemeinen kann ich auch hier nur wiederholen, was bereits öfter gesagt ist: Der Realismus hat gar kein Interesse daran, allenthalben mit der Prätention des durchaus „Neuen" aufzutreten. Seine wesentlichte Mission ist, zu zeigen, dass Wissenschaft und Poesie keine principiellen Gegner zu sein brauchen. Das kann aber ebenso gut geschehen, indem wir wissenschaftlichen Factoren in der Dichtung zu ihrem Rechte verhelfen, wie gelegentlichen Falles auch, indem wir einen Zug zum Idealen in der Wissenschaft nachweisen. Nur allein das Metaphysische muss uns fern bleiben. Das Streben nach harmonischem Ausgleich der Kräfte nach dauerndem Glück ist in jeder Faser etwas Irdisches. Hier auf Erden ringt der Einzelne nach Seligkeit, hier auf Erden pflanzen wir in heiterem Bewusstsein Keime zum Segen der kommenden Geschlechter. Die dunkle Welt des Metaphysischen sagt hier	

Poetologie des Naturalismus	Merkmale
nichts, hilft nichts, hindert nichts; sie kann, wie ich das ausgeführt habe, einen tröstenden Gedanken abgeben beim Tode; an Glück und Unglück im Leben ändert sie nichts. Jene Schule des Realismus, die gegenwärtig so viel Staub aufwirbelt, hat uns mit beharrlichem Bemühen in einer langen Reihe von psychologischen Gemälden mit dem traurigen Bankerotte des menschlichen Glücksgefühls in Folge krankhafter Verbildung bekannt zu machen gesucht. Ich erwarte eine neue Literatur, die uns mit derselben Schärfe das Gegenstück, den Sieg des Glückes in Folge wachsender, durch Generationen vererbter Gesundheit, in Folge fördernder Verknüpfung des schwachen Individuellen mit einem starken Allgemeinen in Vergangenheit und Gegenwart vorführen soll. Auch dafür gibt es Stoff genug in der Welt, und zwar ist das gerade der Stoff, der in eminentem Sinne das Ideale in der natürlichen Entwickelung darlegen wird. Das Ideale, von dem wir nach Vernichtung so vieler Illusionen noch zu reden wagen, liegt nicht hinter uns wie das Paradies der Christen, nicht nach unserer individuellen Existenz in einer persönlichen Fortdauer im Sinne der Jünger Mohammeds, nicht ganz außerhalb des practischen Lebens in den Träumen des Genies, des Poeten: es liegt vor uns in der Weise, dass wir selbst unablässig danach streben und in diesem Streben zugleich das Wohl unserer Nachkommen, die Erfüllung im Ideale anbahnen helfen. Das soll uns die Dichtung zeigen. Idealisieren muss für sie nicht heißen, die realen Dinge versetzen mit einem Phantasiestoffe, einem narkotischen Mittel, das alles rosig macht, aber in seinen schließlichen Folgen unabänderlich ein Gift bleibt, das den normalen Körper zerstört – sondern es muss heißen, den idealen Faden, den fortwirkenden Hang zum Glücke und zur Gesundheit, der an allem Vorhandenen haftet, durch eine gewisse geschickte Behandlung deutlicher herausleuchten zu lassen. (...) Eine realistische Dichtung aber ganz ohne Ideal – – – das ist mir etwas Unverständliches. Im Märchen mag gelegentlich alles schwarz sein. Im Leben gibt es dunkle Sterne und dunkle Menschenherzen. Aber um den finstern Bruder, mit dem ihn am Himmel das Gesetz der Schwere	______________ ______________ ______________ ______________ ______________ ______________ ______________ ______________ ______________ ______________ ______________ ______________ ______________ ______________ ______________ ______________ ______________ ______________ ______________ ______________

verkettet, kreist der helle Sirius – neben den kranken Seelen wandeln gesunde. Wer die Welt schildern will, wie sie ist, wird sich dem nicht verschließen dürfen. ____________________

▶ *Lösung Seite 165*

Übung 4.17 *Weisen Sie anhand des Dramas und besonders des vorliegenden Dramenauszuges Elemente naturalistischer Poetologie nach.*

▶ *Lösung Seite 165*

Übung 4.18 *Inwiefern treffen in der vorliegenden Schlussszene tragische und komische Elemente aufeinander?*

▶ *Lösung Seite 165*

Übung 4.19 *Die Sprache ist ein wichtiges Element naturalistischer Poetologie. Analysieren Sie die Sprache der Figuren anhand der vorliegenden Schlussszene des Dramas.*

▶ *Lösung Seite 166*

Übung 4.20 *Diskutieren Sie, ob die Gattungsbezeichnung „Berliner Tragikomödie" angemessen ist.*

▶ *Lösung Seite 166*

4.3 Das Drama der Postmoderne: Tankred Dorst: *Merlin oder Das wüste Land*

Merlin oder Das wüste Land von Tankred Dorst wurde 1981 uraufgeführt. Das Drama greift den Mythos von König Artus und seiner Tafelrunde auf, zu der herausragende Ritter wie Gawain, Lancelot und Parzival gehören. Deren Suche nach dem Erlösung bringenden Gral hat nicht den erhofften Erfolg. König Artus und seine Ritter können den Zerfall der Tafelrunde nicht verhindern. Mit Lancelot, seinem berühmtesten und tapfersten Ritter, entzweit sich Artus. Sein Berater, der Zauberer Merlin, wird in einen Dornbusch verbannt und kann ihm keine Hilfe mehr leisten.
In der vorliegenden Szene aus dem Schlussteil des Dramas erscheint noch einmal Merlin vor Artus, der am anderen Tag gegen seinen aufrührerischen und intriganten Sohn Mordred in die Schlacht ziehen wird. Artus hat den Hass seines Sohnes auch deshalb auf sich gezogen, weil er ihn einst wegen einer negativen Prophezeiung Merlins töten lassen wollte.

Lesetext

Tankred Dorst (*1925)
Merlin oder Das wüste Land

In der Nacht vor der letzten Schlacht liegt KÖNIG ARTUS schlafend in seinem Zelt.

KÖNIG ARTUS *schreit im Schlaf:* Merlin! Merlin!

Aus undeutlichen Linien und verschwommenen Farben gerinnt allmählich und mit zunehmender Deutlichkeit eine Gestalt: Merlin steht da.

MERLIN Ja, König Artus.

KÖNIG ARTUS *macht die Augen auf:* Merlin! Da bist du ja! Ich dachte, ich hätte geträumt.

MERLIN Das hast du auch, König Artus.

KÖNIG ARTUS Dann bilde ich mir nur ein, dass du da bist?

MERLIN Natürlich. Aber es ist dasselbe, als ob ich da wäre. Du machst immer noch diesen dummen Unterschied.

KÖNIG ARTUS Du warst so lang verschwunden. Und oft hätte ich dich nötig gebraucht, weil ich nicht weiterwusste.

MERLIN Es ist aber immer weitergegangen, wie du siehst.

KÖNIG ARTUS Es wäre sicher besser weitergegangen, wenn du da gewesen wärst. So habe ich immer nur für mich allein gegrübelt, und ich bin doch ein schlechter Denker, Merlin! Ich denke doch nur so aus Pflichtgefühl. Immer nur das nächste und dann wieder das nächste ... ich habe keine Fantasie.

MERLIN Du hast doch die Tafelrunde gegründet und die Zivilisation angefangen, das war doch ein fantasievoller Einfall.

KÖNIG ARTUS Den hast d u mir eingegeben.

MERLIN Deine Biografen werden sagen: Du hattest eine Inspiration.

KÖNIG ARTUS Aber sag mir, Merlin: War es denn richtig, was wir da gemacht haben?

MERLIN Warum nicht?

KÖNIG ARTUS Weil ich vor Augen sehe, wie jetzt alles zu Grunde geht. Unsere Ideen scheinen keine Faszination mehr zu haben. Manchmal, wenn ich mit jüngeren Leuten darüber spreche, sehe ich, dass sie lächeln, fast unmerklich, aber ich merke es doch. Und ich denke: wenn ich mich abwende, sehen mir grinsende Gesichter nach. – Wie haben wir auf den Gral gehofft, du auch!

MERLIN Jaja.

KÖNIG ARTUS Was hast du alles angestellt in dieser Zeit, als alle den Gral suchten!

MERLIN Naja ...

KÖNIG ARTUS Es war wirklich eine Zeit der Erneuerung. Aber jetzt, Merlin – Streit, Rache, Mord! Gawain ist tot, ich habe Lancelot verloren und morgen habe ich eine Schlacht vor, die schwerste meines Lebens, gegen meinen Sohn Mordred. – Sogar Mordred schien sich damals zu verändern, jedenfalls muss er eine Sehnsucht danach gehabt haben, sonst hätte er doch nicht ...

MERLIN *abwehrend:* Ich weiß, ich weiß.

KÖNIG ARTUS Entschuldige! Mordred hat so lange mein Gewissen belastet, deshalb rede ich immerzu über ihn, um mich zu rechtfertigen, und vielleicht sogar auch ihn. Eigentlich, Merlin, bist du ja mitschuldig.

MERLIN Ich?

KÖNIG ARTUS Na, deine Prophezeiung! Sonst hätte ich das Kind doch nicht ersäufen wollen damals.

MERLIN Die Prophezeiung scheint ja einzutreffen, er will dich vom Thron stürzen!

KÖNIG ARTUS Ja, weil er mich hasst. Und er hasst mich, weil ich ihn damals töten wollte. Und daran bist du schuld.

MERLIN Dumme Sache!

KÖNIG ARTUS Siege ich morgen, Merlin?

MERLIN Worum kämpfst du denn, Artus?

KÖNIG ARTUS Gerade als ich eben im Traum war, hatte ich es vergessen, ich schrie nach dir, um dich danach zu fragen.

MERLIN Jetzt aber weißt du es?

KÖNIG ARTUS Weil ich muss! ... Ich bin der König ... ich habe die Verpflichtung, mein Reich zurückzuerobern ... das mein Sohn mir streitig macht ...

MERLIN Und wenn du nicht kämpfen würdest ... ?

KÖNIG ARTUS *aufgeregt:* Ich muss doch! Ich muss doch!

MERLIN Die Frage war nur ein Versuch, dich auf neue Gedanken zu bringen.

KÖNIG ARTUS Du siehst, ich habe keine eigenen Gedanken. Sie folgen bloß der Geschichte, die mir aufgezwungen wird. – Von wem eigentlich wird sie mir aufgezwungen? Und kann es nicht sein, dass der historische Ablauf ganz dumm ist –, vielleicht sogar dümmer, als ich es bin?

MERLIN Was sollen denn da die andern sagen?

KÖNIG ARTUS Welche andern?

MERLIN Die hunderttausend, die mit dir in die Schlacht ziehn und darin umkommen werden.

KÖNIG ARTUS Ach so. Warum fragst du?

MERLIN Die Frage ist nur ein Versuch, dich auf neue Gedanken zu bringen.

KÖNIG ARTUS Ja, ich muss denken! Aber es ist so verflucht schwer, und es macht mich unsicher.

MERLIN Ist das so schlimm?

KÖNIG ARTUS Ja! Natürlich ist es schlimm, wegen der andern. Wenn ich unsicher bin, darf ich sie nicht in den Krieg schicken, wo sie sterben müssen. Das wäre ja ein Verbrechen.

MERLIN Fang doch mal von vorn an: was war deine Idee?

KÖNIG ARTUS D e i n e Idee, Merlin!

MERLIN *streng:* Die Tafelrunde.

KÖNIG ARTUS Ja, die Tafelrunde. Ich wollte eine bessere Welt als die barbarische, in der wir lebten. Der Geist sollte über das Chaos herrschen.

MERLIN Der Geist von ein paar Privilegierten.

KÖNIG ARTUS Ja, natürlich. Welcher denn sonst? Warum fragst du?

MERLIN Es war nur eine Frage, um dich auf neue Gedanken zu bringen.

KÖNIG ARTUS Und wir haben eine Ordnung gegründet und verteidigt, damit sind wir weltberühmt geworden. Es hat zwar noch Kriege gegeben, aber wenigstens sinnvolle. Und einmal sollte Frieden sein für immer. – Unsere ganze schöne Utopie von der Tafelrunde wird vielleicht morgen in der Schlacht zu Grunde gehen.

MERLIN Du meinst, die Geschichte widerlegt die Utopie?

KÖNIG ARTUS Ich habe zu lange gelebt! *Schreit:* Aber Mordred ist ein Verbrecher!

MERLIN Was meinst du damit?

KÖNIG ARTUS Er ist kein Ritter.

MERLIN Was meinst du damit?

KÖNIG ARTUS Er hat keine höheren Prinzipien. Wenn er siegt, bricht die alte Barbarei wieder aus, wo jeder nach seiner Laune und nach seinem Vorteil den andern totschlagen darf.

MERLIN Deshalb also kämpfst du gegen ihn, Artus?

KÖNIG ARTUS Ja! Aber es kommt mir trotzdem dumm vor. Durch irgendeine Dummheit bin ich in dieses Dilemma hineingeraten, aus dem ich nicht mehr herauskomme. (...) Jetzt bin ich ganz in der Finsternis, ohne dich!

MERLIN Bitte kein Selbstmitleid!

KÖNIG ARTUS Warum sind überhaupt Kriege in der Welt? Liegt es an mir? Verführe ich, der König, zehntausend vernünftige Menschen dazu, sich gegenseitig umzubringen? Oder Mordred? Oder ist es etwas anderes? Ist es vielleicht die Eigentumsfrage? Das behaupten ja auch einige. Oder ist vielleicht in den Menschen eine dunkle, unergründbare Fantasiebewegung, die sie mit unaufhaltsamer Gewalt in den Tod treibt?

– Wenn ich noch einmal zur Welt käme ... sagte König Artus kleinlaut:
– Rede nur!
– Das ist mir gerade so eingefallen, nicht weiter bemerkenswert.
– Was denn?
– Das verstehst du doch nicht.
– Wird sich herausstellen.
– Ich dachte, sagte König Artus, wenn ich noch einmal geboren würde, dann möchte ich ein Einsiedler sein: nur Gott und ich, ein Mensch ohne Geschichte.

Merlin:
Aha.

KÖNIG ARTUS Werden wir siegen? Siege ich?

MERLIN Ja, du wirst siegen, Artus! Verhandle mit Mordred so lange wie möglich, mache Zugeständnisse. Schenke ihm Cornwall, schenke ihm Wales ... Zögere die Verhandlung hinaus, bis Lancelot kommt. Mache Versprechungen ...

KÖNIG ARTUS *aufgeregt:* Kommt Lancelot?

MERLIN Ja, er kommt. Er ist schon unterwegs.

KÖNIG ARTUS *jubelnd:* Lancelot! Wir werden siegen! Wir werden siegen! Und wir werden stark sein wie früher!

MERLIN Wofür willst du so stark sein, Artus?

KÖNIG ARTUS *aufgeregt, freudig:* Was für eine dumme Frage, Merlin! Wir siegen! Wir siegen! Wir siegen!

MERLIN Aber du musst dich vor dem Schlänglein hüten.

KÖNIG ARTUS Welches Schlänglein?

MERLIN *verschwindet.*

KÖNIG ARTUS *sieht sich suchend nach Merlin um:* Welches Schlänglein denn? Welches Schlänglein?

(Text aus: Dorst, Tankred: Merlin oder Das wüste Land, *Frankfurt/Main: Suhrkamp, 1981, S. 356–362)*

Übung 4.21 *Analysieren Sie stichwortartig den folgenden Gesprächsausschnitt.*

Tankred Dorst (*1925)
Merlin oder Das wüste Land

Gesprächsanalyse

(...)

KÖNIG ARTUS Siege ich morgen, Merlin?

MERLIN Worum kämpfst du denn, Artus?

KÖNIG ARTUS Gerade als ich eben im Traum war, hatte ich es vergessen, ich schrie nach dir, um dich danach zu fragen.

MERLIN Jetzt aber weißt du es?

KÖNIG ARTUS Weil ich muss! ... Ich bin der König ... ich habe die Verpflichtung, mein Reich zurückzuerobern ... das mein Sohn mir streitig macht ...

MERLIN Und wenn du nicht kämpfen würdest ...?

KÖNIG ARTUS aufgeregt: Ich muss doch! Ich muss doch!

MERLIN Die Frage war nur ein Versuch, dich auf neue Gedanken zu bringen.

KÖNIG ARTUS Du siehst, ich habe keine eigenen Gedanken. Sie folgen bloß der Geschichte, die mir auf-

Tankred Dorst (*1925) ***Merlin oder Das wüste Land***	**Gesprächsanalyse**

gezwungen wird. – Von wem eigentlich wird sie mir aufgezwungen? Und kann es nicht sein, dass der historische Ablauf ganz dumm ist –, vielleicht sogar dümmer als ich es bin?

MERLIN Was sollen denn da die andern sagen?

KÖNIG ARTUS Welche andern?

MERLIN Die hunderttausend, die mit dir in die Schlacht ziehn und darin umkommen werden.

KÖNIG ARTUS Ach so. Warum fragst du?

MERLIN Die Frage ist nur ein Versuch, dich auf neue Gedanken zu bringen.

KÖNIG ARTUS Ja, ich muss denken! Aber es ist so verflucht schwer, und es macht mich unsicher.

MERLIN Ist das so schlimm?

KÖNIG ARTUS Ja! Natürlich ist es schlimm, wegen der andern. Wenn ich unsicher bin, darf ich sie nicht in den Krieg schicken, wo sie sterben müssen. Das wäre ja ein Verbrechen.

MERLIN Fang doch mal von vorn an: was war deine Idee?

KÖNIG ARTUS D e i n e Idee, Merlin!

MERLIN *streng*: Die Tafelrunde.

KÖNIG ARTUS Ja, die Tafelrunde. Ich wollte eine bessere Welt als die barbarische, in der wir lebten. Der Geist sollte über das Chaos herrschen.

MERLIN Der Geist von ein paar Privilegierten.

KÖNIG ARTUS Ja, natürlich. Welcher denn sonst? Warum fragst du?

MERLIN Es war nur eine Frage, um dich auf neue Gedanken zu bringen.

KÖNIG ARTUS Und wir haben eine Ordnung gegründet und verteidigt, damit sind wir weltberühmt geworden. Es hat zwar noch Kriege gegeben, aber wenigstens sinnvolle. Und einmal sollte Frieden sein für immer. – Unsere ganze schöne Utopie von der Tafelrunde wird vielleicht morgen in der Schlacht zugrunde gehen.

MERLIN Du meinst, die Geschichte widerlegt die Utopie?

KÖNIG ARTUS Ich habe zu lange gelebt! *Schreit:* Aber Mordred ist ein Verbrecher!

MERLIN Was meinst du damit?

KÖNIG ARTUS Er ist kein Ritter.

MERLIN Was meinst du damit?

KÖNIG ARTUS Er hat keine höheren Prinzipien. Wenn er siegt, bricht die alte Barbarei wieder aus, wo jeder nach seiner Laune und nach seinem Vorteil den andern totschlagen darf.

MERLIN Deshalb also kämpfst du gegen ihn, Artus?

KÖNIG ARTUS Ja! Aber es kommt mir trotzdem dumm vor. Durch irgendeine Dummheit bin ich in dieses Dilemma hineingeraten, aus dem ich nicht mehr herauskomme. (...) Jetzt bin ich ganz in der Finsternis, ohne dich!

MERLIN Bitte kein Selbstmitleid!

► *Lösung Seite 167 f.*

Übung 4.22 *Analysieren Sie auf der Grundlage von Übung 4.21 Inhalt und Argumentationsverhalten der gesamten Textstelle.*
▶ *Lösung Seite 169 f.*

Übung 4.23 *König Artus ist in einer aufgeregten Verfassung. Welche Merkmale seiner sprachlichen Äußerungen und welche anderen formalen Mittel weisen auf diese Aufregung hin? Merlin dagegen argumentiert in dem Dialog sehr rational. Welche Merkmale seiner sprachlichen Äußerungen weisen auf diese Haltung hin?*
▶ *Lösung Seite 171 f.*

Übung 4.24 *Formulieren Sie eine Einleitung für einen Interpretationsaufsatz, in der Sie auch eine kurze Inhaltsangabe der vorliegenden Textstelle geben.*
▶ *Lösung Seite 172*

Übung 4.25 *Man kann zahlreiche politisch-philosophische Bezugsmöglichkeiten in dem Textauszug erkennen. Beschreiben Sie die diese in den folgenden Auszügen.*

Textstelle	**politisch-philosophische Bezugsmöglichkeiten und mögliche literarische Bezüge**
„Ich denke doch nur so aus Pflichtgefühl" (Z. 17) „Verpflichtung" (Z. 55)	
„Die Prophezeiung scheint ja einzutreffen, er will dich vom Thron stürzen!" (Z. 46)	
„Und kann es nicht sein, dass der historische Ablauf ganz dumm ist –, vielleicht sogar dümmer als ich es bin?" (Z. 62 f.)	
„Ich wollte eine bessere Welt als die barbarische, in der wir lebten. Der Geist sollte über das Chaos herrschen." (Z. 79 f.) „Utopie von der Tafelrunde" (Z. 86 f.)	

„Der Geist von ein paar Privilegierten." (Z. 81)	______________________
„Es hat zwar noch Kriege gegeben, aber wenigstens sinnvolle." (Z. 85 f.)	______________________
„Warum sind überhaupt Kriege in der Welt?" (Z. 101)	______________________ ______________________
„ein Mensch ohne Geschichte" (Z. 114)	______________________ ______________________

▶ *Lösung Seite 172 f.*

Übung 4.26 *Versuchen Sie einmal den Begriff der Utopie (vgl. Z. 86) zu definieren.*
▶ *Lösung Seite 173*

Übung 4.27 *Welche der folgenden Werke gestalten das Thema „Utopie"? Unterstreichen Sie die entsprechenden Werke. Schlagen Sie die Lebensdaten der Dichter und das Entstehungsjahr der betreffenden Werke nach und rekapitulieren Sie deren Inhalt, indem Sie ein Literaturlexikon zu Hilfe nehmen.*

Hartmann von Aue, *Der arme Heinrich*; Bertolt Brecht, *Der gute Mensch von Sezuan, Leben des Galilei*; Johann Wolfgang Goethe, *Faust*; *Die Leiden des jungen Werther*; Gotthold Ephraim Lessing, *Nathan der Weise, Emilia Galotti*; Friedrich Schiller, *Die Räuber, Wallenstein, Wilhelm Tell*; Alexander Moritz Frey, *Robinsonade zu Zwölft*, Heinrich von Kleist, *Amphitryon, Der zerbrochne Krug*; Georg Büchner, *Woyzeck*; Alfred Andersch, *Sansibar oder der letzte Grund*; Friedrich Dürrenmatt, *Der Besuch der alten Dame, Die Physiker*; Ernst Bloch, *Das Prinzip Hoffnung*; Gerhart Hauptmann, *Die Insel der Großen Mutter, Der Biberpelz*; Max Frisch, *Homo faber*; Heinrich Böll, *Gruppenbild mit Dame*; Joseph Haslinger, *Opernball*; Franz Kafka, *Das Schloss*; Hugo Dittberner, *Kurzurlaub*; Aldous Huxley, *Schöne neue Welt*; George Orwell, *1984*
▶ *Lösung Seite 173*

Übung 4.28 *Formulieren Sie den Schluss Ihres Interpretationsaufsatzes, indem Sie auf den utopischen Gehalt des Werkes, wie er in der Textstelle zum Ausdruck kommt, Bezug nehmen.*
▶ *Lösung Seite 173 f.*

Übung

Übung 4.29 *Erarbeiten Sie auf der Grundlage des folgenden Textes die wesentlichen Merkmale der Postmoderne.*

Lesetext

Rolf Günter Renner
Postmoderne und Moderne

Der Begriff der P. ist interdisziplinär bestimmt; ursprünglich bezeichnet er in der Architektur die Doppelcodierung von Gebäudefassaden durch Funktion u. Stilzitat. (...) Während das polit. u. philosophische Urteil die P. gegen eine Moderne opponieren sieht, die im Sinne der Aufklärung als das bereits im 18. Jh. konzipierte u. sich auf das Fortschreiten der Vernunft gründende ›Projekt der Moderne‹ (Habermas 1986) bestimmt wird, hat man die ästhetische Moderne mit Blick auf Baudelaire als einen in sich widersprüchl. Entwurf des 19. Jh. interpretiert (Jauß). Jean François Lyotard sieht die Moderne andererseits als die Zeit der großen Metaerzählungen des 18. u. 19. Jh., der Emanzipation, des Fortschritts u. der Hermeneutik des Sinns. Diese »großen Erzählungen« werden delegitimiert u. durch miteinander konkurrierende »Sprachspiele« abgelöst. Sie werden mit Blick auf Wittgensteins philosophische Untersuchungen u. Nietzsches Vorstellung von der »Welt als Erzählung« bestimmt. Entgegen den Annahmen der rationalen Diskurstheorie (Habermas) u. der Systemtheorie (Luhmann) soll sich im Kampf der Sprachspiele das Narrative u. Ästhetische behaupten (Lyotard). Von daher lässt sich die P. als erkenntnistheoret. u. ästhetische Einstellung zgl. bestimmen. An die Stelle des diskursiven Wissens setzt sie die »transversale Vernunft« (Welsch 1987), akzeptiert sie den Widerstreit, der gegensätzliche Positionen nicht überwindet, sondern nebeneinander bestehen lässt (Lyotard). Sie etabliert das Denken der Kontingenz, das selbst die Philosophie zum literar. Spiel macht (Rorty 1989). In der Ästhetik ist sie fasziniert vom ›Erhabenen‹, vom Anderen der Vernunft, zumindest lässt sie sich auf Spielkonfigurationen ein, die nicht mehr sinnzentriert sind.

Manches spricht gegen eine allein histor. Bestimmung der P. als Epoche; sinnvoller ist es, ihre Beziehung auf die Moderne zu betrachten. Nur sofern man diese als eine ›Neuzeit‹ begreift, die noch an den Einheitsvorstellungen einer ›mathesis universalis‹ festhält, wäre ›postmodern‹ als nachneuzeitlich zu verstehen. Meint der Begriff der Moderne dagegen das Heraufkommen einer universellen Pluralität der Wissenschaften, Methoden u. Wissensgegenstände, so ist die P. eine Transformation der Moderne selbst: Sie treibt die Probleme hervor, die in der Moderne schon immer angelegt sind (Welsch). Die P. lässt sich dann als eine ›Konstellation‹ im Verständnis Adornos (Renner 1988) u. als ›kulturelle Dominante‹ im Sinne Fredric Jamesons bestimmen (Huyssen 1986): Sie konsolidiert sich, wenn der Paradigmenwechsel der Moderne nicht mehr in einen traditionellen Verstehenszusammenhang rückgebunden wird. Auch ohne eine Epoche zu sein, bleibt die P. doch eine histor. Strategie: Darauf weist die Formel von der »postmodernen Moderne« (Welsch).

Die der P. zugerechneten Texte u. ihre Theorie sind durch zwei Einflüsse entscheidend geprägt: zum einen durch die dekonstruktivistische Subversion der europäischen Geistesgeschichte, die den »Zerfall des Universalitäts-Anspruchs von Vernunft« (Frank) konstatiert u. zu einer äußeren wie inneren Dezentrierung des Subjekts führt, zum anderen durch die Aufhebung der Grenze zwischen dem Wirklichen u. dem Imaginären (Federman 1975), zwischen Theorie u. Fiktion. Damit verbindet sich die Vorstellung der ›Posthistoire‹: Der posthistorische Mensch (Roderick Seidenberg) hat alle seine Möglichkeiten bereits ausgeschritten, der Weltzustand befindet sich im Zustand der Kristallisation (Arnold Gehlen), es gibt keine Möglichkeiten zielgerichteten Handelns mehr. Entsprechend vermag auch kein Autorsubjekt den Text mehr zu organisieren, die moderne Rekonstruktion der verlorenen Totalität (Georg Lukács) ist nicht mehr möglich. Stattdessen bestimmen sich die Texte aus ihrer Intertextualität, der Destruktion von Sinn, der Infragestellung des autonomen Subjekts. Das Paradigma der Thermodynamik wird zur zentralen Metapher, es löst herkömmliche Vorstellungen von Kausalität ab. Allerdings folgen die Texte der postmodernen Konstellation nicht nur dem Gesetz der Dekonstruktion (z. B. Thomas Pynchon, Alexander Kluge, Heiner Müller, Jorge Semprún). Unter den Voraussetzungen eines universellen Sinnverlusts etablieren sich auch erneut Schreibweisen, die eine Rekonstruktion des Verlorenen im Gestus der »Wiederholung« (Peter Handke) oder des Spiels (Botho Strauß) versuchen. Allerdings erfolgt diese Rekonstruktion im Gegensatz zur Moderne in einer kritischen Reflexion, die zgl. die Grenze zwischen Fiktion u. Theorie aufhebt.

▶ *Lösung Seite 174*

Übung 4.30 *Ordnen Sie die folgenden Merkmale jeweils der traditionellen, modernen und postmodernen Literatur zu.*

geografische Einordnung zu Beginn / Verschwinden des Erzählers / auktorialer Erzähler / Beschreibung der sozialen Umgebung und Herkunft zu Beginn / „blinde" Motive / klare Komposition / auktorialer Erzähler überwiegend / Hervorhebung nebensächlicher Details / Erzählung eines konkreten Ereignisses / Verzicht auf Einführung in Umgebung und Herkunft / distanzierter Erzähler / Mitteilung von Erfahrung vor Mitteilung eines Ereignisses (Subjektivierung) / Erzähler glaubwürdig, überlegen, kompetent / Kritik an der Tradition / Rückgriff in die Vergangenheit / Handlung, Raum oder Figur als strukturtragende Schichten / Verzicht auf starre Sinngebung – Diesseitsorientierung / Mehrdeutigkeit / spielerischer Umgang mit der Tradition, mit Motiven und Perspektiven / Abschätzbarkeit von Handlungen bestimmter Figuren / Vordringen metaphorischer Prinzipien / Erkennbarkeit psychologischer Mechanismen / keine äußere Erscheinung / Vorstellung einer festgefügten Weltordnung / keine gängigen Gefühle, Gesten, Handlungen / Vorstellung der Relevanz ewig gültiger Werte / Spiel mit verschiedenen Sprachen und Sprachebenen / Bildungsroman / Großstadt als Handlungsraum – Massengesellschaft / Eindringen des Irrationalen / Aktiver Held / „Antiheld" – passiver Held / Infragestellung eines eindimensionalen Wahrheitsbegriffs / Idee von Humanität und Toleranz / Montagetechnik / Beteiligung des Lesers am Werk durch unterschiedliche Lesarten /

Vorstellung der individuellen Autonomie / Vereinzelung des Individuums / Berücksichtigung der Realität / Glaube an die Vernunft / Betonung der Unterhaltung / Auflösung der literarischen Form / Auflösung der Sprache / Groteske / Parodie und Ironie als zentrale Mittel / literarische Collage / intertextuelle Bezüge

Traditionelle Literatur	Moderne Literatur	Postmoderne Literatur

► *Lösung Seite 174 f.*

Übung 4.31 *Erläutern Sie, warum* Merlin oder Das wüste Land *in die Epoche der Postmoderne eingeordnet werden kann.*

► *Lösung Seite 176*

5. Abschlussübung: Was haben Sie gelernt?

Wiederholen Sie hier Ihr Grundwissen zum Drama, indem Sie die folgenden **Begriffe der dramaturgischen Gestaltung** den entsprechenden **Definitionen** zuordnen. Benutzen Sie das Glossar, wenn Sie Hilfe brauchen.

Dokumentarisches Theater / Drama / Tragikomödie / Tragödie / Fallhöhe / Analytisches Theater / Katharsis / Teichoskopie / Retardation / Komödie / Lustspiel / Absurdes Drama / Aristotelisches Drama / Akt / Episches Theater / Trauerspiel / Drei Einheiten / Peripetie / Geschlossenes Drama / Botenbericht / Charakter / Deus ex machina / Schauspiel / Zieldrama / Auftritt / Chor / Exposition / Prolog / Steigerung / Ständeklausel / Sekundenstil / Regieanweisung / Geschlossenes Drama / Katastrophe / Szene / Monolog / Offenes Drama

Definition	Begriff der dramaturgischen Gestaltung
(zu lat. „misstönend“) gestaltet die existenzialistische Grunderfahrung der Sinnwidrigkeit menschlicher Existenz in einer sinnentleerten Welt; Autoren: Beckett, Ionesco, Genet, Sartre	a) ______________
im Gegensatz zum epischen Theater Bezeichnung für die streng gebaute, klassische Form des Dramas; Geschlossenheit wird durch Beachtung der drei Einheiten erreicht; Ziel: Katharsis	b) ______________
dramaturgisches Hilfsmittel, um (geschehene) Ereignisse, deren Darstellung den Zusammenhang der Handlung gefährden oder die bühnentechnischen Voraussetzungen übersteigen würde (z. B. Seeschlachten), in Form eines erzählenden Berichts auf die Bühne zu bringen	c) ______________
(gr. „Das Eingegrabene“, „das Eingeprägte“) Bezeichnung für in der Dichtung vorkommende, der Wirklichkeit nachgebildete oder fingierte Figuren, die nicht bloß typisiert, sondern in ihrer Individualität dargestellt werden	d) ______________

(lat. „Gott aus der Maschine") Bezeichnung für Figur (manchmal auch Ereignis), die überraschende Wendung in einem bis dahin unlösbar erschienenen Konflikt herbeiführt	e) ______________
Form des politischen Dramas der 60er Jahre, das in einer Art Reportage Material zu brisanten politischen Themen in mehr oder weniger unveränderter Form auf die Bühne bringt; Ziel: Diskussion über politische Themen anregen; Beispiel: Hochhuth, *Der Stellvertreter*, Kipphardt, *In der Sache J. Robert Oppenheimer*	f) ______________
(gr. „Handlung") neben Lyrik und Epik eine der drei literarischen Großformen; wird bestimmt durch Darstellung einer meist in sich geschlossenen und sich auf Monolog und Dialog stützenden Handlung, die auf einer Bühne szenisch präsentiert wird	g) ______________
allgemein als Oberbegriff für Trauerspiel und Lustspiel	h) ______________
(lat. „Abschnitt") in sich einheitlicher und geschlossener Abschnitt eines Dramas	i) ______________
von Bertolt Brecht entwickelte Dramenform, die sich als Gegenstück zum aristotelischen Drama versteht. Es betreibt die Desillusionierung des Zuschauers durch Verfremdungseffekte, Zuschauer soll zum aktiven, kritischen Betrachter der Handlung werden	j) ______________
Drama, das auf Katastrophe/Auflösung am Ende des Stücks hinzielt	k) ______________
dramatische Form, in der Tragik und Komik vermischt werden, um die Doppelgesichtigkeit des menschlichen Lebens und der Welt zu verdeutlichen	l) ______________
im allgemeinen Sprachgebrauch gleichbedeutend mit Tragödie	m) ______________

Definition	Begriff der dramaturgischen Gestaltung
1. Szene 2. Erscheinen der Schauspieler auf der Bühne	n) ______
(gr. „Reigentanz", „Tanzplatz", „versammelte Schar von Tänzern") Gruppe von Personen, die durch Zusammenklang ihrer Stimmen eine Einheit bilden und die Handlung wertend, betrachtend oder (voraus-) deutend begleiten	o) ______
mit Bezug auf Aristoteles von frz. Klassizismus geforderter innerer Zusammenhalt des Dramas durch: Einheit der Handlung: vollständige Handlung mit Anfang und Ende ohne Abschweifungen Einheit des Ortes: gleichbleibender Spielort Einheit der Zeit: 24 Stunden als Zeitvorgabe für gesamte Handlung	p) ______
(lat. „Darlegung") meist im 1. Akt stattfindende Einführung in Ort, Zeit, Personen, Ausgangssituation zur Klärung der Voraussetzungen der Handlung	q) ______
(gr. „Bocksgesang") neben der Komödie wichtigste Form des Dramas, im allgemeinen Sprachgebrauch gleichbedeutend mit Trauerspiel; sie gestaltet die Unausweichlichkeit des Schicksals oder einer sittlichen Weltordnung, dem ein menschliches Leben am Ende unterliegt; Themen sind immer existenzielle Grundfragen des Menschen; in der Antike besonders von Aristoteles und später in der deutschen Klassik als streng aufgebautes Drama mit Ständeklausel, drei Einheiten und Katharsis gefordert	r) ______
dramaturgischer Begriff von Batteux und später Gottsched zur Begründung der Ständeklausel; tragische Erschütterung der Zuschauer überzeugender beim Scheitern einer Figur von hohem (meist fürstlichem) Stand; Probleme der niederen Stände entbehren	s) ______

tragischer Ausweglosigkeit, da sie sich meist durch menschliche Hilfe bewältigen ließen	
Bezeichnung für ein Drama, das streng nach den drei Einheiten aufgebaut ist	t) ______________
(gr. „Umkehr", „Umsturz") Abschluss des Dramas mit Lösung des Konflikts zum Guten (Komödie) oder zum Schlimmen (Tragödie)	u) ______________
Drama, das Geschehnisse aus der Vergangenheit im Verlaufe der Handlung aufdeckt	v) ______________
in den Dramentext eingefügte Bemerkungen des Dichters bezüglich Bühnenausstattung, Mimik, Gestik, Sprechtempo, Musik, Auftreten und Abtreten von Figuren	w) ______________
(gr. „Reinigung") Begriff aus der aristotelischen Poetik: Aufgabe der Tragödie bestimmt als Erregung von Mitleid und Furcht und als Reinigung dieser Eigenschaften oder als Reinigung des Zuschauers von diesen Eigenschaften (Übersetzung umstritten)	x) ______________
Beschreibungstechnik vor allem des Naturalismus, die versucht, Wirklichkeit möglichst genau durch Detailtreue und minutiöse Genauigkeit zu erfassen	y) ______________
Forderung vor allem der Poetik der Renaissance, nur Angehörige der höheren Stände als Figuren in der Tragödie mitwirken zu lassen (Grund: Fallhöhe); für den niederen bürgerlichen Stand ist Komödie vorgesehen.	z) ______________
(gr. „hölzernes Gerüst, auf dem Schauspieler spielen") Bühne, Bestandteil des Aktes (Auftritt), allgemein: Vorgang auf der Bühne	aa) ______________
Überleitung (Ende 1. Akt und 2. Akt) von der Exposition zum Höhepunkt; enthält Andeutungen über Verwicklung der Handlung	bb) ______________

Definition	Begriff der dramaturgischen Gestaltung
(gr. „Mauerschau“) Ein auf der Bühne schwer oder gar nicht darstellbares Ereignis, das sich zur selben Zeit zuträgt, wird aus der Perspektive eines z. B. auf einer Mauer stehenden Beobachters wiedergegeben; vergleichbar mit dem Botenbericht, Unterschied: Botenbericht handelt von Vergangenem	cc) ____________
(aus gr. „allein“ + „Rede“) Selbstgespräch einer Figur, Gegensatz: Dialog (Wechselrede)	dd) ____________
(gr. „Vorwort“, „Vorspruch“) Worte vom Dichter oder von Schauspielern vor dem Beginn der eigentlichen Handlung	ee) ____________
(gr. „plötzlicher Umschlag“) von Aristoteles eingeführter Begriff der Poetik, bezeichnet im Drama den plötzlichen Umschwung im Schicksal des Helden, findet als Höhepunkt zumeist im mittleren Akt statt, indem es auf Exposition und steigende Handlung folgt und in die fallende Handlung und schließlich in die Katastrophe mündet	ff) ____________
Drama, das die strenge Aufbauform des geschlossenen Dramas missachtet, indem z. B. auf einen Handlungsschluss verzichtet wird oder die Handlung auf mehrere Spielorte verteilt wird	gg) ____________
(frz. „Verzögerung“) Handlungsverzögerung, meist im 4. Akt als Gegenstück zum erregenden Moment mit dem Ziel, einen anderen Ausgang als den in der Peripetie angedeuteten aufzuzeigen, wirkt spannungssteigernd	hh) ____________
(aus gr. „Umzug“ + „Gesang“) komisches Bühnenstück, das durch Entlarvung menschlicher Unzulänglichkeiten Heiterkeit erzielt	ii) ____________

häufig gleichbedeutend mit Komödie, will aber nicht kritisch Unzulänglichkeiten aufdecken, sondern versöhnlich stimmen; reines Lachen und Heiterkeit als Ziel	jj) ______________

► *Lösung Seite 177*

6. Lösungen

► *Lösung 2.1*
Vgl. Lösung 2.2.

► *Lösung 2.2*
Der Gegenstand der Unterhaltung ist die Frage des Tempelherrn, ob ein Jude ein christliches Mädchen erziehen dürfe. Der Patriarch verneint dies auf Schärfste und fordert die Todesstrafe für den Juden, weil er das christliche Mädchen zur Apostasie, zum Abfall von Gott, verleitet habe. Auch die Einwände des Tempelherrn, dass das Mädchen ohne den Juden möglicherweise umgekommen wäre, dass der Jude das Mädchen ohne religiöse Bindung erzogen hätte und dass Gott das Mädchen immer noch selig machen könne, wenn er es wolle, überzeugen den Patriarchen nicht. Seiner Meinung nach müsse der Jude verbrannt werden.

► *Lösung 2.3*
Die korrekten Zuordnungen sind: a2, b1, c4, d3.

► *Lösung 2.4*
Am geeignetsten ist noch Satz a. Möglicher Einleitungssatz: Das 1779 entstandene fünfaktige Drama *Nathan der Weise* von Gotthold Ephraim Lessing, das als ein „dramatisches Gedicht" klassifiziert wird, ist wohl eines der berühmtesten Werke der Aufklärung, das die Gedanken von religiöser Toleranz und Humanität thematisiert. Diese Grundgedanken spielen im Hintergrund auch in der vorliegenden Textstelle, in der es um eine Unterredung zwischen dem Patriarchen und dem Tempelherrn geht, eine Rolle.

► *Lösung 2.5*
Aufforderung zur Eile und Liebesversicherung (vgl. V. 1–30), Margaretes Vergangenheit (vgl. V. 31–67), Ablehnung der Flucht (vgl. V. 68–108), Tod als Sühne der Schuld (vgl. V. 109–126), Hinweis auf göttliche Gnade (vgl. V. 127–146).

► *Lösung 2.5*
In der vorliegenden Textstelle vom Ende des Dramas *Faust. Der Tragödie erster Teil* von Goethe besucht Faust seine Geliebte Margarete am Tag vor der Hinrichtung im Gefängnis. Er fordert sie zur Eile auf und versichert sie seiner Liebe. Dann erinnert sich Margarete an ihre Vergangenheit und an die Schuld, die sie auf sich geladen hat. Sie lehnt die Flucht ab und sieht allein in ihrem Tod eine geeignete Sühne der Schuld. Am Ende hofft sie auf den Erweis göttlicher Gnade.

▶ *Lösung 2.6*

In der vorliegenden Textstelle vom Ende des Dramas *Faust. Der Tragödie erster Teil* von Goethe besucht Faust seine Geliebte Margarete am Tag vor der Hinrichtung im Gefängnis. Er fordert sie zur Eile auf und versichert ihr, sie zu lieben. Dann erinnert sich Margarete an ihre Vergangenheit und an die Schuld, die sie auf sich geladen hat. Sie lehnt die Flucht ab und sieht allein in ihrem Tod eine geeignete Sühne der Schuld. Am Ende hofft sie auf den Erweis göttlicher Gnade.

▶ *Lösung 2.7*

Begrüßung (V. 3–8), Hilfsangebot (V. 29–55), Problem und Diskussion (V. 56–176, Abschluss (V. 177–181).

▶ *Lösung 2.8*

vor Gespräch mit dem Patriarchen: indirekte Charakterisierung des Geistlichen als imposante Erscheinung / Patriarch fragt Klosterbruder nach Anliegen des Tempelherrn/ → Gespräch unter vier Augen / I. Begrüßung: Lob des Tempelherrn / bescheidene Reaktion des Angesprochenen / II. Patriarch bietet Tempelherrn seinen Rat an / mit Verpflichtung, Rat auch zu befolgen / Einwand des Tempelherrn: keine sklavische Befolgung: – Stichwort „Vernunft" / Ratschläge eines Geistlichen dürfen nicht auf ihre Vernünftigkeit überprüft werden / III. Problem des Tempelherrn: Jude habe christliches Mädchen als Jüdin erzogen/ Reaktion der Kirche? / Entgegnung des Patriarchen: Tatsache oder Annahme? / wenn bloße Annahme: nicht darüber nachdenken / wenn Tatsache: Bestrafung des Schuldigen / Strafe für Apostasie: Verbrennung / (→ zeigt Willkür der Argumentation) / 1. Einwand des Tempelherrn: ohne Juden wäre Kind vielleicht umgekommen / 1. Entgegnung des Patriarchen: Jude müsse sterben, Kind wäre besser umgekommen, Gott könne retten, wen er wolle / 2. Einwand des Tempelherrn: Gott könne Mädchen noch selig machen / 2. Entgegnung des Patriarchen: Jude müsse sterben / 3. Einwand des Tempelherrn: Mädchen sei ohne religiöse Bindung erzogen worden / 3. Entgegnung des Patriarchen: Jude müsse sterben / IV. Tempelherr will Gespräch beenden / Patriarch will Name des Juden wissen, droht mit Anklage vor Saladin / Tempelherr hat bereits einen Termin beim Sultan / Patriarch stottert (Angst?), bittet um positive Darstellung seiner Person beim Sultan, Bescheidenheit, fast Unterwürfigkeit des Patriarchen / Kompromiss: vorgetragener Fall nur Hypothese / Unterwürfigkeit nur nach außen hin – Patriarch will Fall von Klosterbruder aufklären lassen (Spionage als Mittel des Patriarchen).

▶ *Lösung 2.9*

Das Gespräch unter vier Augen lässt sich in vier Abschnitte gliedern: Begrüßung, Hilfsangebot, Problem und Diskussion, Abschluss. Vor dem eigentlichen Beginn der Unterhaltung wird der Geistliche als eine imposante Erscheinung beschrieben, die den Tempelherrn beeindruckt (vgl. V. 5 f.). Er reagiert auf die ihn lobende Begrüßung durch den Patriarchen daher auch mit einer respektvollen, sogar bescheiden klingenden Antwort. Der Patriarch bietet ihm daraufhin seinen „reifen Rat( )" (V. 30) an mit der Verpflichtung, diesen Rat auch anzunehmen. Dem Einwand des Tempelherrn, einen unsinnigen Rat könne man doch nicht befolgen, widerspricht der Patriarch mit dem Argument, dass geistliche Ratschläge niemals solcher Prüfung nach Sinn oder Unsinn unterliegen. Allerdings lässt es der Patriarch nicht auf eine Konfrontation mit dem Tempelherrn ankommen; er bricht die Ausführungen abrupt ab: „(...) Doch hiervon genug (...)" (V. 53).

Im Mittelpunkt des Gesprächs steht die Frage des Tempelherrn, wie man die Erziehung eines christlichen Mädchens durch einen Juden von kirchlicher Seite aus bewerten würde. Dem Patriarchen ist daran gelegen, den Realitätsbezug dieser Frage in Erfahrung zu bringen, daher lehnt er eine bloß theoretische Erörterung des Falles ab. Wenn sich der vorgetragene Fall aber tatsächlich zugetragen habe, so müsse der Schuldige auf dem Scheiterhaufen die Strafe für die Verführung zur Apostasie erfahren.

Den Höhepunkt der Diskussion stellen die drei Einwände des Tempelherrn dar, deren Intention es ist, den Fall menschlicher zu beurteilen. Dem ersten Einwand, dass das Kind ohne Hilfe möglicherweise umgekommen wäre, widerspricht der Patriarch mit dem Hinweis darauf, dass es für das Kind unter diesen Umständen wohl besser gewesen wäre, wenn es gestorben wäre. Außerdem könne Gott retten, wen er retten wolle. Auf den zweiten Einwand, dass es in der Hand Gottes liege, das Mädchen trotz jüdischen Einflusses noch selig zu machen, und auf den dritten Einwand, das Mädchen sei ohne religiöse Bindung erzogen worden, reagiert der Patriarch nur noch stereotyp mit dem Todesurteil: „Tut nichts! Der Jude wird verbrannt." (V. 116, V. 123, V. 130 f.).

In dieser Phase des Gesprächs wird deutlich, wie sich der Patriarch humanitären Argumenten verschließt und von einer dogmatischen und intoleranten Position aus urteilt. Selbst der Hinweis auf die freie Entscheidung Gottes, das Mädchen doch noch zu retten, kann den Patriarchen nicht zu einer Mäßigung bringen. Er hält sich nicht nur für unfehlbar, wie der Versprecher in V. 41 f. zeigt, er ist noch dazu nicht bereit, die Willkürlichkeit seiner Argumentation einzusehen. Diese Willkür, aber auch das Machtbewusstsein zeigt der einschränkende Satz, dass alles Gewalt sei, was man Kindern antue; wenn aber die Kirche Kinder taufe, so sei dies ganz in Ordnung (vgl. V. 111 f.). Der Patriarch „biegt" sich seine Wahrheit so hin, wie er sie braucht, und er ist grundsätzlich von der Wahrheit seines Standpunktes fest überzeugt

Auch der Tempelherr merkt schnell, dass sein Gesprächspartner von seiner einmal eingenommenen Haltung nicht abweicht. Er will das Gespräch beenden. Doch der Patriarch entfaltet nun sein ganzes Machtbewusstsein und droht dem Tempelherrn mit einer Anklage beim Sultan, wenn der Name des Schuldigen nicht preisgegeben würde. Doch diese offene Drohung pariert der Tempelherr auf couragierte ironische Weise: „Schade, dass ich nicht / Den trefflichen Sermon mit bessrer Muße / Genießen kann! Ich bin zum Saladin / Gerufen" (V. 159–162). Dem Patriarchen wird in diesem Moment das besondere Verhältnis zwischen Saladin und dem Tempelherrn bewusst, und es wird ihm mit einem Male klar, dass seine Drohung ins Leere gelaufen ist. Aus diesem Grund beginnt er zu stottern und ist um eine positive Darstel-

lung seiner eigenen Person vor dem Sultan bemüht. Sein Eifer, so meint er bescheiden, diene nur der frommen Sache, und der vorgetragene Fall könne als nicht real existierender hypothetischer Fall betrachtet werden. Mit diesem „Kompromiss" verabschieden sich die Gesprächspartner,
Anfang und Ende des Gesprächs weisen Ähnlichkeiten auf: Der Bescheidenheit des Tempelherrn zu Beginn entspricht die vorgebliche Bescheidenheit des Patriarchen am Ende des Gesprächs; dass diese unterwürfige Haltung nur nach außen hin gezeigt wird, erkennt man daran, dass der Patriarch den vorgetragenen Fall mit Hilfe seines „Spions", des Klosterbruders, doch noch aufklären lassen möchte.

► *Lösung 2.10*

Gesprächseinsatz (vgl. V. 1–30)

- Faust drängt Margarete zur Eile bei der Flucht; Margarete möchte zunächst einen Liebesbeweis in Form eines Kusses (vgl. V. 16 f.).
- Sie fühlt, dass Faust sie nicht mehr liebt (vgl. V. 19–23), und fragt nach seiner Identität.
- Faust versichert ihr, dass er selbst es sei (vgl. V. 30).

Bekenntnis ihrer Schuld – Wendung in die Vergangenheit (vgl. V. 31–67)

- Margarete nimmt die Schuld am Tod der Mutter und am Mord an ihrem eigenen Kind auf sich (vgl. V. 31–46); sie wirft Faust vor, seiner Verantwortung gegenüber dem gemeinsamen Kind nicht nachgekommen zu sein (vgl. V. 38), und sie erinnert ihn an den für ihren Bruder tödlich endenden Kampf mit Faust (vgl. V. 41–45).
- Faust möchte nicht an die Vergangenheit und damit an seine eigene Schuld erinnert werden (vgl. V. 47 f.).
- Margarete bittet Faust darum, für die Gräber zu sorgen. Sie wiederholt ihren Gefühlseindruck, dass Faust ihr fremd sei (vgl. V. 61–63), obgleich der objektive Eindruck seine Identität bestätige.
- Faust missversteht sie, indem er meint, sie fühle, dass er es sei; er drängt sie erneut zur Eile (vgl. V. 65).

Gründe für die Ablehnung des Fluchtangebots (vgl. V. 68–108)

- Margarete weiß, dass für sie nur noch der Tod in Aussicht steht (vgl. V. 68–71). Eine Flucht würde scheitern, weil sie als Außenseiterin zu leben gezwungen wäre (vgl. V. 76), weil sie doch irgendwann ergriffen würde (vgl. V. 79) und weil sie immer mit ihrer Schuld leben müsste. In visionsartigen Metaphern verdeutlicht sie ihr Fehlverhalten – Mord des Kindes, Totschlag der Mutter –, das sie als schlechtes Gewissen immer begleiten würde (vgl. V. 81–104).
- Faust geht auf ihre Argumente nicht ein und verlangt weiter den unverzüglichen Aufbruch. Er will sie wegtragen, Margarete aber wehrt sich dagegen (vgl. V. 104–108).

Tod als Sühne der Schuld – Wendung in die Zukunft (vgl. V. 109–126)
- Faust mahnt erneut zum Aufbruch.
- In einer Vision erlebt Margarete ihre Hinrichtung und die letzten Lebensminuten (vgl. V. 110–125). Ein Wiedersehen mit Faust wird erst im Tod möglich sein (vgl. V. 115).
- Faust versteht nicht, warum Margarete den Tod akzeptieren kann. Sein Wunsch, nicht geboren worden zu sein, lässt sich als eine Einsicht in die Mitschuld interpretieren (vgl. V. 126).

Göttliche Gnade als Mittel der Entsühnung (vgl. V. 127–146)
- Mephisto taucht auf und mahnt zum Aufbruch (vgl. V. 127–130).
- Margarete schreckt vor Mephisto zurück. Sie hat ihre Seele ganz Gott überantwortet (vgl. V. 136) und bittet die Engel, ihr Beistand zu leisten (vgl. V. 138–140). Mit dieser Entscheidung wird die Distanz zwischen Margarete und Faust unüberwindbar – sie fürchtet sich sogar vor ihm (vgl. V. 141).
- Während Mephisto mit Faust verschwindet, verkündet eine „Stimme von oben" (V. 143), dass Margarete himmlische Vergebung erfahren habe. Sie hat diese Vergebung durch das Schuldeingeständnis und die Bereitschaft, die Strafe auf sich zu nehmen, ermöglicht.

► ***Lösung 2.11***
c)

► ***Lösung 2.12***
Johann Wolfgang von Goethe widmet sich im *Faust* dem Problem des menschlichen Erkenntnisdrangs.

► ***Lösung 2.13***
1c/d; 2f; 3a; 4e; 5c/d; 6b

► ***Lösung 2.14***

Regieanweisung	**Deutung**
„FAUST *fortstrebend.*" (V. 2)	Hinweis auf Eile bei der Durchführung der Flucht; auch Zeichen für mangelnde Bereitschaft Fausts, sich mit dem Ergebnis seiner Tat auseinander zu setzen; innerer Drang des Wissenschaftlers, möglichst viel zu erforschen – Zeitmangel für das Einzelne.

„*Liebkosend.*" (V. 5)	Margarete verlangt eine Art „Erkennungszeichen"; Ausdruck der Liebe zu Faust; deren Mitteilung ist ihr wichtiger als eine schnelle Flucht, ja sogar Voraussetzung dafür; Hinweis darauf, dass Faust sie nicht mehr liebt.
„*Sie umfasst ihn.*" (V. 18)	Margarete möchte einen Liebesbeweis.
„*Sie wendet sich von ihm.*" (V. 24)	Sie erkennt, dass er sie nicht mehr liebt.
„MARGARETE *zu ihm gewendet.*" (V. 28)	Margarete fasst Vertrauen, nachdem Faust ihr seine Zuneigung versichert hat.
„MEPHISTOPHELES *erscheint draußen.*" (V. 127)	In dem Moment, in dem Faust seine Schuld einsieht und sein Tun bereut, erscheint Mephisto, um ihn aus der Situation zu befreien.
„STIMME *von oben.*" (V. 143)	Hinweis auf die Erlösung Margaretes; Voraussetzungen sind das Schuldeingeständnis und die Reue.
„MEPHISTOPHELES *zu Faust.* Her zu mir! *Verschwindet mit Faust.*" (V. 144 f.)	Mephisto betrachtet Faust gewissermaßen als „Eigentum" und sieht in der Erlösung des Mädchens möglicherweise eine Gefahr für seine eigenen Pläne.
„STIMME *von innen, verhallend.*" (V. 146)	Der Ruf kommt mit großer Sicherheit von Margarete; er könnte als Appell gemeint sein, aber auch ein nachdrücklicher Hinweis auf ihre Liebe zu ihm.

► *Lösung 2.15*

(a) Wortarten, (b) Nominalstil, (c) Adjektiven und adverbialen Bestimmungen, (d) Verbalstil, (e) Satzbau, (f) lange, kurze oder mittellange Sätze, (g) Parataxe, (h) Hypotaxe, (i) Satzarten

▶ *Lösung 2.16*

lange Sätze bei der Darlegung von Gedankengängen, kurze Sätze als Ausdruck von emotionaler Befindlichkeit; überwiegend hypotaktischer Satzbau; Wirkung: bedeutungsvoller theologisch-philosophischer Disput

▶ *Lösung 2.17*

Ausrufesätze zur nachdrücklichen Bestätigung der eigenen Position und zum Ausdruck von Erregung; Fragesätze – oft als rhetorische Sätze zum Ausdruck des eigenen Standpunktes; Aussagesätze zur Formulierung eigener Thesen. Im Textauszug werden alle drei Satzarten häufig verwendet; das unterstreicht den diskursiven Charakter der Textstelle.

▶ *Lösung 2.18*

Rat, Vernunft, Gott, Christenheit, Jüdin, Tochter, Apostasie, Gewalt, Kirche, Glaube, Problem

▶ *Lösung 2.19*

keine Dominanz eines Stils

▶ *Lösung 2.20*

Der Stil wird vor allem durch die Gesprächssituation geprägt: Der Patriarch möchte den Tempelherrn von der Schwere des Falls überzeugen; er verwendet für die Argumentation überwiegend eine hypotaktische Syntax mit kausalen Nebensätzen sowie rhetorische Fragen; seine Aufregung spiegelt sich in zahlreichen Ausrufen wider. Der Tempelherr dagegen verwendet überwiegend Aussagesätze zur Darlegung seines Problems; als er bemerkt, dass der Patriarch nur Machtinteressen artikuliert, will er das Gespräch schnell beenden: kurze Hauptsätze und ironisch gefärbte Ausdrücke (z. B. „de(r) treffliche( ) Sermon", V. 160) leiten den Abschied ein. Beide Dialogpartner bedienen sich des religiösen Fachvokabulars.

▶ *Lösung 2.21*

Poetisches Gestaltungsmittel – Begriff	**Belegstelle**	**Bezug zu Intention bzw. Wirkung**
Geminatio und Antilabe	„FAUST *fortstrebend.* Komm mit! Komm mit!/ MARGARETE. O weile!" (V. 2 f.)	Ausdruck für die Unruhe Fausts im Gegensatz zur Freude Margaretes, die mit dem Geliebten gerne lange sprechen möchte

Ausruf	„Eile!“ (V. 6)	Ausdruck der Ungeduld Fausts
Polyptoton	„(...) Und du mich küsstest, als wolltest du mich ersticken./Küsse mich!/ Sonst küss' ich dich!“ (V. 15–17)	Kuss als Ausdruck der Liebe, hier durch die mehrfache Wiederholung betont
Diminutiv	„Liebchen“ (V. 25)	Hinweis darauf, dass Faust Margarete nicht als gleichwertige Partnerin betrachtet und das Liebesabenteuer als eine Spielerei bewertet
Hyperbel	„Ich herze dich mit tausendfacher Glut“ (V. 26)	Mit Übertreibungen verdeckt Faust die Tatsache, dass er sie nicht mehr liebt.
Wiederholung	„Gib deine Hand! Es ist kein Traum!/Deine liebe Hand! (...)“ (V. 40 f.)	Vergewisserung, dass sie nicht träumt
Alliteration	„Lass das Vergangne vergangen sein“ (V. 47)	Betonung der Endgültigkeit des Vergangenen
Anapher	Es will sich heben,/ Es zappelt noch!“ (V. 90 f.)	Nachdruck auf den Todeskampf des Kindes

▶ ***Lösung 2.22***

unbeherrscht, herrschsüchtig, geltungsbedürftig, leidenschaftlich, mitleidlos, herrisch, unbeweglich, hochmütig, dogmatisch, brutal

► *Lösung 2.23*

Direkte Charakterisierung	Indirekte Charakterisierung
Kommentierung von Handlungen, Verhaltensweisen oder Äußerungen durch andere Figuren	Aussagen der Figur, die über ihre Wesensart Aufschluss geben
Beschreibung von Handlungen, Verhaltensweisen oder Äußerungen durch den Erzähler	Verhalten und Handeln der Figur
	sozialer Stand der Figur
	Äußerungen der Figur über sich selbst
	äußere Erscheinungsweise (Kleidung, Körperhaltung, Aussehen)

► *Lösung 2.24*

Textbeleg	Charaktermerkmal
„(...) wer darf Sich da noch unterstehn, die Willkür des, Der die Vernunft erschaffen, nach Vernunft Zu untersuchen?" (V. 47–50)	dogmatisch
„Tut nichts! der Jude wird verbrannt." (V. 123)	unmenschlich
„(...) (Dem ich tiefer Doch auf den Grund zu kommen suchen muss. Das wär' so wiederum ein Auftrag für Den Bruder Bonafides.) – Hier, mein Sohn!" (V. 177–180)	intrigant
Vgl. V. 41–58	intolerant
„Apostasie" (V. 104)	unbeweglich, inhuman

▶ *Lösung 2.25*

Der Patriarch, der Bischof von Jerusalem, tritt nur an einer Stelle des Dramas auf, nämlich in IV, 2, seine Pläne führen allerdings zu zwei Auftritten des von ihm geschickten Klosterbruders in I, 5 und IV, 7.

Er wird als machtbewusster und autoritärer Kirchenpolitiker eingeführt. In seinem Auftrag soll der Klosterbruder in I, 5 den Tempelherrn bitten, die Befestigungsanlagen der Stadt auszukundschaften und Saladin gefangen zu setzen oder ihn zu töten, weil er ein Feind der Christen sei. Das Ziel des Patriarchen ist es, die Pläne Saladins, die auf eine Verlängerung des Waffenstillstandes und einen Friedensschluss abzielen, zu unterlaufen.

Das Gespräch mit dem Tempelherrn gibt näheren Aufschluss über seinen Charakter: So behauptet er dogmatisch die Unfehlbarkeit der bischöflichen Aussagen (vgl. V. 37 ff.), die nicht mit Hilfe der Vernunft bewertet werden dürften (vgl. V. 47–50). Die humane Handlung eines Juden, ein christliches Waisenkind aufzuziehen, wird von ihm ohne Einschränkung als „Apostasie" (V. 104) bezeichnet, für die der Jude hinzurichten sei. Als der Tempelherr den Namen des Juden nicht preisgeben will, droht der Patriarch mit der weltlichen Macht des Saladin und gibt schließlich klein bei, als ihm der Tempelherr vom bevorstehenden Besuch beim Sultan erzählt. Nach dem Abgang des Tempelherrn beauftragt er den Klosterbruder damit, den Namen des besagten Juden in Erfahrung zu bringen; das beweist sein intrigantes Wesen.

Der Patriarch ist diejenige Figur, der alle Abneigung der Leser bzw. der Zuschauer gilt. Sein Amt als christlicher Bischof missbraucht er als Machtinstrument, von tiefer religiöser Durchdringung im Lichte christlicher Nächstenliebe ist bei ihm nichts zu spüren.

Dass Lessing den Patriarchen als eine Karikatur seines Hauptgegners im Fragmentenstreit, des Hamburger Hauptpastors Goeze, entworfen hat, lässt sich aus dem Hinweis auf das Theater erschließen, den er dem Patriarchen in den Mund legt und der an den Rat Goezes erinnert, Lessing möge sich doch seiner eigentlichen Profession, dem Dichten von Theaterstücken widmen: „Ich will den Herrn damit auf das Theater/Verwiesen haben, wo dergleichen pro/Et contra sich mit vielem Beifall könnte/Behandeln lassen" (V. 87–90).

Konkret dürfte der von Goeze verlangte Vorrang des kirchlichen Wortes vor dem vernünftigen Urteil Lessing dazu bewogen haben, dem Patriarchen die entsprechenden Worte in den Mund zu legen: „Ei freilich/Muss niemand die Vernunft, die Gott ihm gab,/Zu brauchen unterlassen, – wo sie hin–/Gehört. – Gehört sie aber überall/Denn hin? – O nein! – Zum Beispiel: wenn uns Gott/Durch einen seiner Engel, – ist zu sagen,/Durch einen Diener seines Wortes, – ein Mittel/Bekannt zu machen würdiget, das Wohl/Der ganzen Christenheit, das Heil der Kirche,/Auf irgendeine ganz besondre Weise/Zu fördern, zu befestigen: wer darf/Sich da noch unterstehn, die Willkür des,/Der die Vernunft erschaffen, nach Vernunft/Zu untersuchen?" (V. 37–50). Die rhetorische Frage legt nahe, dass kirchliche Aussagen als unangefochten wahr zu gelten haben. Dagegen gerade hat sich Lessing mit der Herausgabe der Reimarus-Fragmente und im Streit mit dem Hamburger Hauptpastor Goeze gewendet. Der Spott, mit dem Lessing offensichtliche Widersprüche in die Rede des Patriarchen einbaut (vgl. V. 42 f., V. 110–112), verstärkt nachhaltig die negative Darstellung des intoleranten Ideologen.

► *Lösung 2.26*

(Anm.: Die Belegangaben orientieren sich an der Ausgabe des Primärtextes, siehe S. 16.) Der Tempelherr tritt in I, 5 f., II, 5, II, 7, III, 2, III, 8–10, IV, 2 f., IV, 4, V, 3, V, 5, V, 8 auf. Sein Vater ist Assad, der Bruder Saladins, erzogen wird er von Conrad von Stauffen, einem Bruder seiner Mutter, dessen Namen er erhält. Die verkürzte Form von Conrad, Curd, geht auf türk. „kurt" zurück, was „Wolf" bedeutet. Seine korrekten Namen, Leu von Filnek, erfährt er am Ende des Dramas von Nathan.
Leu gehört dem Orden der Tempelherrn an und nimmt in der Eigenschaft als Streiter Gottes am Kreuzzug teil. Nach der Zurückschlagung des Angriffs der Tempelherrn – dies ist ein Bruch des Waffenstillstandsvertrags – wird er von Saladin wegen der Ähnlichkeit mit Assad als Einziger begnadigt, die anderen gefangenen Ritter werden hingerichtet. Für den Tempelherrn ist dies der Beginn eines Lebens mit einer neuen Identität. In III, 8 erkennt er, dass das Ereignis sein Denken verändert hat: „Ich hab in dem gelobten Lande (...)/Der Vorurteile mehr schon abgelegt. –/Was will mein Orden auch? Ich Tempelherr/Bin tot; war von dem Augenblick ihm tot,/Der mich zu Saladins Gefangnen machte./Der Kopf, den Saladin mir schenkte, wär'/Mein alter? – Ist ein neuer; der von allem/Nichts weiß, was jenem eingeplaudert ward,/Was jenen band. – Und ist ein bessrer; für/Den väterlichen Himmel mehr gemacht" (V. 2132–2142). Im Drama stellt der Tempelherr einen sich entwickelnden, lernfähigen Charakter dar, dessen von Humanität bestimmtes Denken seines neuen Lebens durch Rückfälle in altes, vorurteilsbelastetes Denken gefährdet scheint.
Dass es seinem ritterlichen Ehrverständnis widerspricht, sich für Spionagetätigkeiten bereitzustellen statt für die christliche Sache zu kämpfen, wird in seiner Reaktion auf die Bitte des Patriarchen in I, 5 erkennbar. Leu lässt sich zu keiner Handlung bewegen, die gegen seine innere Überzeugung spricht, auch wenn der Befehl vom Orden oder gar von Gott selbst käme (vgl. V. 684 f.).
Diesem positiven Charakterzug stehen auf der anderen Seite religiös bedingte Vorurteile gegenüber: So rettet er zwar das vermeintlich jüdische Mädchen Recha aus den Flammen, Dank will er dafür jedoch nicht, noch viel weniger will er eine Einladung Nathans annehmen, „er kömmt zu keinem Juden" (V. 528). Sein Pauschalurteil „Jud' ist Jude" (V. 777) zeugt von der Verachtung des jüdischen Glaubens. In seiner Begründung für die Verachtung bezieht er im Gespräch mit Nathan die anderen monotheistischen Religionen mit ein, die ihren Absolutheitsanspruch vom Judentum übernommen hätten: „Wie? wenn ich dieses Volk nun, zwar nicht hasste,/Doch wegen seines Stolzes zu verachten,/Mich nicht entbrechen könnte? Seines Stolzes;/Den es auf Christ und Muselmann vererbte,/Nur sein Gott sei der rechte Gott!" (V. 1291–1295).
Nathan deckt die Widersprüche in Handlung und Rede des Tempelherrn auf, wenn er dessen Antwort, er habe Recha aus Pflichtdenken und Lebensüberdruss (vgl.

V. 1210 ff.) heraus gerettet – besonders den Lebensüberdruss gibt er als Grund dafür an, sein Leben für die Rettung eines anderen einzusetzen, „(...) wenn's auch nur/Das Leben einer Jüdin wäre" (V. 1210 f.), – als „groß und abscheulich" (V. 1221) bewertet. Den „guten Kern" (vgl. V. 1197) des Tempelherrn legt Nathan durch sein Bekenntnis zu einer religionsunabhängigen Humanität frei (vgl. V. 1274 f.); auf seine Hoffnung: „Ah! wenn ich einen mehr in Euch/Gefunden hätte, dem es genügt, ein Mensch/Zu heißen!" (V. 1311–1313) bittet der Tempelherr um Verzeihung, Nathan „(...) einen Augenblick verkannt zu haben" (V. 1315). Auf dem gemeinsamen Bekenntnis zu Humanität und Toleranz gründet sich ihr Wunsch, Freundschaft zu schließen.

Der Tempelherr verliebt sich in Recha, dies führt zu einem Gewissenskonflikt mit den Feindbildern und Keuschheitsregeln seines Ordens: Auf der einen Seite ist die Verbindung mit einer Jüdin für einen Christen völlig undenkbar, auf der anderen Seite widerspricht sie dem Keuschheitsgelübde der Tempelherrn (vgl. III, 8). Leu entscheidet sich für die Liebe zu Recha, da er davon ausgeht, dass die alten Regeln für sein neues Leben nicht mehr gültig seien (vgl. V. 2139 f.).

Die als Zurückweisung empfundene Vertröstung durch seine neue Familie – Leu nennt Nathan „Vater" (V. 2178) – und die Wahrheit über Rechas christliche Abstammung lassen ihn jedoch an Nathans Ehrlichkeit und an den Werten seines neuen Lebens zweifeln. Der Rat, den er in dieser Lage bei einem Vertreter seiner alten Glaubensfamilie, dem Patriarchen, einholt, kann seine neu gewonnene Überzeugung aber nicht mehr ins Wanken bringen. Er durchschaut die radikale dogmatische Intoleranz des Bischofs: „Schade, dass ich nicht/Den trefflichen Sermon mit bessrer Muße/Genießen kann!" (V. 2583–2585) und gibt den Namen Nathans nicht preis.

In Gespräch mit Saladin, bei dem der Tempelherr anschließend Rat sucht, bewertet er seinen Gang zum Patriarchen als Ausdruck von „Leidenschaft" (V. 2807) und „Unentschlossenheit" (V. 2808). Als das Gespräch auf Recha und Nathan kommt, fällt der Tempelherr erneut in sein altes vorurteilsbeladenes Denken zurück und muss sich dafür vom Sultan zurechtweisen lassen (vgl. V. 2783). Saladin will zwischen beiden vermitteln und verspricht Leu seine Hilfe beim Zustandekommen der Verbindung mit Recha.

In V, 3 kommt Leu zur Einsicht, dass seine eigene Raserei Nathan in große Gefahr bringen kann, und ihm wird es bewusst, dass Rechas „wahrer Vater" (V. 3240) Nathan bleibt. In dem folgenden Dialog verständigt er sich zwar mit Nathan, indem er die Gründe für den Gang zum Patriarchen darlegt, auf der anderen Seite wird seine Bitte um die Hand Rechas erneut zurückgewiesen durch den Hinweis auf einen Bruder, der über die Werbung entscheiden müsse. Rechas Bekenntnis zur Liebe zu ihrem Ziehvater interpretiert er als weitere Zurückweisung – „Nun! So hab ich mich betrogen" (V. 3769) –, und der Rückfall in sein altes Denken ist vorgezeichnet. Mit großer Bitterkeit bezichtigt er Nathan des Betrugs: „Er hat/Ihr einen Vater aufgebunden: – wird/Er keinen Bruder für sie finden?" (V. 3753–3756). Für diesen Vorwurf wird er von Saladin hart getadelt (vgl. V. 3756–3759). Dass Recha seine Schwester sein soll, kann Leu zunächst nicht fassen; schließlich ist er Nathan dankbar: „Ihr nehmt und gebt mir, Nathan!/Mit vollen Händen beides! – Nein! Ihr gebt/Mir mehr, als Ihr mir nehmt! Unendlich mehr! (V. 3803–3805). Der Tempelherr findet am Ende die Familie, die seinem neuen Denken entspricht. Seine Figur, die sich immer wieder von Leidenschaft beeinflussen lässt und in altes vorurteilsbeladenes Denken zurückfällt, zeigt, dass eine humane Lebenseinstellung mühsam erlernt werden muss und dass dieser Lernprozess ständig in Gefahr ist zu scheitern.

► *Lösung 2.27*

a) Wesen der Dinge
b) innerlich erfassendes
c) Buchwissen
d) Magie
e) Entgrenzungsversuch
f) Sinnsuche
g) Seligkeit
h) Erkenntnis
i) Katastrophe
j) bedingungslos
k) Welterfahrung
l) Reue und Buße
m) Tätigsein
n) idealistisches Menschenbild
o) Veränderung und des Wandels

► *Lösung 2.28*

Nathan, Daja, Klosterbruder, Al Hafi, Saladin, Sittah, Recha.

► *Lösung 2.29*

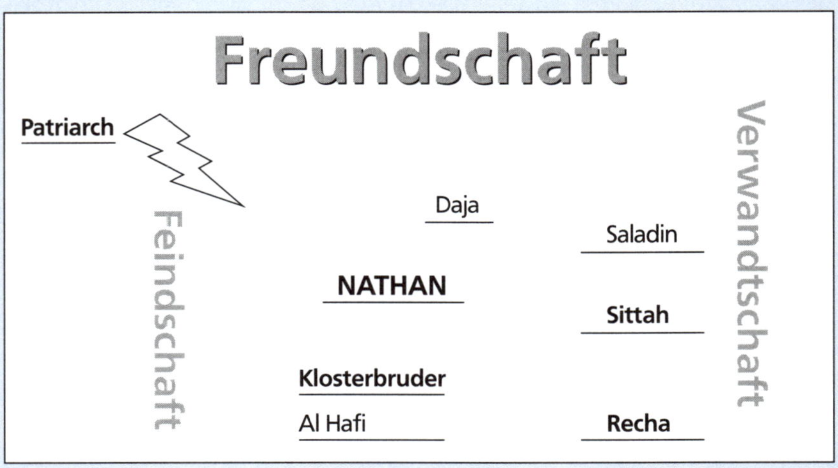

▶ ***Lösung 2.30***

Der Tempelherr, dessen Rolle sich im Drama durch Aufrichtigkeit und Mut auszeichnet, ist Angehöriger eines 1092 gegründeten christlichen Ordens geistlicher Soldaten; daher ist sein Selbstverständnis vor allem das eines Streiters für die christliche Sache; einer Spionagetätigkeit für den Patriarchen verweigert er sich.
Der Tempelherr kämpft gegen die Muslime, wird von Saladin gefangen und begnadigt; diese Begnadigung ist die Voraussetzung dafür, dass er das angeblich jüdische Mädchen aus den Flammen retten kann. Bereits diese Konstellation zeigt den Tempelherrn als ein Bindeglied zwischen den drei Religionen. Die Menschlichkeit, die er von einem Muslim erfährt, setzt ihn instande, Menschlichkeit auch gegenüber einer vermeintlichen Jüdin auszuüben.
Darüber hinaus ist der Tempelherr der Erste, der sich gegen fromme Raserei ausspricht und indirekt Toleranz fordert. Auf dieser Grundlage bereitet er zusammen mit Nathan eine Verständigung über die Religionsgrenzen hinweg vor. Die Seelenverwandtschaft mit Nathan führt konsequenterweise zur Freundschaft.
Diese Freundschaft wird aber getrübt, da die Liebe zu Recha und die Angst, sie könnte ihm vorenthalten werden, im Tempelherrn alte, überkommene Vorurteile wiederbelebt. In V, 5 gesteht er Nathan seine Befürchtungen: „(...) Ich bildete mir ein,/Ihr wolltet, was Ihr einmal nun den Christen/So abgejagt, an einen Christen wieder/nicht gern verlieren. (...)". Dieses Geständnis lässt die Person des Tempelherrn in positivem Licht erscheinen: Er ist einsichtig, selbstkritisch, er erkennt gemachte Fehler, und er ist ehrlich (vgl. V, 5).
Selbst als es klar ist, dass er Recha nicht mehr als Ehefrau bekommen kann, ist er dankbar, sie als Schwester behalten zu dürfen.
Fassen wir zusammen: Der Tempelherr wird fast zu einem christlichen „Gegenstück" zu Nathan, er entwickelt Nathans Eigenschaften der Toleranz und Humanität im Verlaufe des Stücks, die Freundschaft zwischen beiden ist daher die logische Folge. Kurzfristig lässt er sich von seinen Emotionen hinreißen, es gelingt ihm jedoch, diese Emotionen mit der Hilfe seines Verstandes unter Kontrolle zu bringen.
Der Tempelherr ist eine positive Identifikationsfigur. Als eine lernfähige Figur wirkt er vorbildhaft. In ihm personifiziert sich der Optimismus der Aufklärung, dass der Mensch durch seine „ratio" das Gute erkennen und sich verändern kann. Besonders das Gespräch mit dem Patriarchen hat gezeigt, dass sich aus Dogmatismus und religiösem Eifer, die sich gegen die Vernunft richten, weder Humanität noch Toleranz entwickeln können.

▶ ***Lösung 2.31***

(Anm.: Die Belegangaben orientieren sich an der Ausgabe des Primärtextes, s. S. 16.)
Al Hafi: Der Bettelmönch, ein Schachfreund Nathans, tritt in I, 3, II, 2 und II, 9 auf. Von Saladin wird er zum Schatzmeister ernannt (vgl. V. 401), weil nur er wisse, mit Bettlern auf humane Weise umzugehen (vgl. V. 461 ff.). Al Hafi klagt Nathan in I, 3, dass die Staatskasse ständig leer sei (vgl. V. 411 f.), da der Sultan den armen Menschen helfe (vgl. V. 406 ff.) mit der Gefahr: „(...) und sollt' er selbst darüber/Zum Bett-

ler werden" (V. 408 f.). Nach der Zurückweisung des Kreditersuchens durch Nathan lässt er seiner Enttäuschung freien Lauf. Er bezeichnet sich als „eines Gecken Geck" (V. 479) und kritisiert, dass Saladins Menschfreundlichkeit mit unmenschlichen Mitteln bewerkstelligt werde: „Ei was! – Es wär' nicht Geckerei,/Bei Hunderttausenden die Menschen drücken,/Ausmergeln, plündern, martern, würgen; und/Ein Menschenfreund an Einzeln scheinen wollen?" (V. 480–483). Der Schatzmeister habe die Aufgabe, mit schlechten Mitteln Gutes zu ermöglichen, und Al Hafi sieht sich mit dieser Erkenntnis vor ein Problem gestellt, wie es später beispielsweise in Goethes *Iphigenie* und Brechts *Der gute Mensch von Sezuan* verhandelt wird. Am Ende des ersten Gesprächs mit Nathan werden Al Hafis Verzicht auf das Amt und seine Auswanderung bereits angedeutet (vgl. V. 495 f.).

In II, 2 wird Al Hafis Zwangslage im Gespräch mit Sittah und Saladin verdeutlicht. Saladin nimmt seinen Rat, wie das Schachspiel gegen Sittah noch zu gewinnen wäre, nicht an; daraufhin legt Al Hafi offen, dass nicht nur die Staatskasse leer sei, sondern dass darüber hinaus Sittah den Unterhalt für den Hof aus ihrem Privatvermögen bestritten habe (vgl. V. 982 f.). Seine Freundschaft mit Nathan beweist Al Hafi, als er sich dem Ansinnen des Sultans, bei jenem zu borgen, entgegenstellt (vgl. V. 1080) und sich angeblich an einen anderen möglichen Kreditgeber erinnert. In seinem letzten Gespräch mit Nathan beschwert er sich über das unnötig verloren gegebene Schachspiel (vgl. V. 1461 f.). Seine Entscheidung, sofort zu seinen Glaubensbrüdern an den Ganges auszuwandern, begründet er mit der Unvereinbarkeit von persönlicher Überzeugung und beruflicher Verpflichtung: „Ich, der ich nie für mich gebettelt habe,/Soll nun für andre borgen. Borgen ist/Viel besser nicht als betteln (...)" (V. 1485–1487). Al Hafi wird damit zu einer Figur, die die Ehrlichkeit zu sich selbst über berufliche Karriere und Macht stellt. Die mangelnde Vereinbarkeit lässt ihn zum Aussteiger werden, der sich spontan dazu entschließt, seinem „Sklavendasein" zu entfliehen: „(...) Wer/Sich Knall und Fall, ihm selbst zu leben, nicht/Entschließen kann, der lebet andrer Sklav'/Auf immer" (V. 1505–1508).

Klosterbruder: Der Klosterbruder, dessen Name nicht erwähnt wird, tritt in I, 5, IV, 1, IV, 7 und V, 4 auf.

In der Vergangenheit hat er das Waisenkind Blanda von Filnek (Recha) zu Nathan gebracht; dies beweist seine praktische und über die Religionszugehörigkeit hinausgehende Nächstenliebe. Nachdem der Klosterbruder aus seiner Einsiedelei durch Araber vertrieben worden ist, begibt er sich in den Schutz des Patriarchen, der ihm eine Einsiedelei auf Tabor verspricht, wenn er ihm zu Diensten ist (vgl. V. 2935–2951). Das Auskundschaften für den Patriarchen bereitet dem Klosterbruder „Ekel" (V. 2953). Er hat den Tempelherrn auszuhorchen (vgl. I, 5) und folgt diesem Befehl auch, seine Distanzierung durch den häufig wiederholten Ausdruck „sagt der Patriarch" zeigt, wie er sich innerlich gegen den Spionageauftrag wehrt (vgl. IV, 1) und in ironischer Weise mit ihm verfährt.

Der Auftrag des Patriarchen, den Juden zu suchen, der ein Christenkind erzogen hat, verlangt von ihm eine klare Entscheidung: Er offenbart Nathan seinen Auftrag (vgl. V. 2955 ff.) und erinnert ihn an das Waisenkind. Gleichzeitig versichert er ihm,

dass er ihn nicht verraten werde (vgl. V. 2996). Die humane Haltung des Klosterbruders, die sich in seiner Nächstenliebe und seiner Ehrlichkeit offenbart, verbindet ihn mit der Figur des Nathan und der Lehre der Ringparabel (vgl. V. 2041 f.). Daher können sich beide gegenseitig als vorbildhafter Christ bzw. Jude bezeichnen (vgl. V. 3067–3070).
Gerade wie der Klosterbruder an die verwandtschaftlichen Beziehungen zwischen Judentum und Christentum erinnert: „Wenn Christen gar so sehr vergessen konnten,/Dass unser Herr ja selbst ein Jude war." (V. 3023 f.), so spielt er bei der Aufdeckung der Verwandtschaftsverhältnisse zwischen Recha, Leu, Saladin und Sittah eine entscheidende Rolle, da er Nathan das Brevier Assads übergibt.

▶ *Lösung 2.32*

a) Margarete will nicht fliehen, da sie sich keine Illusionen über ihr zukünftiges Schicksal als gesellschaftlich Geächtete macht, die darüber hinaus Schuld plagt: „Es ist so elend, betteln zu müssen,/Und noch dazu mit bösem Gewissen!/Es ist so elend, in der Fremde schweifen,/Und sie werden mich doch ergreifen!" (V. 76–79)
b) Margarete will nicht fliehen, da sie sich keine Illusionen über ihr zukünftiges Schicksal als gesellschaftlich Geächtete macht, die, darüber hinaus schuldig, ein „böse(s) Gewissen" (V. 77) plagt.
c) Margarete will nicht fliehen, da sie sich keine Illusionen über ihr zukünftiges Schicksal als gesellschaftlich Geächtete macht, die darüber hinaus Schuld plagt (vgl. V. 76–79).
d) Margarete will nicht fliehen, sie stellt sich ihr Leben als Bettlerin und Landstreicherin vor und will deswegen nicht „in der Fremde schweifen" (V. 78).
e) Der Patriarch will genau wissen, ob es sich um einen tatsächlichen oder nur erfundenen Fall handelt (vgl. V. 84–86).
f) Sollte es sich nur um einen erfundenen Fall, „ein Spiel des Witzes" (V. 85) handeln, so lohne es „(...) der Mühe nicht, im Ernst ihn durchzudenken" (V. 86).
g) Der Patriarch will genau wissen, ob es sich um einen tatsächlichen oder nur erfundenen Fall handelt: „Denn ist der vorgetragne Fall nur so/Ein Spiel des Witzes: so verlohnt es sich/Der Mühe nicht, im Ernst ihn durchzudenken" (V. 84–86).

▶ *Lösung 3.1*

Der Einleitungssatz könnte z. B. lauten: „Die Tragödie *Antigone* von Sophokles, die 442 oder 441 v. Chr. ihre Aufführung erlebte, behandelt die Frage nach den Grundlagen und den Grenzen menschlichen Handelns am Beispiel der dem Labdakidengeschlecht entstammenden Antigone. Als mythologischer Hintergrund ist ferner der Kampf des Polyneikes um die ihm rechtmäßig zustehende Herrschaft über Theben zu denken, der mit seinem eigenen Tod und dem seines Widersachers, seines Bruders Eteokles, endet."

▶ *Lösung 3.2*

Vgl. Lösung 3.3.

► *Lösung 3.3*

Szene	Funktion	Personen	Inhalt/Thema	ab ...
Prolog	Exposition	Ismene/ Antigone	Antigones Plan, Polyneikes zu bestatten	V. 1 ff.
Parodos (= Einzugslied des Chores)		Chor	Vorgeschichte: Streit zwischen Polyneikes und Eteokles	V. 100 ff.
1. Epeisodion (= Auftritt)	(erregendes Moment)	Kreon, Chor, Wächter	Regierungsgrundsätze Kreons Bestattungsverbot Entdeckung der Tat	V. 162 ff.
1. Stasimon (= Standlied des Chores)		Chor	Fülle und Grenze menschlicher Macht	V. 332 ff.
2. Epeisodion	aufsteigende Handlung	Chor, Wächter, Kreon, Antigone, Ismene	Ergreifung Antigones und ihre Rechtfertigung Kreons Todesurteil	V. 376 ff.
2. Stasimon		Chor	Unheil und Verblendung („Ate") als Bestandteile des menschlichen Lebens	V. 583 ff.
3. Epeisodion		Chor, Kreon, Haimon	Kritik Haimons an Entscheidung Kreons Kreons Rechtfertigung	V. 628 ff.
3. Stasimon		Chor	Macht des Eros	V. 781 ff.
4. Epeisodion		Antigone, Chor, Kreon	Abschiedsworte Antigones, Prüfung ihrer Entscheidung	V. 800 ff.
4. Stasimon		Chor	Macht des Schicksals Beispiele für Gefangen-	V. 944 ff.

			schaft und Tod in Türmen bzw. Felsenhöhlen	
5. Epeisodion	Peripetie/ Umschwung	Teiresias (mit einem Knaben), Kreon, Chor	Verurteilung des Bestattungsverbotes Warnung an Kreon und sein Sinneswandel	V. 988 ff.
5. Stasimon	(retardierendes Moment)	Chor	Anrufung des Dionysos und Bitte um sein Kommen	V. 1115 ff.
Schlussszene/ Exodos (= Auszugslied des Chores)	Katastrophe	Chor, Eurydike Chor, Kreon, Bote	Selbstmord von Antigone, Haimon, Eurydike Verzweiflung und Reue Kreons Lob der Besonnenheit	V. 1155 ff.

► *Lösung 3.4*

Das Theater hat die Funktion, eine Handlung darzustellen, die dem Zuschauer Einfühlung in die Figuren ermöglicht. Am Ende soll der Zuschauer sich befreit fühlen von den Gefühlen, die er während der Identifizierung erlebt hat, und sich affirmativ der eigenen Welt zuwenden.

Der Aufbau des Stücks ist ein Vorbild für die später in der *Poetik* des Aristoteles geforderte Idealform der Tragödie. Sie beachtet sowohl die Ständeklausel als auch die drei Einheiten der Handlung, der Zeit und des Ortes: Der Handlungszeitraum erstreckt sich von frühmorgens bis zum Abend, die Handlung ist vollständig, d. h. sie wird durch einen Anfang begründet, erlebt eine Durchführung und wird abgeschlossen; außerdem spielt die Tragödie durchgehend an einem Ort, vor dem Königspalast in Theben.

► ***Lösung 3.5***

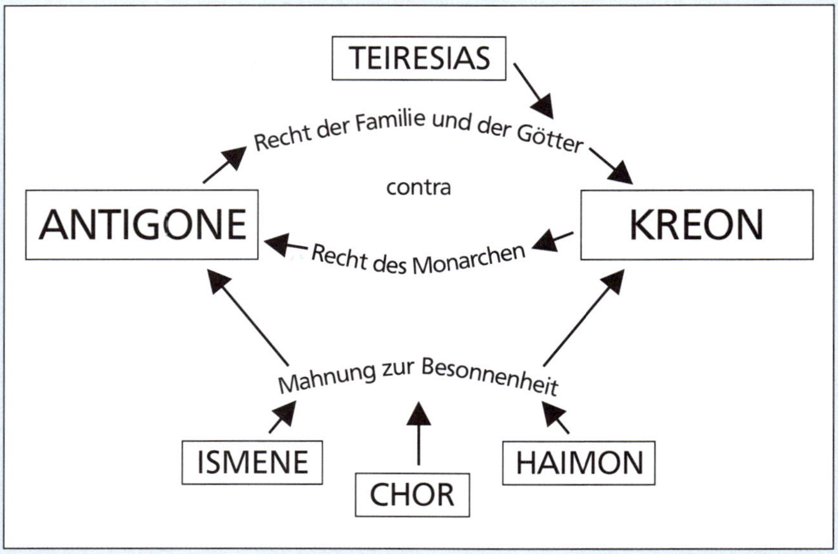

► ***Lösung 3.6***

Zur Vorgeschichte: Antigone hat trotz des Verbots Kreons ihren Bruder Polyneikes bestattet. Sie wird auf frischer Tat ertappt und von einem Wächter vor den Herrscher geführt.

Argumentationsgang:

Geständnis Antigones (vgl. V. 1–11)

Antigone gesteht, dass sie Polyneikes trotz des Verbotes zweimal bestattet hat. Kreon schickt den Wächter hinaus, um mit ihr allein zu sprechen.

Rechtfertigung der Tat (vgl. V. 12–41)

Auf den Vorwurf, sein Gesetz übertreten zu haben, antwortet Antigone mit dem Hinweis auf das höher zu bewertende göttliche Gesetz, das die Bestattung eines Toten vorschreibt und gegen das sie nicht habe verstoßen wollen. Außerdem sei es die Pflicht eines Familienangehörigen, die eigenen Toten zu begraben.

Der Chor kommentiert ihre Rede mit dem Verweis auf ihren Vater Ödipus, dessen Charakterfestigkeit sie besitze.

Rechtfertigung der Verurteilung der Tat (vgl. V. 44–70)

Kreon entgegnet, Antigone müsse dem erlassenen Gesetz gehorchen; ihre Haltung würde als Überheblichkeit ausgelegt, die er als Herrscher ungeachtet der engen verwandtschaftlichen Bindung sanktionieren müsse. Eine positive Interpretation ihrer Tat, so wie sie Antigone entwirft, lässt er nicht zu. Ihr Vergehen muss daher die Todesstrafe zur Folge haben.

▶ *Lösung 3.7*

(Anm.: Die Belegangaben orientieren sich an der Ausgabe des Primärtextes, s. S. 47.)
Antigone stellt sich im Wesentlichen als ein Zweifigurendrama dar; um den Konflikt zwischen Antigone und Kreon um die Frage des Bestattungsverbotes gruppieren sich die anderen Figuren, wobei sich die Haltung von Kreon und Antigone zu diesen anderen Figuren daran entscheidet, wie jene zu der Bestattungsfrage stehen.
Sowohl Kreon als auch Antigone berufen sich zur Begründung ihrer Haltung auf Recht und Gesetz. In seiner „Regierungserklärung" führt der gerade neu eingesetzte Herrscher aus, dass es das Recht und die Pflicht des Monarchen sei, das zu tun, was seiner Meinung nach Schaden von der Stadt abwende (vgl. V. 185 f.). Aus diesem Grund lässt er Antigone außerhalb der Stadt einmauern, versorgt sie aber gleichzeitig mit Nahrungsmitteln (vgl. V. 775), weil er hofft, die Stadt von der Schuld an ihrem Tode zu entlasten.
Der Monarch muss seiner Meinung nach Gehorsam fordern (vgl. V. 656), er hat willensstark zu sein und darf seine Verwandten und Freunde nicht anders behandeln als seine Untertanen (vgl. V. 178–183). Polyneikes habe sich durch seinen Angriff auf die Stadt als Feind erwiesen, daher verweigert Kreon ihm die Bestattung (vgl. V. 207–210).
Diese Grundsätze klingen als Prinzipien für absolutistische Herrschaft nicht nur plausibel, sie drücken auch ein hohes Verantwortungsgefühl gegenüber dem Gemeinwesen aus. Vom Ende her betrachtet erweist sich Kreons Vorstellung von Souveränität als tödlich; dabei wird sich Kreon anfangs untreu, als es erstmals um die Anwendung seiner Prinzipien an einem konkreten Fall geht: Entgegen seinem eigenen Grundsatz, Familienmitglieder nicht zu bevorzugen, gibt er Antigone eine Chance, durch eine entsprechende Antwort der Verurteilung zu entgehen (vgl. V. 446 f.). Erst die Unbeugsamkeit Antigones (V. 471: „Des Vaters trotzige Art verrät das Kind") lässt ihm keine andere Wahl, als konsequent seinen Regierungsprinzipien zu folgen und somit ein Mitglied seiner eigenen Familie zum Tode zu verurteilen. Die Verurteilung wird zusätzlich mit zwei Argumenten untermauert: Antigones Ungehorsam macht die Verhängung einer Strafe notwendig, weil einmal erlassene Gesetze unter allen Umständen einzuhalten sind; zum anderen erkennt Kreon die Notwendigkeit einer Strafe, will er sich als Mann nicht dem Vorwurf aussetzen, von einer Frau „regiert" zu werden.
Nach dem Gespräch mit Teiresias gibt er schließlich doch nach, weil er einsehen muss, dass er einer höheren Gewalt, den Göttern, gegenübersteht. Ansatzweise mag man auch ein Eingeständnis eigener Schuld erkennen (vgl. V. 1318 f.). Im Abgang noch erneuert er seine Vorstellung vom Gehorsam gegenüber bestehenden Gesetzen: „Es ist das Beste, fürcht ich, treu zu bleiben/Bestehenden Gesetzen bis zum Tod" (V. 1114); damit meint er, dass er selbst die Konsequenzen seiner nicht dem Götterwillen gemäßen Gesetze tragen will. Ausdrücklich lässt sich aber keine inhaltliche Änderung im Vergleich zu seiner Regierungserklärung feststellen: Er weicht nur gezwungenermaßen höherer Macht. Der Tod der Angehörigen vernichtet auch seine Existenz: „Ich sehe keinen Weg, nichts, was mich hält./Nur Wankendes greif ich. Aufs Haupt/Brach mir untragbares Schicksal" (V. 1342–1346).

Es ist die Überzeugung der Antigone, dass Polyneikes „nach Recht und Sitte" (V. 23) bestattet werden muss. Antigone will, dass ihre Familie im Tode zusammengeführt ist; sie bezeichnet das als ein heiliges Gesetz der Götter (vgl. V. 77). So fordert sie Ismene auf, ihr bei der Erfüllung dieser heiligen Pflicht behilflich zu sein; Ismene rät aber zur Besonnenheit und erinnert die Schwester an das tödliche Schicksal der Familie (vgl. V. 50–60). Antigone aber will ihren Protest gegen das Gesetz des neuen Herrschers unbedingt an die Öffentlichkeit bringen und legt es auch darauf an, bei der Tat gefasst zu werden. Obgleich die erste symbolische Bestattung des Bruders nach der griechischen Vorstellung ausreicht, der Seele die gebührende Ruhe zuteil werden zu lassen, bestattet sie ihn ein zweites Mal; dieser zweite Gang zum Leichnam ist als eine öffentliche Demonstration gedacht, er soll entdeckt werden, damit der öffentlichen Protest wirken kann. Vom Ende her betrachtet und angesichts des Schicksals, das Kreon trifft, beweist sie mit dieser Einstellung Weitsicht, da sich der Verstoß gegen die als heilig erachteten Göttergesetze letztlich rächt.
Im Konflikt zwischen Kreon und Antigone setzt sich in gewisser Weise auch der Streit zwischen Polyneikes und Eteokles fort. Die Konfrontation zwischen dem Recht der Stadt (Eteokles) und dem Familienrecht (Polyneikes) wird entscheidend erweitert und erhöht: In der Auseinandersetzung zwischen Antigone und Kreon stehen auf der einen Seite das Recht einer göttlichen Weltordnung und auf der anderen Seite das Recht einer von Menschen gesetzten irdischen Ordnung.
Die Lehre der Tragödie lässt sich aus den Schlussversen des Chores entnehmen, in denen die Besonnenheit gelobt wird. Sie bedeutet im Kontext der Handlung die Spannung zwischen Götterwillen und menschlichem Handeln, das sich in Kreons Gesetzgebung für die Polis zeigt. Besonnenheit heißt, dass menschliche Entscheidungen hinsichtlich ihrer Legitimationsgrundlagen, seien sie familiärer, politischer oder religiöser Art, überprüft werden müssen. Eigenmächtiges Handeln ist ein Ausdruck der Verblendung, die zu Unheil führt.

▶ ***Lösung 3.9***

In der selbst erfundenen Fabel thematisiert Kleist Allgemeinmenschliches – Liebe, Versuchung, Loyalität – aber auch die zeitgenössische Rechtsproblematik.

▶ ***Lösung 3.10***

Argumentationsgang und Inhalt des Dialogs

Lichts Verhör und Adams Rechtfertigungsversuche (V. 1–87)

- Licht fragt Adam nach dem Grund der augenscheinlichen Verletzungen.
- Adam meint, er sei ohne Fremdeinwirkung auf dem glatten Boden ausgerutscht, worauf Licht, das Wortspiel Adams aufgreifend, darauf verweist, dass das Fallen menschlich sei, da doch selbst der biblische Namensvetter des Richters als Stammvater der Menschen wegen seines Übertretens von Geboten („Sündenfall") berühmt geworden sei.

- Adam zeigt ihm daraufhin die Stelle, auf der er ausgerutscht ist. Auf die entsprechende Nachfrage Lichts erklärt er, er sei am Morgen beim Aufstehen aus dem Bette ausgeglitten.
- Licht fragt ungläubig nach, ob Adam tatsächlich mit dem behinderten linken Fuß zuerst aufgestanden sei, worauf Adam entgegnet, dass sich an beiden Füßen keinerlei Bewegungseinschränkungen beobachten ließen.
- Licht spricht die Gesichtsverletzungen Adams an, die diesem noch gar nicht aufgefallen sind. Als Grund für diese Verletzungen gibt Adam an, er sei am vorherigen Abend ausgerutscht und habe sich den Kopf an einer Kachel angeschlagen. Licht reagiert auf diese Erklärung mit einem Lachen.

Ankündigung des Kontrollbesuchs von Gerichtsrat Walter (V. 88–106)
- Adam wechselt das Gesprächsthema und erkundigt sich nach den Neuigkeiten. Licht teilt ihm mit, dass der Gerichtsrat Walter auf dem Weg zu einem unerwarteten Kontrollbesuch und noch am selben Tage zu erwarten sei.
- Adam ist überrascht und will die Neuigkeit erst nach mehrmaliger Versicherung Lichts glauben.

Bericht über die bisherigen Revisionsergebnisse Walters (V. 107–137)
- Licht berichtet von dem Kontrollbesuch Walters in Holla, in dessen Verlauf dieser zahlreiche Richter und Schreiber aus ihren Ämtern entfernt habe. Ein Richter habe sich als Reaktion auf die drohende Suspendierung sogar das Leben nehmen wollen; er sei aber rechtzeitig gefunden worden.
- Adam kennt den betreffenden Kollegen und bewertet ihn in beruflicher Hinsicht als unzuverlässig, in menschlicher Hinsicht aber als ehrlich.
- Licht hebt hervor, dass nur der vereitelte Selbstmordversuch des Richters das frühzeitige Erscheinen Walters im Gericht Adams verhindert habe. Um die Mittagszeit werde er aber in jedem Falle eintreffen.

Adams Versuche der Beeinflussung Lichts (V. 138–176)
- Adam appelliert angesichts der bevorstehenden Kontrolle an die Loyalität Lichts, dem er unterstellt, er wolle sein Richteramt einnehmen. Licht weist solche Ambitionen von sich.
- Indem Adam auf die Bildung und die rhetorischen Fähigkeiten des Schreibers verweist, bittet er ihn nochmals darum, den beruflichen Ehrgeiz zu zügeln und auf eine andere Gelegenheit zu warten. Licht versichert Adam, dass er sich loyal verhalten werde.
- Adam erklärt Licht anhand des historischen Beispiels vom Schweigen des Demosthenes, dass es manchmal durchaus nützlich sein könne, nicht alles zu sagen, was man wisse. Licht könne sicher sein, dass ihm Adam für sein Schweigen einen anderen Dienst erweisen werde. Licht weist die Befürchtungen Adams zurück.

- Adam spielt auf Gelder an, von deren Veruntreuung Licht weiß; außerdem hebt er hervor, dass ein Richter auch ein Privatleben habe, in dem er sich so verhalte wie andere Menschen auch. Licht bestätigt Adams Ausführungen.
- Das Gespräch endet damit, dass Adam seinen Schreiber auffordert, ihm in die Registratur zu folgen.

▶ *Lösung 3.11*

Adams zunehmende Verunsicherung und die im Verlaufe des „Verhörs" zunehmende Selbstsicherheit Lichts werden durch die eingesetzten sprachlichen und formalen Mittel unterstützt. Diese Mittel intensivieren die komische Wirkung des Dialogs, verweisen aber bereits auf die intendierte Kritik an korrumpierbarer Rechtsprechung.

▶ *Lösung 3.12*

Blankvers, Verzicht auf hohen Stil, bürgerliche Figuren: Realitätsanspruch, Unterstreichung der komischen Wirkung und der kritischen Intention

▶ *Lösung 3.13*

Konzentration auf den Dialoginhalt

▶ *Lösung 3.14*

Textauszüge	sprachliche Gestaltungsmittel
LICHT. Und was hat das Gesicht Euch so verrenkt? ADAM. Mir das Gesicht? LICHT. Wie? Davon wisst Ihr nichts? ADAM. Ich müsst ein Lügner sein – wie sieht's denn aus? LICHT. Wies aussieht? ADAM. Ja, Gevatterchen. LICHT. Abscheulich! ADAM. Erklärt Euch deutlicher. (V. 46–53)	Stichomythie (schnelle Wechselrede)
(...) Ihr seid doch nicht –? ADAM. Nun? LICHT. Gleichfalls –? ADAM. Ob ich –? Ich glaube – (V. 17–20)	Aposiopese (Abbrechen der Rede)

ADAM. Ja, seht. Zum Straucheln braucht's doch nichts, als Füße. Auf diesem glatten Boden, ist ein Strauch hier? Gestrauchelt bin ich hier; denn jeder trägt Den leidgen Stein zum Anstoß in sich selbst. LICHT. Nein, sagt mir, Freund! Den Stein trüg jeglicher ...? ADAM. Ja, in sich selbst! (V. 6–10)	Wortspiele („Strauch", „Stein zum Anstoß") Aposiopese und Antilabe (vgl. V. 9 f.)
Ihr wisst, wie sich zwei Hände waschen können. Ihr wollt auch gern, ich weiß, Dorfrichter werden (...) (V. 139 f.)	Parallelismus
ADAM. Mein Seel! Es ist kein Grund, warum ein Richter, Wenn er nicht auf dem Richtstuhl sitzt, Soll gravitätisch wie ein Eisbär sein. (V. 169–171)	Vergleich
(...) Die Nas hat auch gelitten. LICHT. Und das Auge. (V. 63 f.)	Antilabe

► ***Lösung 3.15***

Poetisches Mittel	Belegstelle	Funktion
Ausrufe	vgl. z. B. V. 1, 11	Betonung der Überraschung
sprechende Namen	Adam, Licht	Adam (Assoziation mit dem biblischen Adam, der sich zu sündvollem Handeln verführen ließ), Licht (Assoziation mit Aufklärung einer unklaren Begebenheit,

Poetisches Mittel	Belegstelle	Funktion
		„Licht" ins Dunkle bringen), Walter (von althochdt. „waltan", neuhochdt. „herrschen" – Ausdruck seiner Überlegenheit)
Wortspiele	Stein des Anstoßes (vgl. V. 9 ff.), Namensvetter Adam (s.o.), „unbildlich"	Anspielungen auf den verschleierten wahren Sachverhalt
Paradoxon	Licht verhört Adam, vgl. V. 1–88	Richter wird zum Angeklagten als Hinweis auf die Umkehrung der gesetzlichen Ordnung (Richter als Verbrecher)
Stichomythie	vgl. z. B. V. 46 ff.	Unterstreichung der Unglaubwürdigkeit von Adams Rechtfertigungsversuchen
Antilabe	vgl. V. 63 f.	s. o.
Aposiopese	vgl. V. 17	s. o.
Häufung von Ausrufen und Fragen	vgl. V. 37 ff.	s. o.
Metapher, Vergleich	vgl. V. 59 f.	Anspielung auf den wahren Verletzungsgrund
Alliterationen/ Zwillingsformel	vgl. V. 125 f.	Verstärkung der Eindringlichkeit der Schilderung vom Schicksal des Richters

Aposiopese	vgl. V. 113	Ausmalung der herannahenden Bedrohung von Adams Richteramt
juristische Fachsprache	vgl. V. 109–111	s. o.
Parallelismus	vgl. V. 139 f.	Verdeutlichung des Anbiederungsversuchs Adams
Metapher	vgl. V. 139	s. o.
antike und biblische Anspielungen	vgl. V. 152 ff. und V. 143	s. o.

► ***Lösung 3.16***
Adam muss zunächst die Gefahr abwenden, dass Licht Informationen über die wahren Gründe seiner Verletzungen erhält. Dabei verhält er sich zunächst recht geschickt, indem er versucht, durch Redewendungen Zeit zu gewinnen, um eine Antwort zu formulieren (vgl. V. 6 ff.). Allerdings verstrickt er sich dabei auch in Widersprüche (vgl. „Klumpfuß", V. 38 ff.), die er nicht erklären kann. Seine zunehmende Unsicherheit wird offensichtlich, als er zugeben muss, über das Ausmaß der Gesichtsverletzung nicht informiert zu sein. Durch die genaue Untersuchung der Wunden gewinnt Adam erneut Zeit, um sich eine Antwort auf die Frage nach der Herkunft der Verletzung auszudenken. Eine Diskussion der Erklärung lässt er nicht zu und ergreift geschickt die Initiative, wenn er nach den Neuigkeiten fragt. Die Neuigkeit, das Herannahen des Gerichtsrates, bringt ihn allerdings wieder in die Defensive – Adam mag seiner Überraschung kaum Herr werden, was sich an zahlreichen Ausrufen und Fragen erkennen lässt. Dennoch gelingt es ihm erneut, die Initiative zu ergreifen und Licht durch Appelle und Versprechungen zu loyalem Verhalten zu ermuntern. Die Aufforderung, ihm in die Registratur zu folgen, stellt die hierarchische Ordnung zwischen Licht und Adam, die durch das Verhör Lichts teilweise umgekehrt worden ist, wieder her.

► ***Lösung 3.17***
Der Gerichtsschreiber Licht nutzt sein Wissen über das Fehlverhalten Adams in berechnender Weise aus, indem er ihn durch ironische Anspielungen geschickt in die Enge treibt. Sein Nachfragen wirkt insistierend; gleichzeitig nimmt er damit eine Richterposition ein, die er – der Aussage Adams nach – anstrebt. Das ausmalende Schildern vom Schicksal des befreundeten Richters zeigt, dass Licht Vergnügen dabei empfindet, Adam durch entlarvende Anspielungen zu verunsichern. Ob die Versicherung seiner Loyalität nur gespielt oder wahrhaftig ist, lässt sich aus der Ein-

gangsszene nicht beantworten; nimmt man seine berechnende Dialogführung und die Andeutungen seiner beruflichen Ambitionen dazu, um eine Verhaltenstendenz vorauszusagen, so lässt sich vermuten, dass auf seine Loyalitätszusage wenig Verlass sein dürfte.

► ***Lösung 3.18***

Der zerbrochne Krug	
Stil und Sprache	Verzicht auf hohen Stil, Verssprache (fünfhebiger Jambus, Blankvers)
Personen	Adam, Licht, Walter als Vertreter des Bürgertums (Verzicht auf Ständeklausel)
Raum und Zeit	Festlegung des Spielortes, keine zeitliche Einordnung
Handlung	keine explizite Einführung in die Handlung, ohne genaue Klärung der Ausgangssituation, der drohende Konflikt wird deutlich angelegt (Überprüfung durch den Gerichtsrat, Entlarvung des Richters)
Redegestaltung	realistisch, Missverständnisse, Verzicht auf Herstellung einer stringenten Dialogführung
Gestaltungsweise	realistisch, eingebettet in die bürgerliche Lebenswelt

Iphigenie auf Tauris	
Stil und Sprache	hoher Stil, Verssprache (fünfhebiger Jambus, Blankvers)
Personen	Iphigenie als Vertreterin eines Herrscherhauses, auf Tauris Priesterin (Ständeklausel)

Raum und Zeit	Festlegung des Spielortes, ungefähre zeitliche Einordnung (Trojanischer Krieg)
Handlung	Einführung in die Handlung, Klärung der Ausgangssituation (Iphigenie auf Tauris), Konflikt deutlich angelegt (Fremdheitsempfindung und Heimweh Iphigenies, Pflicht gegenüber Diana und Thoas, Bitte um Rettung)
Redegestaltung	idealtypisch, auf Verstehen angelegte, stringente Dialoge
Gestaltungsweise	idealtypisch, eingebettet in die griechische Heldensage

▶ ***Lösung 3.19***

Das Gespräch zeichnet sich durch einen langsamen Erkenntnisgewinn des Prinzen aus. Natalie weiß im Grunde von Beginn an um die entscheidende Passage des Briefes, die das Leben des Prinzen bedrohen könnte. Aus diesem Grund unternimmt sie immer wieder Beschwichtigungs- und Ablenkungsversuche. Nachdem der Prinz die wahre Intention des kurfürstlichen Briefes erkannt und einen entsprechenden Antwortbrief geschrieben hat, in dem er die Rechtmäßigkeit des Todesurteils anerkennt, zeigt Natalie ihm ihre ganze Zuneigung.

▶ ***Lösung 3.20***

Gesprächsanlass: Brief des Kurfürsten (vgl. V. 1–23)
- Natalie besucht den Prinzen im Gefängnis und überbringt einen Brief des Kurfürsten.
- *1. Lektüre des Briefes:* Der Kurfürst bietet ihm darin an, ihn zu begnadigen, wenn er meine, er sei unrechtmäßigerweise verurteilt worden.
- Natalie fordert ihn dazu auf, dem Kurfürsten einen entsprechenden Brief zu schreiben.

Diskussion über den Inhalt der Antwort – Erkenntnisgewinn des Prinzen (vgl. V. 24–120)
- Natalie fürchtet, er könne die entscheidende Passage verstanden haben, und sie bietet ihm an, ihm den Antwortbrief zu diktieren.
- *2. Lektüre des Briefes*: Der Prinz vergewissert sich, den Inhalt richtig verstanden zu haben.
- Natalie entgegnet, dass der drohende Tod kein weiteres Zögern zulasse.

- Der Prinz fordert Schreibmaterial an.
- *1. Entwurf der Antwort:* Der Prinz ist mit seiner ersten Antwort nicht zufrieden. Er will den Inhalt des kurfürstlichen Briefes noch einmal analysieren. Natalie will ihm den Brief zunächst nicht wieder aushändigen, sie fürchtet darum, dass er die betreffende Stelle bemerkt.
- *3. Lektüre des Briefs:* Der Prinz erkennt die entscheidende Stelle. Er benötigt mehr Zeit für seine Antwort.
- Erkenntnis der Intention des Kurfürsten: Der Prinz realisiert, dass er nicht behaupten kann, er sei zu Unrecht bestraft worden. Diese Behauptung wäre die ausgewiesene Grundlage für die Begnadigung.
- *2. und endgültiger Entwurf der Antwort:* Während Natalie ihren Schmerz über einen möglichen Verlust des Prinzen ausdrückt, schreibt dieser den Antwortbrief, in dem er sein Bekenntnis zur Legalität des Todesurteils ablegt.

Ergebnis und Reaktion (vgl. V. 121–133)
- Der Prinz sieht seine Schuld ein und erklärt sich mit der Bestrafung einverstanden.
- Natalie ist stolz auf diese einsichtige Entscheidung des Prinzen, auch wenn sie ihn dadurch verliert.

▶ ***Lösung 3.21***

Poetisches Mittel	**Ausdruck der inneren Verfassung**
Ausrufe, z. B.: „Mein teures Fräulein!" (V. 1), „Lieber, guter Vetter!" (V. 2)	Freude und Gespanntheit
Einwortsatz, Wiederholung (vgl. V. 5)	Bekräftigung der positiven Wendung
Ausruf (vgl. V. 8)	Überraschung des Prinzen
Regieanweisung: „*(Natalie erblasst. Pause. Der Prinz sieht sie fragend an.)*" (V. 18)	Ausdruck der Befürchtung, der Prinz könnte die entsprechende Stelle im Brief finden, Beschwichtigungsversuche folgen (vgl. die Regieanweisungen in V. 19 und 22).
Metapher/Personifikation: „(...) Saht Ihr die Gruft nicht schon im Münster,/Mit offnem Rachen, Euch entgegen gähn'n?" (V. 30 f.)	Verdeutlichung des Schreckens des nahen Todes. Eine Metapher zur Betonung, dass der Tod nicht unverhofft für ihn kommt, benutzt der Prinz im Vergleich „wie ein Panter" (V. 35).

Ellipse: „Pah! – Eines Schuftes Fassung, keines Prinzen." (V. 49)	Ausdruck der Empörung über seinen eigenen ersten Antwortversuch
Klimax: „Mein Gott, das ist ja gut; das ist vortrefflich!" (V. 47)	Natalies Versuch, den Prinzen zur Annahme des Gnadenangebots mit der ersten Fassung des Briefes zu bewegen
Wiederholung: „Nichts, gar nichts!" (V. 54)	Nachhaltige Bestätigung der Bedeutungslosigkeit, gleichzeitig aber auch ein Hinweis darauf, dass es Natalie wichtig ist, den wahren Inhalt vor dem Prinzen zu verbergen. In diesem Zusammenhang stehen auch Imperative, wie z. B. „Gebt!" (V. 55), die die Entschlossenheit des Prinzen ausdrücken.
Anapher: „Recht wacker, in der Tat, recht würdig! / Recht, wie ein großes Herz sich fassen muss!" (V. 66 f.)	Beginn der Distanzierung von der Begnadigung und Erkenntnis des wahren Hintergrundes
Alliteration: „Welch eine Wendung? Warum? Weshalb?" (V. 77), **Hyperbel:** „Ungeheuerster" (V. 115)	Betonung der Überraschung, Ausdruck ihrer Fassungslosigkeit
Polysyndeton: „Und jauchzt und weint und spräche" (V. 133)	Beschreibung ihrer emotionalen Situation, die von Trauer und Stolz bestimmt wird

▶ ***Lösung 3.22***

Zentraler Konflikt:

- Missachtung des Befehls führt zwar zum Sieg in der Schlacht, führt aber trotz des dadurch errungenen Sieges zu einer Auseinandersetzung zwischen pflichtgemäßem Sollen und subjektivem Wollen.
- Der Brief des Kurfürsten ermöglicht es dem Prinzen, die Notwendigkeit der Pflicht zu akzeptieren. Voraussetzung dieser Annahme ist die Überwindung der Todesfurcht.
- Das Schuldbekenntnis des Prinzen ermöglicht seine Begnadigung durch den Kurfürsten.

► *Lösung 3.23*

Werk	Thematisierte Entscheidungssituation
Bertolt Brecht, ***Der gute Mensch von Sezuan***	Shen Te erkennt, dass Gutmütigkeit ausgenutzt wird; die materielle Basis ihrer Gutmütigkeit kann sie nur mit der Härte Shui Tas herstellen. Der Konflikt wird auch in der Schlussszene durch die Götter nicht gelöst; sie geben nur den Rat, Shui Ta sollte nicht zu oft auftauchen. Die Aufgabe der Lösung des Konfliktes wird an den Zuschauer weitergegeben.
Bertolt Brecht, ***Leben des Galilei***	Galileo Galilei soll wider besseres Wissen seinen Theorien abschwören. Er steht in dem Konflikt, auf der einen Seite sein Leben retten, auf der anderen Seite aber auch der wissenschaftlichen Erkenntnis zum Durchbruch verhelfen zu wollen. Er entscheidet sich dafür, seine Theorien zu verleugnen, um im Geheimen weiterforschen zu können.
Johann Wolfgang von Goethe, ***Faust I***	Gretchen hat die Möglichkeit, mit Hilfe von Faust aus dem Kerker zu fliehen. Sie erkennt aber, dass eine Flucht die Schuld, die sie auf sich geladen hat, nicht von ihr nehmen würde. Nur göttliche Gnade könne sie noch retten. Daher entscheidet sie sich dafür, Faust nicht zu folgen.
Johann Wolfgang von Goethe, ***Iphigenie auf Tauris***	Iphigenie hat die Möglichkeit, mit ihrem Bruder in die Heimat zurückzufahren. Dazu müsste sie Thoas belügen. Sie befindet sich in dem Konflikt, dass sie, wenn sie lügt, keine „reine Seele" mehr ist, die den Fluch der Fa-

milie lösen könnte; sagt sie hingegen die Wahrheit, so muss sie befürchten, dass Thoas ihren Bruder und Pylades hinrichten lässt; dies würde den Fluch gleichfalls weiterführen. Sie entscheidet sich am Ende für die Wahrheit und appelliert erfolgreich an die Humanität des Herrschers.

▶ *Lösung 3.24*

Enge Verbindung von Gefühl und Pflicht, darin spiegelt sich Schillers Konzeption der „schönen Seele" wider, in der sich Neigung und Pflicht als klassische Idealvorstellung harmonisch verbinden. Eine moderne Gestaltung des Themas findet sich in Siegfried Lenz' *Deutschstunde*: Der Insasse einer Jugendstrafanstalt, Siggi Jepsen, soll einen Aufsatz über das Thema „Die Freuden der Pflicht" schreiben. Vor dem Hintergrund der nationalsozialistischen Diktatur wird die äußere Pflichterfüllung in Form von Prinzipientreue und Obrigkeitsdenken, die in der Familie Jepsen herrschen, beschrieben. Der Vater, ein Polizist, kann nicht aufhören, das von den Nazis verhängte Malverbot gegen einen früheren Freund zu überwachen – die Überwachung nimmt paranoide Züge an. Der Roman markiert eine kritische Stellungnahme zur einseitigen Betonung des Pflichtgedankens – er entfernt sich durch die Absolutsetzung und die Veräußerlichung von dem klassischen Ideal der „schönen Seele", wie Kleist es in dem vorliegenden Drama gestaltet hat.

▶ *Lösung 3.25*

a) Am Ende des Dialogs sieht der Prinz die eigene Schuldhaftigkeit ein: „Schuld ruht, bedeutende, mir auf der Brust" (V. 126).
b) Der Brief des Kurfürsten öffnet ihm die Augen für die eigene „Schuld" (V. 126), die er durch sein Verhalten in der Schlacht auf sich geladen hat.
c) Der Prinz erkennt, dass nicht das Bestehen auf seiner vermeintlich korrekten Überzeugung den Konflikt lösen wird, sondern nur das Eingeständnis seiner eigenen Schuld (vgl. V. 126); dieses Eingeständnis muss der Gnade des Kurfürsten vorausgehen: „Schuld ruht, bedeutende, mir auf der Brust,/Wie ich es wohl erkenne; kann er mir/Vergeben nur, wenn ich mit ihm drum streite,/So mag ich nichts von seiner Gnade wissen." (V. 126–129)

▶ *Lösung 3.26*

Begriffe der dramaturgischen Gestaltung	Definition
Akt	einheitlicher und geschlossener Abschnitt eines Dramas
Verfremdung	Mittel zur Verhinderung der Einfühlung des Zuschauers in die dargestellten Personen, z. B. durch Musik, Sprache, Bühnenbild; Ziel: Anregung des Zuschauers zu eigener Aktivität
Auftritt	1. Szene 2. Erscheinen der Schauspieler auf der Bühne
Botenbericht	dramaturgisches Hilfsmittel, um Ereignisse, deren Darstellung den Zusammenhang der Handlung gefährden oder die bühnentechnischen Voraussetzungen übersteigen würde (z. B. Seeschlachten), in Form eines erzählenden Berichts auf die Bühne zu bringen
Charakter	Bezeichnung für in der Dichtung vorkommende, der Wirklichkeit nachgebildete oder fingierte Figuren, die nicht bloß typisiert, sondern in ihrer Individualität dargestellt werden
Epilog	Schlussrede
Monolog	Selbstgespräch einer Figur, Gegensatz: Dialog
Prolog	Worte vom Dichter oder von Schauspielern vor dem Beginn der eigentlichen Handlung

Regieanweisung	in den Dramentext eingefügte Bemerkungen des Dichters bezüglich Bühnenausstattung, Mimik, Gestik, Sprechtempo, Musik, Auftreten und Abtreten von Figuren
Szene	Bühne; Bestandteil des Aktes; allgemein: Vorgang auf der Bühne
Teichoskopie	(gr. „Mauerschau"), auf der Bühne schwer oder gar nicht darstellbares Ereignis, das sich zur selben Zeit zuträgt, wird aus der Perspektive eines z. B. auf einer Mauer stehenden Beobachters wiedergegeben; vergleichbar mit dem Botenbericht, Unterschied: Botenbericht handelt von Vergangenem.

► ***Lösung 3.27***

Gesprächseinstieg: Beerdigung Tillys

- Mutter Courage macht mit ihrer Tochter Inventur; gemeinsam mit dem Feldprediger beobachtet sie den Trauerzug; Mutter Courage erzählt, wie Tilly gefallen ist (vgl. Z. 10–15).
- Einige Soldaten gehen nicht zum Begräbnis, stattdessen bestellen sie Alkohol (vgl. Z. 16–19). Courage verurteilt das Verhalten.
- Mutter Courage hält es für sinnvoll, dass der Feldprediger nicht zum Begräbnis geht, da der Regen seiner Uniform schaden könnte (vgl. Z. 22–26).
- Die Annahme weiterer Bestellungen macht sie vom unverzüglichen Bezahlen abhängig; außerdem verwehrt sie Soldaten mit schmutzigen Schuhen den Eintritt ins Zelt (vgl. Z. 28–30).
- Mutter Courage äußert Mitleid mit dem gefallenen Tilly, weil seine Ambitionen keinen Widerhall beim gemeinen Volk finden, das er für die Durchführung seiner Pläne aber braucht (vgl. Z. 36–44).
- Der Feldprediger stimmt ihr zu, schließt allerdings die Soldaten aus, die ihr Bestes geben (vgl. Z. 45–48).

Gesprächszentrum: Gedanken über den Krieg

- Ausgangsfrage: Mutter Courage will aus geschäftlichen Interessen heraus wissen, ob der Krieg wegen des Todes des Feldhauptmanns aufhören wird (vgl. Z. 49–54).

- Der Feldprediger gibt zur Antwort, dass der Krieg niemals aufhören werde, da die Machthaber ein Interesse daran haben, ihn am Leben zu erhalten (vgl. Z. 55–66).
- Der Schreiber wünscht sich ein Ende des Krieges, da er nach Hause zurückkehren möchte (vgl. Z. 78 f.); diesen Wunsch hält der Feldprediger für unrealistisch (vgl. Z. 80 f.).
- Auf den Einwand des Schreibers, dass nur der Frieden Dauerhaftigkeit besitze (vgl. Z. 89), entgegnet der Feldprediger, dass der Krieg der Normalzustand des menschlichen Lebens sei, in dem auch Phasen des Friedens vorkämen (vgl. Z. 90–104).

Gesprächsergebnis: Mutter Courage vertraut der Meinung des Feldpredigers und stockt ihre Vorräte auf (vgl. Z. 106).

▶ *Lösung 3.28*

Bertolt Brecht, der Schöpfer des epischen Theaters, greift in seinen Werken immer wieder zum Instrument der Kritik an gesellschaftlichen Verhältnissen, die er nach marxistischer Manier als einen Ausdruck des am Kapitalismus orientierten Wirtschaftssystems versteht. Im vorliegenden Textauszug aus dem 1939 entstandenen Drama *Mutter Courage und ihre Kinder* thematisiert er am Beispiel des Dreißigjährigen Krieges die ökonomischen Vorteile, die ein Krieg für bestimmte Wirtschaftszweige mit sich bringt. Bei der Lektüre des Auszuges wird vorausgesetzt, dass der Krieg bereits 15 Jahre dauert.

▶ *Lösung 3.29*

a) erzählend, macht Zuschauer zum Betrachter, weckt Aktivität des Zuschauers, argumentierend, der studierende Zuschauer, Montage, Spannung auf den Gang der Handlung, erzwingt Entscheidungen, das Denken wird durch das gesellschaftliche Sein bestimmt, Verfremdungseffekt, Distanz des Schauspielers zu seiner Rolle, Verfremdung durch Songs, Verfremdung durch Bühnenbild und Sprache, Zurückdrängung der Unterhaltungsfunktion.

b) Die nicht von Ihnen markierten Elemente gehören – nach Brecht – zur klassischen (aristotelischen) Form des Dramas.

▶ *Lösung 3.30*

- Verfremdung wird erzielt durch Songs (vgl. z. B. Z. 67–71), extreme Haltungen der Figuren zum Krieg;
- Verfremdung durch Desillusionierung des Zuschauers: Der Feldprediger erfüllt nicht seine Aufgabe, beim Begräbnis des Feldherrn anwesend zu sein. Seine Aussagen sind nicht von christlichem Gedankengut durchdrungen, sondern enthalten eine illusionslose Einschätzung der Lage. Als Geistlicher spendet er somit keinen Trost und entspricht nicht der Erwartungshaltung des Zuschauers. Das Vertrauen der Mutter Courage (vgl. Z. 106) bezieht sich nicht auf einen metaphysischen Trost, sondern auf eine ökonomische Prognose. Während Mutter Courage Inventur

macht, unterhält sie sich über den Tod Tillys; die Verfremdung entsteht hier dadurch, dass Redeinhalt und Handlung nicht zueinander passen.
- Verfremdung durch Bühnenbild und Sprache: Dialekt, Fäkaliensprache, unvollständige Syntagmen

▶ *Lösung 3.31*
- Vorspann/Regieanweisung: reduzieren die Spannung durch Bekanntgabe des Inhalts der folgenden Szene und verhindern damit eine mögliche Identifikation des Zuschauers mit den Figuren
- Teichoskopie (vgl. Z. 9): erzählende Wiedergabe von Handlung, die nicht auf der Bühne dargestellt wird und Anlass zu Reflexionen gibt
- Song der Soldaten: Verfremdungs- und Charakterisierungsmittel

▶ *Lösung 3.32*
- Parataxe (z. B. Z. 39 ff.), Wiederholung, z. B. „nix" (Z. 59 f., 65), vollkommen (vgl. Z. 59 f.), Apokope, z. B. „Schad" (Z. 10), Synkope, z. B. „grad" (Z. 53): Kennzeichen dialektaler Sprache, Hinweis auf die gesellschaftliche Stellung der Figuren
- rhetorische Frage: „Was wird aus dem Loch, wenn der Käs gefressen ist?" (Z. 80 f.) – Metapher für die Abhängigkeit des Friedens vom Krieg
- Polyptoton (z. B. von „sagen" in Z. 56 und 60), Parallelismus (vgl. Z. 61 f.) als Mittel zur Verstärkung der Überzeugungskraft
- Personifizierung des Krieges (vgl. Z. 60–66) als spöttische Distanzierung durch die Anspielung auf eine bekannte Redensart: „Und dann kann man den Krieg wieder aus dem Dreck ziehn!" (Z. 63 f.)
- Aposiopese: „Wenn ich ihnen trauen könnt ..." (Z. 72) – hier geht es nicht um Vertrauen im moralischen, sondern im wirtschaftlichen Sinne
- Ausruf (vgl. Z. 28): Verstärkung des Kontrastes zwischen Trauerzug und Wirtshausatmosphäre.

▶ *Lösung 3.33*
- Mutter Courage: Sie steht dem Krieg positiv gegenüber, da er ihre ökonomische Existenz sichert. Sie betrachtet die Welt und ihre Erscheinungen unter dem Blickwinkel der Nützlichkeit (vgl. Z. 22 f.), ethische Überlegungen, die diesen Nützlichkeitsaspekt in Frage stellen würden – z. B. eine Verurteilung des Kriegs aus humanitären Gründen – sind ihr vollkommen fremd.
- Feldprediger: Seiner Meinung nach wird der Krieg nicht aufhören, nur weil Tilly gefallen ist. Der Krieg ist ein Zustand, an dessen Weiterführung die Mächtigen interessiert sind. Er mag zuweilen eine Pause einlegen, ohne deswegen aufzuhören.
- Schreiber: Er möchte, dass der Krieg aufhört, weil er in seine Heimat zurückkehren will.
- Soldat: Das Phänomen „Krieg" problematisiert er nicht; er sieht sich als Werkzeug des Machthabers und ordnet sein eigenes Leben dem Krieg unter, der den Lebensablauf diktiert.

▶ *Lösung 3.34*

Der „studierende Zuschauer" soll aktiv werden, er soll am Beispiel der materialistischen Haltung der Courage zum Krieg zum Nachdenken darüber gebracht werden, wessen ökonomische Interessen ein Krieg befriedigt (z. B. Rüstungsindustrie).

▶ *Lösung 3.35*

Das 1939, also am Beginn des Zweiten Weltkriegs entstandene Stück hat auch im 21. Jahrhundert nichts von seiner Aktualität verloren. Aspekte können sein: ökonomischer Aspekt (Sicherung von Arbeitsplätzen in der Rüstungsindustrie bzw. durch den Wiederaufbau von ehemaligen Kriegsländern, vgl. z. B. Kosovo) versus ethischen Aspekt (Protest gegen Krieg als Mittel der politischen Auseinandersetzung).

▶ *Lösung 3.36*

In einer kurzen Ansprache korrigiert Claire Zachanassian zunächst Teile der Rede des Bürgermeisters, die nicht der Realität entsprochen haben. Dann erklärt sie ihre Bereitschaft, der Stadt Güllen eine Milliarde zu schenken, wenn ihr dafür Gerechtigkeit widerfahre.
Auf den Einwand des Bürgermeisters, Gerechtigkeit sei nicht käuflich, präsentiert die alte Dame ehemalige Einwohner Güllens, die jetzt in ihren Diensten stehen.
Der ehemalige Oberrichter Hofer konfrontiert Alfred Ill mit seiner Falschaussage in dem Vaterschaftsprozess gegen seine ehemalige Geliebte Claire. Außerdem wird offenbar, dass Ill damals zwei Männer bestochen hat, vor Gericht den Geschlechtsverkehr mit Claire zu beeiden. Beide Männer hat Claire Zachanassian später ausfindig gemacht und durch Kastration und Blendung bestraft. Claire Zachanassian führt aus, dass das uneheliche Kind im Alter von einem Jahr gestorben sei; sie selbst sei zur Prostitution gezwungen worden. Daher fordere sie nun den Tod Alfred Ills, für den sie eine Milliarde zu zahlen bereit ist.
Der Bürgermeister lehnt das Angebot mit dem Hinweis auf seine Unmenschlichkeit ab.

▶ *Lösung 3.37*

Reaktion auf die Rede des Bürgermeisters und Formulierung des Angebots (vgl. Z. 1–28)

- In einer kurzen Ansprache korrigiert Claire Zachanassian zunächst Teile der Rede des Bürgermeisters, die nicht der Realität entsprochen haben (vgl. Z. 1–7).
- Dann erklärt sie ihre Bereitschaft, der Stadt Güllen eine Milliarde zu schenken, wenn ihr dafür Gerechtigkeit widerfahre (vgl. Z. 7–21).
- Die Bürger von Güllen sind zunächst von dem Angebot begeistert, bei Bekanntgabe der Bedingung verstummt ihr Enthusiasmus (vgl. Z. 14 f. und Z. 22).
- Auf den Einwand des Bürgermeisters, Gerechtigkeit sei nicht käuflich, präsentiert die alte Dame ehemalige Einwohner Güllens, die jetzt in ihren Diensten stehen (vgl. Z. 25–28).

Tribunal – Anklage, Zeugenvernehmung, Wahrheitsfindung und Urteilsforderung (vgl. Z. 29–105)

- Der ehemalige Oberrichter Hofer konfrontiert Alfred Ill mit seiner Falschaussage in dem Vaterschaftsprozess seiner ehemaligen Geliebten Claire (vgl. Z. 30–53).
- Außerdem wird offenbar, dass Ill damals zwei Männer dafür bestochen hat, vor Gericht den Geschlechtsverkehr mit Claire zu beeiden (vgl. Z. 41–81).
- Beide Männer hat Claire Zachanassian später ausfindig gemacht und durch Kastration und Blendung bestraft (vgl. Z. 82–90).
- Claire Zachanassian führt aus, dass ihr uneheliches Kind im Alter von einem Jahr gestorben sei; sie selbst sei zur Prostitution gezwungen worden (vgl. Z. 91–100).
- Daher fordere sie nun den Tod Alfred Ills, für den sie eine Milliarde zu zahlen bereit ist (vgl. Z. 101–103).
- Ill gegenüber wiederholt sie als Begründung ihrer Forderung ihr Verständnis von Gerechtigkeit: So wie er sie zu einem Leben, das sie nicht gewollt habe, gezwungen habe, so zwinge sie ihn jetzt dazu, seine Selbstbestimmung aufzugeben (vgl. Z. 108–115).

Reaktion der Bürger auf die Forderung (vgl. Z. 116–121)

- Der Bürgermeister lehnt das Angebot mit dem Hinweis auf die Unmenschlichkeit der Forderung ab.
- Claire Zachanassian ist sich ihrer Sache sicher, sie wartet darauf, dass Ill getötet wird.

► *Lösung 3.38*

Die alte Dame wird insbesondere durch ihre Sprechweise charakterisiert. Eine klare parataktisch oder hypotaktisch strukturierte Syntax und zahlreiche Imperative (vgl. z. B. Z. 38) drücken ihre Überlegenheit und ihre Entschlossenheit aus. Sie beginnt ihre Ansprache mit dem ironisch zu verstehenden Ausdruck „selbstlose Freude“ (Z. 1), der zu verstehen gibt, dass sie sich über den finanziellen Hintergrund des freundlichen Empfanges im Klaren ist. Die verstärkte Verwendung des Personalpronomens „ich“ in Z. 20 f. unterstreicht ihr Selbstbewusstsein. In Z. 109–115, dem Höhepunkt ihrer Argumentation, verstärken der parallele Satzbau, die „weder“- (Z. 109 f.) und die „nun“-Anapher (Z. 110 und 114) die Schwere der Beschuldigung und unterstreichen ihre Forderung nach Gerechtigkeit.
Betrachtet man dagegen die Reaktion Ills auf das Angebot der Milliardärin: „Die Klara! Goldig! Wunderbar! Zum Kugeln! Voll und ganz mein Zauberhexchen!“ (Z. 16), so erkennt man, wie Einwortsätze, Ellipsen und die Verwendung von Floskeln seine Sprache dominieren. Im vorliegenden Auszug unterstützen sie den Ausdruck seiner Überraschung; in dem Satz: „Alte Geschichten. Ich war jung und unbesonnen.“ (Z. 53) wirkt der elliptische Satzbau unbeholfen und unterstreicht seine Passivität. Ausrufe und die Floskeln „Zauberhexchen“ und: „Das Leben ging doch längst weiter“ (Z. 106 f.) zeigen, dass Ill keine argumentative Basis hat, auf der er gegen die alte Dame aufbauen könnte. Die Spracharmut Ills verdeutlichen auch die Regieanweisungen: „Ill schweigt“ (Z. 50, 59).

Eine komische Wirkung erzielt der Auftritt der beiden Eunuchen: Durch die reimende Namengebung „Koby und Loby", die sprechenden Namen „Jakob Hühnlein und Ludwig Sparr" (Z. 68) und die zweifache, chorusartige Wiederholung (Geminatio) aller ihrer Aussagen, z. B. in: „Wir haben uns verändert, wir haben uns verändert" (Z. 62), wird ein Kontrast hergestellt zu dem – für Ill am Ende tödlichen – Ernst ihrer Aussagen.

▶ Lösung 3.39

Die Erscheinungsform der grotesken Verfremdung findet sich in der Darstellung der beiden Eunuchen und der Monster, die die Verhaltensweisen der Güllener satirisch spiegeln. Die Groteske verweist auf die doppelte Moral der Bürger und legt ihre vom Materialismus bestimmten Prinzipien offen. Auch der Kontrast zwischen Anspruch (humane Einstellung der Güllener) und Realität, der sich in der Vergangenheit (Verurteilung der jungen Klara) und in der Zukunft (kollektive Ermordung Ills) zeigt, dient hier als Mittel der Wahrheitsfindung und der Kritik.

▶ Lösung 3.40

Die Groteske gehört zusammen mit der Absurdität zu wesentlichen Erscheinungsformen, die sich im Werk Dürrenmatts auffinden lassen, so z. B. auch in seinem 1952 entstandenen Kriminalroman *Der Richter und sein Henker*. Groteske und Absurdität dienen Dürrenmatt dazu, die als geheimnisvoll erfahrene moderne Welt, die sich der eindeutigen und vor allem der schlüssigen Erklärung entzieht, vorzuführen; dabei soll der Zuschauer nicht nur über diese Rätselhaftigkeit lachen oder angesichts des Fehlens einer allgemeinen Deutung resignieren, sondern durch die Konfrontation aufgefordert werden, durch kritische Reflexion einen eigenen Bewertungsstandort zu finden.

▶ Lösung 3.41

- Claire Zachanassian: Ziel ist die Entlarvung der Scheinheiligkeit des moralischen Anspruchs; konsequent, autoritär, rachsüchtig; Abhängigkeit von Prothesen als Hinweis auf Künstlichkeit ihrer Existenz, Fehlen jeglicher Individualität bzw. jeder humanen Gefühlsregung (auch wenn sie in der Konfrontation mit der Vergangenheit zuweilen sentimental erscheint);
- Alfred Ill: zunächst selbstsicher in der Rolle als desjenigen, dem Güllen die finanzielle Zuwendung zu verdanken hat; im Prozessverlauf zunehmend unsicher (vgl. Analyse seiner sprachlichen Äußerungen und die Regieanweisungen), materialistisch und egoistisch (Verhalten im Vaterschaftsprozess, Wahl einer wohlhabenden Ehefrau);
- Bürgermeister: vertritt die Ansicht der Bürger Güllens, heuchlerisch im Lob der Klara, materialistisch und egoistisch, Hinweis auf Humanität (vgl. Z. 118 f.) wird durch das Pathos als scheinheilig entlarvt.
- Diener: vollständige Abhängigkeit von der alten Dame, der ehemalige Richter Hofer wird zum Butler degradiert, seinen Namen wie seine Identität muss er auf-

geben („Boby") und stellt diese Entscheidung nicht nur als eigene heraus, sondern demaskiert seinen eigenen Materialismus in seiner Begründung (vgl. Z. 35 f.); Koby und Loby sind für ihre falsche Zeugenaussage mit Kastration und Blendung bestraft worden – dies wirkt als Beweis für die Konsequenz der Rache der alten Dame und dient gleichzeitig als Vorausdeutung auf den Tod Ills; Toby und Roby sind die Leibwächter – sie demonstrieren die Verbindung von Geld und Gewalt.

► *Lösung 3.42*

Merkmale des aristotelischen/ klassischen Dramas	Merkmale des modernen Dramas
Überwiegende Formen sind Tragödie und Komödie	Formen z. B. episches Theater, dokumentarisches Theater, absurdes Theater; auch Mischformen wie „Tragikomödie"
Geschlossene Form des Dramas	Offene Form des Dramas
Einheit von Zeit, Raum und Handlung (= drei aristotelische Einheiten)	Vielfalt von Zeit, Handlung, Raum
Ständeklausel	Figuren aus allen sozialen Schichten
Hochsprache	Alle Sprachebenen einschließlich Dialekt und Fäkaliensprache
Schlüssigkeit der Handlung	Absurdität der Handlung möglich
Aufbau meist drei- oder fünfaktig: Exposition, Steigerung, Höhepunkt/Peripetie, retardierendes Moment, Katastrophe/Lösung	Freier Aufbau
Handlungsbewegung linear, zielstrebiger Dialog	Handlungsbewegung kreisförmig
Ausgewogenheit von Spiel und Gegenspiel	Unausgewogenheit

▶ *Lösung 4.1*

In der vorliegenden Szene vom Ende des zweiten Teils wird der Tod Fausts vorbereitet: Lemuren heben unter Anleitung Mephistos ein Grab aus.

▶ *Lösung 4.2*

- **Beginn der Arbeit am Grab: Thema „Vergänglichkeit" (vgl. V. 1–32)**
  Mephisto führt den Chor der Lemuren zu der Stelle, an der die Geister das Grab für Faust ausheben sollen. Er gibt ihnen genaue Anweisungen, wie sie graben sollen. Mephisto schließt seine Anweisungen mit der Bemerkung, dass es doch „dumm" sei, dass der Tod den Menschen aus der Weite des Lebens in die Enge des Grabes führe. Die Lemuren nehmen das Thema „Vergänglichkeit" auf: In der Jugend werde keine Veranstaltung ausgelassen, die mit Tanz und Musik Lebenslust verspricht; im Alter dagegen sei die Bewegungsmöglichkeit eingeschränkt, man stolpere nur noch in ein geöffnetes Grab.

- **Auftritt Fausts: Thema „Beherrschung der Natur" (vgl. V. 33–55)**
  Der blinde Faust tritt aus dem Palast und glaubt, dass die Arbeitsgeräusche vom Deichbau herrühren, der der Macht des Meeres eine Grenze setzen soll. Mephisto kommentiert die Aussage Fausts für sich, indem er darauf hinweist, dass alles, was Faust unternimmt, am Ende vernichtet werde, da die Naturelemente den Gesetzen Mephistos gehorchen. Faust ruft den Aufseher herbei und befiehlt ihm, auf jede mögliche Art Arbeiter anzuwerben, die den Fortschritt der Arbeit vorantreiben. Mephisto, der in dieser Szene die Rolle des Aufsehers hat, kommentiert den Befehl wiederum für sich in der Weise, dass er darauf hinweist, dass kein Graben, sondern ein Grab ausgehoben werde.

- **Monolog Fausts: Thema „Tätigsein" (vgl. V. 56–85)**
  Faust entwirft das Bild einer Landschaft, die nach dem Trockenlegen eines Sumpfes bewohnbar wird. Wohnraum für viele Menschen kann der Deich schaffen, der die zerstörerische Kraft des Meeres fern hält. Selbst wenn einmal eine undichte Stelle im Deich wäre, so würden alle Bewohner in Gemeinschaftsarbeit das Leck schließen. Diese Vision des menschlichen Zusammenlebens, das geprägt ist von der Freiheit und von der Tatkraft jedes Einzelnen, erfüllt Faust mit großer Zufriedenheit, so dass er unter Verwendung des Irrealis die Paktformel spricht. Am Ende des Monologs spricht er davon, dass er im Vorgriff auf das zu erwartende Glück den momentanen Augenblick genieße. Mit diesem Vers entspricht er der Bedingung, die zum Ende des Paktes mit Mephisto führt.
  Faust sinkt zurück und wird von den Lemuren aufgefangen. Von seinem Tod ist nicht die Rede.

- **Mephistos Bewertung: Thema „Das ‚Ewig-Leere'" (vgl. V. 86–105)**
  Mephisto fasst das ungenügsame Streben Fausts zusammen und drückt seine Enttäuschung darüber aus, dass Faust ausgerechnet den letzten Augenblick, der

Mephisto im Vergleich mit anderen schlecht erscheint, habe festhalten wollen. Den Einwand der Lemuren, alles sei nun vorbei, weist Mephisto zurück; der ewige Zyklus von Werden und Vergehen sei seiner Meinung nach ein Lebensgesetz, daher könne man nicht von „vorbei“, sondern müsste korrekterweise vom „Nichts“ sprechen. Wenn doch alles vergehe, so sei es auch vollkommen sinnlos, überhaupt etwas zu schaffen; aus diesem Grund habe sich Mephisto dafür entschieden, das „Ewig-Leere“, das Nichts, zu lieben.

▶ ***Lösung 4.3***

Regieanweisung	Bezug zu Inhalt und Intention
„MEPHISTOPHELES *als Aufseher voran*“ (V. 3)	Mephisto als antreibende Kraft, die Vorbereitungen für den Tod Fausts trifft.
„LEMUREN, *mit neckischen Gebärden grabend*“ (V. 24)	Ausdruck der mangelnden Ernsthaftigkeit bei der Tätigkeit des Grab-Aushebens
„FAUST, *aus dem Palaste tretend, tastet an den Türpfosten*“ (V. 33)	Faust ist blind und muss sich festhalten; er kann nicht sehen, dass ein Grab ausgehoben wird.
„MEPHISTOPHELES *beiseite*“ (V. 39) „MEPHISTOPHELES *halblaut*“ (V. 54)	Beiseite-Sprechen verdeutlicht zusammen mit dem Aneinandervorbeireden das Missverständnis Fausts.
„Faust sinkt zurück, die Lemuren fassen ihn auf und legen ihn auf den Boden“ (V. 84 f.)	Verweis auf den „Heilschlaf“ zu Beginn des zweiten Teils; es ist nicht vom Tod die Rede, damit wird die Voraussetzung für die folgende Erlösung geschaffen.

► *Lösung 4.4*

Beispiel	Metrische Form
„Ihn sättigt keine Lust, ihm g'nügt kein Glück, So buhlt er fort nach wechselnden Gestalten" (V. 86 f.)	Madrigalvers (streng alternierender Jambus, wechselnde Hebungszahl)
„Ein Sumpf zieht am Gebirge hin, Verpestet alles schon Errungene; Den faulen Pfuhl auch abzuziehn, Das Letzte wär' das Höchsterrungene" (V. 56–59)	Knittelvers (vierhebig, Senkungen jeweils unterschiedlich gefüllt)
„Wir treten dir sogleich zur Hand, Und wie wir halb vernommen, Es gilt wohl gar ein weites Land, Das sollen wir bekommen." (V. 8–11)	vierzeilige Liedstrophe mit vier- bzw. dreihebigen Jamben

► *Lösung 4.5*

Beispiel	Erklärung	Fachbegriff
„FAUST. Aufseher! MEPHISTOPHELES. Hier! FAUST. Wie es auch möglich sei (...)" (V. 46–48)	Verse, die auf verschiedene Personen verteilt sind	Antilabe
„Solch ein Gewimmel möcht' ich sehn, Auf freiem Grund mit freiem Volke stehn" (V. 76 f.)	nachdrückliche Betonung	Emphase („frei")
„CHOR. Es ist vorbei. MEPHISTOPHELES. Vorbei! ein dummes Wort." (V. 96 f.)	Verse, die auf verschiedene Personen verteilt sind	Antilabe

„Da rase draußen Flut bis auf zum Rand, Und wie sie nascht, gewaltsam einzuschießen" (V. 67 f.)	Vermenschlichung	Personifikation
„Ja! diesem Sinne bin ich ganz ergeben" (V. 70)	Ausruf	Exclamatio
„Bezahle, locke, presse bei!" (V. 51)	dreifache Aufzählung	Trias
„Nicht sicher zwar, doch tätig-frei zu wohnen" (V. 61)	Gegenüberstellung gegenteiliger Aussagen	Kontrast, Correctio
„Der Längste lege längelang sich hin" (V. 18)	Verwendung eines Wortes in unterschiedlichen Zusammensetzungen	Wortspiel
„Denn du bereitest schon Neptunen, Dem Wasserteufel, großen Schmaus" (V. 41 f.)	bildhafter Ausdruck	Metapher

▶ ***Lösung 4.6***

- Faust erkennt die Sinnhaftigkeit seiner Existenz in seinem Bemühen, Lebensraum für eine tätige Gesellschaft zu schaffen. Seine idealistische Grundeinstellung zeigt sich darin, dass er allein von der Vorstellung des gelungenen Werkes beglückt ist, obgleich die Arbeiten an der Realisierung seines Projektes erst begonnen haben. Faust verkörpert ein idealistisches Menschenbild, er zeigt, wie groß die Bedeutung des menschlichen Strebens ist und dass der strebende Mensch auch Fehler macht, so wie es im Prolog im Himmel bereits der Herr sagt: „Es irrt der Mensch, solang' er strebt." (V. 317, Versangaben beziehen sich hier auf originale Zählung.) Die Erlösung Fausts am Ende des zweiten Teils der Tragödie wird in der Prophezeiung des Herrn bereits im Prolog vorweggenommen: „Wenn er mir jetzt auch nur verworren dient,/So werd' ich ihn bald in die Klarheit führen./Weiß doch der Gärtner, wenn das Bäumchen grünt,/Dass Blüt' und Frucht die künft'gen Jahre zieren." (V. 308–311)
- Die Gegenposition zu Faust vertritt Mephisto. Er hält das tätige Leben für unsinnig, da die Werke wie auch das Leben selbst zwangsläufig zunichte gemacht

werden. Den menschlichen Idealismus, den Faust verkörpert, kann er nicht nachvollziehen, da Mephisto aus einer rein materialistischen Position heraus argumentiert. Auch er gehorcht damit einem charakteristischen Merkmal seiner Persönlichkeit, das bereits im ersten Teil der Tragödie vorgestellt worden ist. Auf die Frage Fausts, wer er eigentlich sei, entgegnet Mephisto: „Ich bin der Geist, der stets verneint!/Und das mit Recht; denn alles, was entsteht,/Ist wert, dass es zugrunde geht;/Drum besser wär's, dass nichts entstünde./So ist denn alles, was ihr Sünde,/Zerstörung, kurz das Böse nennt,/Mein eigentliches Element." (V. 1338–1344)

▶ ***Lösung 4.7***
Faust als Figur des Wissenschaftlers, der das Wesen der Dinge ergründen will. Die durch das Buchwissen gesetzte Grenze versucht er zunächst mit der Hilfe der Magie zu überwinden. Die von ihm gerufenen Geister vermag er aber nicht festzuhalten. Auch der Entgrenzungsversuch mittels Selbstmord scheitert. Mephisto verspricht ihm Hilfe bei seiner Sinnsuche. Doch auch die Erfahrung von Liebe endet in einer Katastrophe (Gretchentragödie). Erst am Ende seines Lebens erkennt er einen Sinn im Tätigsein für andere, in der Bändigung der Natur, in der Gründung eines friedlichen und die Freiheit der Bürger garantierenden Staates.

▶ ***Lösung 4.8***
Arbeit als bürgerlicher Lebensinhalt, Dynamik als Lebensgesetz wie in der *Faust*-Dichtung.

▶ ***Lösung 4.9***

Klassik	**Romantik**	**Moderne**
Ideal vollkommener Schönheit / strenge Form / allgemein gültiger Anspruch / Harmonie und Ausgewogenheit / hoher Wert des sittlichen Handelns / Humanität und Toleranz / Herausstellung des Erhabenen / Harmonie zwischen Aussage und Form als Ideal in der Kunstballade / Gedankenlyrik / Hymne /	Vorstellung einer progressiven (absoluten) Universalpoesie / Themen: Sehnsucht, Traum, Sinnlichkeit, Kindheit / Sehnsucht nach enger Verbindung mit der Natur / Wiederentdeckung der Tradition in Märchen und Volksbüchern / Verherrlichung des Mittelalters / Weg in das Innere des Menschen (auch Unter-	Experimentieren mit allen literarischen Formen / Montagetechnik in Epik, Drama und Lyrik / Konkrete Poesie / Reflexion der politischen Situation in der Literatur / Trümmerliteratur / Poetik des „Kahlschlags" / zunehmende Isoliertheit des lyrischen Ich / Betonung der Individualität / Verzicht auf Sinngebung durch

Verwendung antiker Formen und Stilmittel / Entwicklungsroman / Ideendrama / analytisches Drama / kosmische Ordnung als Notwendigkeit	wegssein) / Romantische Ironie als Ausdruck des Widerspruchs zwischen Erstrebtem und Realem / Streben nach dem Unendlichen / „Weltseele", „Weltgeist"	mythisch-transzendente Welt / Infragestellung tradierter Werte / Experimentieren mit Sprache

► ***Lösung 4.10***

Klassik: strenge Form, allgemein gültiger Anspruch, Harmonie und Ausgewogenheit, kosmische Ordnung als Notwendigkeit, Herausstellung des Erhabenen, Harmonie zwischen Aussage und Form als Ideal, Verwendung antiker Formen und Stilmittel. Menschenbild der Klassik: Idee der Unabhängigkeit, der Freiheit der Persönlichkeit von den Zwängen der Natur; „Erhabenheit" (Schiller) zeigt sich in der Überschreitung der rein sinnlichen Natur in Richtung auf das Innerste des Menschen; Harmonie zwischen Neigung und Pflicht (Schiller, *Über die ästhetische Erziehung ...*), kein Gegensatz wie bei Kant; Vorstellung einer störungsfreien Vereinigung von Rationalität und Gefühl; Vorstellung der Erziehbarkeit des Menschen; Kunst als Erziehungsmittel zur Harmonie der menschlichen Natur; Kunst mit Vermögen der Veredelung des Menschen; Toleranz und Humanität als höchste Ideale (Goethe, *Iphigenie*).
Mit der Klassik verbindet sich vor allem die Vorstellung, dass ständige Veränderung als Lebensprinzip zu gelten hat. Diese Vorstellung findet sich vor allem in Goethes *Faust*: Der Herr fordert die Engel mit dem im Gedicht angesprochenen Lebensprinzip auf: „Das Werdende, das ewig wirkt und lebt,/Umfass' euch mit der Liebe holden Schranken (...)" (V. 346 f.); seinen Irrtum erklärte Mephisto mit der folgenden Auffassung: „(...) alles, was entsteht,/Ist wert, dass es zugrunde geht;/Drum besser wär's, dass nichts entstünde" (V. 1339–1341); der Bestandteil der Wette zwischen Faust und Mephisto nimmt das als unmöglich angenommene Außerkraftsetzen des Lebensgesetzes auf: „Werd' ich zum Augenblicke sagen:/Verweile doch! du bist so schön! Dann magst du mich in Fesseln schlagen/Dann will ich gern zugrunde gehn!" (V. 1699–1702); die Lehre des Faust formulieren im zweiten Teil der Dichtung die Engel, die Fausts Unsterbliches tragen: „Wer immer strebend sich bemüht,/Den können wir erlösen" (V. 11936 f.). (Versangaben beziehen sich hier auf originale Zählung.)

► ***Lösung 4.11***

a) In Antilaben, wie z. B.: „CHOR. Es ist vorbei./MEPHISTOPHELES. Vorbei! ein dummes Wort." (V. 96 f.), drückt sich der schnelle Wortwechsel zwischen Mephisto und dem Chor aus; Mephisto hat dabei jeweils immer eine andere Meinung als der Chor und beweist damit seine Eigenschaft als „(...) Geist, der stets verneint" (*Faust. Der Tragödie erster Teil*, V. 1338).

b) Faust blickt voller Begeisterung in die Zukunft, in emphatischer Weise benutzt er dabei das Wort „frei“: „Solch ein Gewimmel möcht' ich sehn,/Auf freiem Grund mit freiem Volke stehn“ (V. 7 f.).

c) Das Grab, das die Lemuren ausheben, und die Metapher in dem Vers „(...) du bereitest schon Neptunen, / Dem Wasserteufel, großen Schmaus“ (V. 41 f.) deuten auf Tod und Vernichtung hin.

▶ ***Lösung 4.12***

Arbeitsanweisungen	Was verlangt die Aufgabe?
Skizzieren Sie die Handlungslinien, die in dieser Textstelle zusammenlaufen.	Wie lässt sich der Inhalt der vorausgegangenen Handlung kurz zusammenfassen? Welche Zusammenhänge sind für das Verständnis der vorliegenden Textstellen notwendig?
Zeigen Sie, wie Tragisches und Komisches hier miteinander verwoben sind. Beziehen Sie Dialogführung und sprachliche Gestaltung in Ihre Untersuchung ein.	Wie lässt sich der Inhalt der vorliegenden Textstelle kurz zusammenfassen? Wo kommen tragische und komische Elemente zum Ausdruck? Wie lässt sich die Dialogführung beschreiben? Wie lässt sich sprachlich-formale Gestaltung der Textstellen beschreiben?
Diskutieren Sie, ausgehend von dieser Textstelle, die Angemessenheit des Untertitels „Berliner Tragikomödie“.	Inwiefern ist die Gattungsbezeichnung des Dramas gerechtfertigt? Wo finden sich tragische und komische Elemente im Stück?

▶ ***Lösung 4.13***

1) **Beschreiben Sie die Lage des Dienstmädchens Piperkarcka zu Beginn des Dramas.**
Pauline Piperkarcka ist verzweifelt, da sie ein Kind erwartet und von ihrem Liebhaber ausgenutzt und verlassen worden ist. Sie will sich umbringen, um sich dadurch an ihm zu rächen.

2) **Warum kommt es im ersten Akt zum Streit zwischen dem Schauspieler Jettel und Hassenreuter?**

Hassenreuter weigert sich, selbst das Kostüm für Jettel herauszusuchen. Außerdem ist er ungeduldig und möchte Jettel loswerden, da er eine Verabredung mit der Schauspielerin Alice Rütterbusch hat.

3) Mit welchem Anliegen tritt der Theologiestudent Spitta an Hassenreuter heran?
Er will Schauspieler werden.

4) Warum will Piperkarcka ihr Kind wieder von Frau John zurückbekommen?
Sie will es als Druckmittel gegen den treulosen Bräutigam einsetzen und damit erreichen, dass er sie doch noch heiratet.

5) Welche Schuld trägt Frau John am Tode von Piperkarcka?
Sie beauftragt ihren Bruder Bruno, das Mädchen so einzuschüchtern, dass es von seinem Wunsch, das Kind zurückzubekommen, ablässt. Bei einem Handgemenge mit Bruno kommt Piperkarcka ums Leben. Frau John trägt zumindest eine indirekte Schuld an ihrem Tod.

6) Was passiert im fünften Akt?
Hassenreuter wird Theaterdirektor in Straßburg und söhnt sich mit seiner Tochter Walburga und mit Spitta aus. Die wahren Umstände kommen ans Tageslicht und es wird klar, dass Frau John kein eigenes Kind gehabt hat. Herr John wendet sich von seiner Frau ab, diese begeht Selbstmord.

► ***Lösung 4.14***
Die vorliegende Textstelle ist die Schlussszene des Dramas, in der die Handlungslinien zusammenlaufen.

1) John-Handlung
   - Henriette John, die unter ihrer Kinderlosigkeit leidet, vereinbart mit dem schwangeren Dienstmädchen Piperkarcka die Übernahme des Neugeborenen, das sie als ihr eigenes Kind ausgibt. Dafür will sie dem Dienstmädchen eine Entschädigung zahlen.
   - Als Piperkarcka das Kind zurückfordert, versucht Frau John das Kind zu behalten. Bei dem Versuch Brunos, die Piperkarcka einzuschüchtern, stirbt diese.
   - Das Jugendamt und die Polizei haben bereits von der Sache erfahren; Schierke kommt, um das Kind in ein Waisenhaus zu bringen.
   - Nachdem Selma Herrn John über die wahre Identität des Kindes aufgeklärt hat, hat Frau John auch die Unterstützung ihres Mannes verloren. In der vorliegenden Szene erreicht diese Handlung ihren Höhepunkt: Frau John wird das Kind entrissen, sie erkennt ihre vollständige soziale Isolation und sieht nur noch in ihrem Selbstmord einen Ausweg.

2) Hassenreuter-Handlung

- Nach dem Verlust seiner Stelle verdient sich der ehemalige Theaterdirektor Hassenreuter Geld durch Kostümverleih und Schauspielunterricht.
- Seine Tochter Walburga trifft sich heimlich mit seinem Schauspielschüler Spitta; Frau John putzt gelegentlich auf dem Dachboden, wo sein Theaterfundus untergebracht ist.
- Hassenreuter erhält schließlich eine neue Stelle und versöhnt sich mit seiner Tochter und Spitta.
- Er erfährt von den Ereignissen um Frau John; Quaquaro verhindert, dass er die Verantwortung für den Säugling übernimmt.
- Die Hassenreuter-Handlung hat einen guten Ausgang.

► ***Lösung 4.15***

Belege	**Sprachliches Mittel/Begriff**
„Nu soll et nich leben! Nu jerade! Nu ooch nich! Nu brauch et nich leben! Nu muss et mit mich mit unter de Erde komm." (Z. 1 f.)	Anapher, Ellipse, Hypotaxe, Dialekt
„Halt! Hier greife ich ein! Hier bin ich zuständig!" (Z. 6)	Anapher, Emphase
„Vorwärts! Vorsicht! So! Bravo! Als wär' es das Jesuskind! Bravo!" (Z. 9 f.)	Pathos
„Wie das Kindchen da liegt! es ist unbegreiflich. Feine Leinwand! Spitzen sogar! Schmuck und frisch wie ein Püppchen. Es wendet sich einem das Herz um, zu denken, wie es so plötzlich zu einer von aller Welt verlassenen Waise geworden ist." (Z. 36–39)	Ellipse, Ausruf, Vergleich, Metapher, Alliteration, Hochsprache
„Ihre Frau ... Ihre Frau ... Janze Straße steht voll ... Omnibus, Pferdebahnwagen is jar keen Durchkommen ... Arme ausjestreckt ... Ihre Frau liecht lang uff Jesichte unten." (Z. 63–65)	Wiederholung, Ellipse, kurzer Ausruf

„SPITTA. Finden Sie nicht, dass hier ein wahrhaft tragisches Verhängnis wirksam gewesen ist? DIREKTOR HASSENREUTER. Die Tragik ist nicht an Stände gebunden. Ich habe Ihnen das stets gesagt." (Z. 55 f.)	Anspielung, Hochsprache

► *Lösung 4.16*

Naturalismus: Verpflichtung des Theaters auf die Einhaltung wissenschaftlicher Forschungsprinzipien, Ausblendung des Metaphysischen, Glück und Unglück des Menschen sind Themen des Theaters, Verzicht auf Idealisierung der Realität, Forderung nach Darstellung der wirklichen Welt.

► *Lösung 4.17*

Der Naturalismus fordert die naturgetreue Abbildung der Wirklichkeit (vgl. ausführliche Regieanweisungen, Dialekt) ohne Stilisierung. Der Mensch und seine Moral erklären sich als Produkt aus Erbgut, Milieu, Erziehung, geschichtlicher Situation (vgl. die Moralvorstellungen der Mutter John). Die deterministische Realitätsauffassung spiegelt sich in der Sprachbeherrschung der Angehörigen verschiedener sozialer Schichten wider (vgl. Dialogführung). Die positivistische Realitätsauffassung zeigt sich im Materialismus der Mutter John. Naturalistische Literatur soll Kausalzusammenhänge aufdecken, Natürlichkeit ist die Hauptforderung der literarischen Richtung.

► *Lösung 4.18*

Tragische und komische Elemente treffen in der Schlussszene aufeinander. Tragische Elemente sind:

- soziale Isolation von Frau John, Verlust des Kindes, ihr Tod (vgl. Z. 67)
- Zukunftsperspektive des Kindes ohne Mutter und Vater, auch Hassenreuter nimmt Unterstützungsangebot wieder zurück (vgl. Z. 52)
- Anwesende erkennen zwar den Ernst der Lage, der Versuch, das Unglück abzuwenden, scheitert (vgl. Z. 13 f.).

Komische Elemente sind:

- Hassenreuters Begründung, dass das Kind in seinen Zuständigkeitsbereich falle (vgl. Z. 6 f.)
- Hassenreuters Pathos und Emphase: „Vorwärts, Spitta! Kämpfen Sie, Spitta! Hier sind Ihre Eigenschaften am Platz! Vorwärts! Vorsicht! So! Bravo!" (Z. 8 f.)
- Anrede des Ehepaars Hassenreuter mit „Mama" und „Papa" (vgl. Z. 21–25)
- Widerspruch zwischen Pathos und Realität (vgl. Z. 41–52)
- Reflexion über Tragik, während sich ein tragischer Vorgang vor seinen Augen abspielt, ohne dass er es merkt (vgl. Z. 53–56).

► *Lösung 4.19*

Die Figuren verfügen über unterschiedliche Sprachebenen: Schierke, Quaquaro, Selma, Herr und Frau John verwenden den Berliner Dialekt. Frau John hat nur zu Beginn der Szene einen kurzen, durch zahlreiche Anaphern und Ausrufe gekennzeichneten Redeanteil. Dies zeigt ihre Isolation und ihre Sprachlosigkeit, nachdem sie von keiner Seite aus mehr Unterstützung erfahren hat. Auch Herr John, der von Selma die Wahrheit erfahren hat und mit den kriminellen Taten seiner Frau nichts zu tun haben will, äußert sich nur kurz. Die Szene wird sprachlich von den Hassenreuters dominiert: Sie und Spitta verwenden gehobene Sprache; hypotaktische Konstruktionen verstärken das Pathos der Rede des Direktors. Sie wirkt theatralisch. Frau Hassenreuter kann die innere Lage der Frau John nachvollziehen: „Die Frau ist verzweifelt! Aufhalten! Festhalten!" (Z. 13)

► *Lösung 4.20*

1) Aspekte, die für die Angemessenheit sprechen
   - Verwendung des Berliner Dialekts von den Johns, von Schierke, Quaquaro der Piperkarcka, Frau Knobbe; Bruno mit Versatzstücken des Gaunerjargons
   - Berliner Figuren wie der Schutzmann Schierke, die Anspielungen auf den Kaiserhof, Bürgertum (Hassenreuter), Arbeitermilieu (John)
   - Elemente des Tragischen finden sich in der John-Handlung; im Unterschied zur antiken Tragödie (vgl. z. B. *König Ödipus* von Sophokles) aber keine „Fallhöhe", kein Ausgeliefertsein gegenüber dem Schicksal, „tragisch" im Sinne von „traurig" ist die Handlung vom Ende her betrachtet und auf den Tod Piperkarckas und Frau Johns sowie auf das weitere Schicksal des Kindes bezogen
   - Elemente des Komischen finden sich in der Hassenreuter-Handlung mit ihrem glücklichen Ende; in der vorliegenden Schlussszene entsteht Komik aus der Diskrepanz zwischen der Diskussion über Tragik (die nicht an Stände gebunden sein soll!) und der mangelnden Fähigkeit Hassenreuters, das Tragische der momentanen Situation zu erkennen; Doppelleben Hassenreuters als Ehemann und Liebhaber als typisches Motiv der Komödie; Spittas wird durch seine Naivität zur komischen Figur. Das Komische dient dazu, den tragischen Elementen mehr Tiefe im Sinne eines ethisch-moralischen Anspruchs zu verleihen.

2) Aspekte, die gegen die Angemessenheit sprechen
   - Großstadt Berlin nur indirekt dargestellt, Handlungsorte sind der Speicher und die Wohnung der Johns; Berlin ist kein unabdingbar notwendiger Rahmen für die Handlung.
   - Das Komische bricht zwar die Tragik durch plötzliche Umschwünge (vgl. z. B. in der Schlussszene), dadurch wird Frau John aber nicht zu einer tragischen Heldin im Sinne der griechischen Tragödie.

► *Lösung 4.21*

Tankred Dorst (*1925) ***Merlin oder Das wüste Land***	**Gesprächsanalyse**
(...)	
KÖNIG ARTUS Siege ich morgen, Merlin?	Ausgangsfrage an Merlin (Sieg in der Schlacht?)
MERLIN Worum kämpfst du denn, Artus?	
KÖNIG ARTUS Gerade als ich eben im Traum war, hatte ich es vergessen, ich schrie nach dir, um dich danach zu fragen.	
MERLIN Jetzt aber weißt du es?	
KÖNIG ARTUS Weil ich muss! ... Ich bin der König ... ich habe die Verpflichtung, mein Reich zurückzuerobern ... das mein Sohn mir streitig macht ...	Begründung des Kampfes als Pflicht des Königs
MERLIN Und wenn du nicht kämpfen würdest ...?	Einwand: Verzicht auf Kampf?
KÖNIG ARTUS *aufgeregt*: Ich muss doch! Ich muss doch!	Erneute Begründung mit Pflicht
MERLIN Die Frage war nur ein Versuch, dich auf neue Gedanken zu bringen.	
KÖNIG ARTUS Du siehst, ich habe keine eigenen Gedanken. Sie folgen bloß der Geschichte, die mir aufgezwungen wird. – Von wem eigentlich wird sie mir aufgezwungen? Und kann es nicht sein, dass der historische Ablauf ganz dumm ist –, vielleicht sogar dümmer als ich es bin?	Frage nach dem Ursprung der Pflicht (Geschichte) Frage nach und Zweifel an der Sinnhaftigkeit des historischen Ablaufs
MERLIN Was sollen denn da die andern sagen? KÖNIG ARTUS Welche andern? MERLIN Die hunderttausend, die mit dir in die Schlacht ziehn und darin umkommen werden.	Einwand: Hinweis auf die Soldaten, die in der Schlacht sterben werden – sinnlos?

Tankred Dorst (*1925) ***Merlin oder Das wüste Land***	**Gesprächsanalyse**
KÖNIG ARTUS Ach so. Warum fragst du?	
MERLIN Die Frage ist nur ein Versuch, dich auf neue Gedanken zu bringen.	
KÖNIG ARTUS Ja, ich muss denken! Aber es ist so verflucht schwer, und es macht mich unsicher.	
MERLIN Ist das so schlimm?	
KÖNIG ARTUS Ja! Natürlich ist es schlimm, wegen der andern. Wenn ich unsicher bin, darf ich sie nicht in den Krieg schicken, wo sie sterben müssen. Das wäre ja ein Verbrechen.	Bestätigung, dass Artus Verantwortung für die Soldaten trägt Folgerung: Artus muss sich über die Sinnhaftigkeit der Schlacht erneut Gedanken machen.
MERLIN Fang doch mal von vorn an: was war deine Idee?	Gründe für die Schlacht:
KÖNIG ARTUS D e i n e Idee, Merlin!	
MERLIN *streng*: Die Tafelrunde.	1. Grund: Idee der Tafelrunde als Idee praktizierter Humanität
KÖNIG ARTUS Ja, die Tafelrunde. Ich wollte eine bessere Welt als die barbarische, in der wir lebten. Der Geist sollte über das Chaos herrschen.	
MERLIN Der Geist von ein paar Privilegierten.	Einwand: Tafelrunde als elitärer Kreis mit diktatorischer Macht
KÖNIG ARTUS Ja, natürlich. Welcher denn sonst? Warum fragst du?	
MERLIN Es war nur eine Frage, um dich auf neue Gedanken zu bringen.	
KÖNIG ARTUS Und wir haben eine Ordnung gegründet und verteidigt, damit sind wir weltberühmt geworden. Es hat zwar noch Kriege gegeben, aber wenigstens sinnvolle. Und einmal sollte Frieden sein	Folge der Idee der Tafelrunde: Kriege werden sinnvoll.
für immer. – Unsere ganze schöne Utopie von der Tafelrunde wird vielleicht morgen in der Schlacht zugrunde gehen.	Einschränkung: Nächste Schlacht könnte Utopie der Tafelrunde zerstören.

MERLIN Du meinst, die Geschichte widerlegt die Utopie?	
KÖNIG ARTUS Ich habe zu lange gelebt! *Schreit:* Aber Mordred ist ein Verbrecher!	2. Grund: Mordred vertritt nicht die Prinzipien der Tafelrunde.
MERLIN Was meinst du damit?	
KÖNIG ARTUS Er ist kein Ritter.	
MERLIN Was meinst du damit?	
KÖNIG ARTUS Er hat keine höheren Prinzipien. Wenn er siegt, bricht die alte Barbarei wieder aus, wo jeder nach seiner Laune und nach seinem Vorteil den andern totschlagen darf.	Folgerung: Sein Sieg würde zu Chaos führen.
MERLIN Deshalb also kämpfst du gegen ihn, Artus?	Folgerung und Erkenntnis: Mordred ist die Begründung für den Kampf
KÖNIG ARTUS Ja! Aber es kommt mir trotzdem dumm vor. Durch irgendeine Dummheit bin ich in dieses Dilemma hineingeraten, aus dem ich nicht mehr herauskomme. (...) Jetzt bin ich ganz in der Finsternis, ohne dich!	Bestätigung dieser Folgerung durch Artus Einschränkung: Artus ist von der Sinnhaftigkeit nicht ganz überzeugt; er fühlt sich verlassen.
MERLIN Bitte kein Selbstmitleid!	

► ***Lösung 4.22***

- **Artus' Traum und Gesprächsbeginn (vgl. Z. 1–11)**
  König Artus wünscht sich im Schlaf das Erscheinen von Merlin, der kurz darauf vor ihm steht. Merlin erklärt ihm, dass sein Erscheinen nur in der Einbildung des Königs existiere. Damit wird der ganzen Gesprächssituation die Unwirklichkeit eines Traums zuteil.

- **Vorwürfe Artus' – Vergangenheit (vgl. Z. 12–22)**
  Artus wirft Merlin vor, dass er nicht da gewesen sei, als er ihn gebraucht habe. Er hätte vor allem die Visionen des Zauberers gebraucht; Artus selbst sei – seiner eigenen Einschätzung nach – ein fantasieloser Pragmatiker, der nur nach den Erfordernissen des Tages handele. Auch die Gründung der Tafelrunde sei Merlins Idee gewesen. Merlin beruhigt Artus, indem er ihm versichert, dass die Geschichtsschreibung dem König allein diese Idee zuschreiben werde.

- **Zweifel Artus' und seine Klage – Vergangenheit (vgl. Z. 23–49)**
  Angesichts seiner Beobachtung, dass die alten Ideen ihre Faszination auf die Menschen verlieren, ist sich Artus unsicher darüber, ob es richtig gewesen sei,

was sie gemacht haben. Die Hoffnung auf den Gral habe ihnen allen die Kraft der Erneuerung gegeben. Nun sei alles anders geworden, die Hoffnungen seien zerstört, und nach dem Verlust von Lancelot und Gawain habe Artus nun sogar gegen seinen eigenen Sohn zu kämpfen.
Auf die Klagen des Königs antwortet Merlin jeweils nur knapp mit bestätigenden oder seine Zweifel ausdrückenden Interjektionen oder Kurzsätzen.
Artus gibt Merlin die Mitschuld am Konflikt mit Mordred: Die Prophezeiung des Zauberers, dass Mordred eines Tages den Sturz des Vaters veranlassen werde, habe Artus dazu veranlasst, Mordred töten zu wollen. Dieses Vorhaben habe den unversöhnlichen Hass Mordreds auf seinen Vater begründet. Merlin reagiert auf die Schuldzuweisung nur mit einer kurzen ausweichenden Bemerkung, die zeigt, dass er mit dieser Schuldzuweisung nicht einverstanden ist und den Versuch Artus' erkennt, sich selbst zu entlasten.

- **Artus' Frage nach dem Sieg – Zukunft (vgl. Z. 50–75)**
  Auf die Frage, ob er in der Schlacht gewinnen werde, antwortet Merlin mit der Gegenfrage, um was der König denn kämpfe. Artus begründet den Kampf mit der Verantwortung eines Königs für sein Reich.
  Auf den Einwand Merlins, ob er denn auf den Kampf verzichten könne, reagiert Artus mit dem wiederholten Hinweis auf seine Pflicht.
  Artus stellt die Frage nach dem Ursprung der Pflicht, die er seinem Handeln aufgezwungen sieht. Er zweifelt an der Sinnhaftigkeit des historischen Ablaufs.
  In Anknüpfung an den Zweifel weist Merlin in Form einer Frage auf die Soldaten hin, deren Sterben damit sinnlos sei; er will Artus damit seine Verantwortung gegenüber den Soldaten erkennen lassen. Die Reaktion Artus', der den Grund für die Frage wissen will, zeigt, dass er die Intention Merlins zunächst nicht erkannt hat. Dann bestätigt er aber, dass er die Soldaten nicht in den Krieg ziehen lassen dürfe, wenn er selbst nicht vom Sinn des Unternehmens überzeugt sei. Artus muss sich über die Bedeutung der Schlacht somit noch einmal Gedanken machen.

- **Artus' Gründe für die Schlacht (vgl. Z. 76–100)**
  Merlin fordert Artus auf, das Nachdenken über die Schlacht neu zu beginnen, indem er sich darüber klar wird, was er eigentlich will. Artus formuliert zunächst die Idee von der Tafelrunde als Idee praktizierter Humanität. Diese Idee legitimiere Kriege, die die Durchsetzung der Ideale zum Ziel haben. Die nächste Schlacht aber gefährde die Existenz der Tafelrunde und damit ihre Ideen.
  Merlin wendet ein, dass es sich bei der Tafelrunde um einen elitären Kreis mit diktatorischer Machtbefugnis handle. Er will Artus damit klar machen, dass seine Begründung unrealistisch ist, da sie nur auf die Meinung weniger Menschen zutrifft.
  Der zweite Grund für die Schlacht ist die Einschätzung, dass Mordred nicht die Prinzipien der Tafelrunde vertrete; sein Sieg, so folgert Artus, würde ins Chaos führen: Humanität würde zu Gunsten des Rechts des Stärkeren aufgegeben. Obgleich der Kampf gegen das Zerstörungspotential Mordreds somit der zen-

trale Grund für die Schlacht ist, ist Artus von der Sinnhaftigkeit nicht ganz überzeugt; er fühlt sich verlassen. Merlin weist ihn darauf hin, dass Selbstmitleid keine angemessene Verhaltensweise sei.

- **Artus' Frage nach dem Sinn von Kriegen (vgl. Z. 101–106)**
  Artus beendet seine Suche nach einem sinnvollen Grund für die Schlacht mit der allgemeinen Frage nach dem Sinn von Kriegen. Verführung durch einzelne Führergestalten, materielle Gründe oder Ideologien wird von ihm genannt. Artus' Verhalten zeigt, dass er nach wie vor keine überzeugende Antwort auf die Frage nach der Sinnhaftigkeit der bevorstehenden Schlacht gefunden hat.

- **Artus' Reaktion auf das Fehlen einer überzeugenden Antwort (vgl. Z. 107–116)**
  Artus malt sich aus, dass er, wenn er nochmals zur Welt käme, als Eremit leben wolle. Er drückt damit den Wunsch aus, aus den Erfordernissen, die aus seiner Verantwortung als König resultieren, zu fliehen.

- **Artus' Frage nach dem Sieg – Zukunft (vgl. Z. 117–132)**
  Artus wiederholt seine Frage, ob er siegen werde. Merlin prophezeit ihm den Sieg, wenn er sich vor einer Schlange in Acht nehme. Allerdings stellt Merlin noch einmal die Frage, warum Artus siegen wolle, welchem Ziel sein Kampf gelte. Dass Artus darauf noch immer keine Antwort gefunden hat, beweist seine Reaktion, mit der er die Frage als „dumm" verwirft. Das Adjektiv „dumm" wird auffallend oft in dem Textauszug verwendet. Es drückt an allen Stellen einen Verzicht auf inhaltliche Füllung aus und den Widerwillen, auf eine Frage näher einzugehen.

▶ ***Lösung 4.23***

König Artus

1. Regieanweisung: „*schreit im Schlaf*" (Z. 2), „*aufgeregt*" (Z. 58, 121, 126).
2. Pause: „Weil ich muss! ... Ich bin der König ... ich habe die Verpflichtung, mein Reich zurückzuerobern ... das mein Sohn mir streitig macht ..." (Z. 55 f.)
3. Wiederholung: „Ich muss doch! Ich muss doch!" (Z. 58)
4. Ausruf: „Aber Mordred ist ein Verbrecher!" (Z. 89)
5. Akkumulation von Fragesätzen: „Warum sind überhaupt Kriege in der Welt? Liegt es an mir? Verführe ich, der König, zehntausend vernünftige Menschen dazu, sich gegenseitig umzubringen? Oder Mordred? Oder ist es etwas anderes? Ist es vielleicht die Eigentumsfrage? Das behaupten ja auch einige. Oder ist vielleicht in den Menschen eine dunkle, unergründbare Fantasiebewegung, die sie mit unaufhaltsamer Gewalt in den Tod treibt?" (Z. 101–106)
6. Akkumulation von Ausrufungssätzen: „Lancelot! Wir werden siegen! Wir werden siegen! Und wir werden stark sein wie früher!" (Z. 123 f.)

Merlin

1. Kurze Fragen, kurze Aussagen: „Warum nicht?"(Z. 25); „Das hast du auch, König Artus" (Z. 8)
2. Fragen sollen Erkenntnisprozess in Artus auslösen (Mäeutik): „Die Frage war nur ein Versuch, dich auf neue Gedanken zu bringen." (Z. 59, vgl. Z. 69 und 83)
3. Wiederholung von Fragen: „Was meinst du damit?" (Z. 80 und 92)
4. Distanz durch Prophezeiung: „Aber du musst dich vor dem Schlänglein hüten." (Z. 128)

► *Lösung 4.24*

In dem 1981 aufgeführten Drama *Merlin oder Das wüste Land* gestaltet Tankred Dorst den mittelalterlichen Sagenstoff um König Artus und seine Tafelrunde. In der vorliegenden Szene geht es um einen Dialog zwischen Artus und seinem ehemaligen Berater, dem Zauberer Merlin, der ihm am Abend vor der entscheidenden Schlacht gegen seinen Sohn Mordred erscheint.

► *Lösung 4.25*

Textstelle	**politisch-philosophische Bezugsmöglichkeiten und mögliche literarische Bezüge**
„Ich denke doch nur so aus Pflichtgefühl" (Z. 17) „Verpflichtung" (Z. 55)	Bedeutung des Pflichtgefühls in autoritären politischen Systemen: Pflicht versus Gefühl bzw. Einsicht (vgl. z. B. Siegfried Lenz, *Deutschstunde*)
„Die Prophezeiung scheint ja einzutreffen, er will dich vom Thron stürzen!" (Z. 46)	antike Vorstellung von der Vorherbestimmung des Individuums durch höhere Mächte (vgl. Sophokles, *König Ödipus*); Vorstellung einer höheren Gerechtigkeit (vgl. Sophokles, *Antigone*)
„Und kann es nicht sein, dass der historische Ablauf ganz dumm ist –, vielleicht sogar dümmer als ich es bin?" (Z. 62 f.)	Problem des philosophischen Begreifens von historischen Abläufen (vgl. mittelalterliche Vorstellung von Geschichte als Heilsgeschichte oder Hegels „Weltgeist")
„Ich wollte eine bessere Welt als die barbarische, in der wir lebten.	Egoismus, individuelle politische Vorstellungen mit messianischem

Der Geist sollte über das Chaos herrschen." (Z. 79 f.) „Utopie von der Tafelrunde" (Z. 86 f.)	Charakter, z. B. in der Französischen oder Russischen Revolution (vgl. z. B. Georg Büchner, *Dantons Tod*; Hermann Hesse, *Demian*); evtl. auch Anspielung auf Hegels „Weltgeist"
„Der Geist von ein paar Privilegierten." (Z. 81)	Frage nach der Legitimation politischer Entwürfe und oligarchischer Herrschaft, z. B. in der Französischen oder Russischen Revolution
„Es hat zwar noch Kriege gegeben, aber wenigstens sinnvolle." (Z. 85 f.)	Ideologie als Kriegsgrund, z. B. Erster und Zweiter Weltkrieg (vgl. z. B. Heinrich Mann, *Der Untertan*)
„Warum sind überhaupt Kriege in der Welt?" (Z. 101)	Ausgangsfrage des Antimilitarismus (vgl. Nachkriegsliteratur von Wolfgang Borchert, *Draußen vor der Tür*; Heinrich Böll, *Wanderer, kommst du nach Spa...*)
„ein Mensch ohne Geschichte" (Z. 114)	Bedeutung der Geschichte für das Selbstverständnis des Menschen (vgl. z. B. Johann Wolfgang von Goethe, *Iphigenie auf Tauris*)

► ***Lösung 4.26***

gr. „Nirgendsland", ideale Form des menschlichen Zusammenlebens, nur denk-, nicht realisierbar

► ***Lösung 4.27***

Alfred Andersch (1914–1980), *Sansibar oder der letzte Grund* (1957); Ernst Bloch (1885–1975), *Das Prinzip Hoffnung* (1954–59); Hugo Dittberner (*1944), *Kurzurlaub* (1976); Gerhart Hauptmann (1862–1946), *Die Insel der Großen Mutter* (1925); Gotthold Ephraim Lessing (1729–1781), *Nathan der Weise* (1779); Alexander Moritz Frey (1881–1957), *Robinsonade zu Zwölft* (1925); Hartmann von Aue (etwa 1165–1210), *Der arme Heinrich* (um 1195); Aldous Huxley (1887–1975), *Schöne neue Welt* (1932); George Orwell (1903–1950), *1984* (1949)

► ***Lösung 4.28***

König Artus begründet sein Handeln mit dem Wunsch, eine humane Welt zu schaffen. Diese Vorstellung einer besseren Welt, eines idealen menschlichen Zusammenlebens, ist der Gehalt der „Utopie“ (gr. „Nirgendsland“). Nach Ernst Bloch, der sich ausführlich mit dem Begriff der Utopie auseinander gesetzt hat, ist die Welt noch nicht fertig, sie ist ein Experiment, das erst durch den tätigen Menschen zu seinem Ziel gebracht werden muss. Für Bloch ist das Anstreben dieses Ziels ein Merkmal des Menschseins: „Menschsein heißt wirklich Utopie haben.“ Ideen und Formen idealen menschlichen Zusammenlebens lassen sich aus vielen literarischen und philosophischen Werken entnehmen, z. B.: George Orwell (1903–1950), *1984* (1949); Alfred Andersch (1914–1980), *Sansibar oder der letzte Grund* (1957); Ernst Bloch (1885–1975), *Das Prinzip Hoffnung* (1954–59).

▶ *Lösung 4.29*

Merkmale der Postmoderne:

- Spiel mit dem Erzählstoff und mit der Sprache
- Postmoderne als erkenntnistheoretische und ästhetische Einstellung: Akzeptanz unterschiedlicher Positionen, keine allgemein gültige Wahrheit, lässt auch Spiel ohne Sinn zu.
- Abkehr vom Allgemeingültigkeitsanspruch der Vernunft, dadurch Verzicht auf Aufklärung
- Aufhebung der Grenze von Realität und Imagination
- Vorstellung, dass literarische Mittel aufgebraucht sind
- Intertextualität (Bezug auf andere Modelle literarischer Weltdeutung) nicht in produktiver Auseinandersetzung, sondern in rein spielerischer Absicht
- Infragestellung der individuellen Autonomie

▶ *Lösung 4.30*

Traditionelle Literatur	Moderne Literatur	Postmoderne Literatur
geografische Einordnung zu Beginn	Verschwinden des Erzählers	klare Komposition
	„blinde“ Motive	auktorialer Erzähler
Beschreibung der sozialen Umgebung und Herkunft zu Beginn	Hervorhebung nebensächlicher Details	Rückgriff in die Vergangenheit
auktorialer Erzähler überwiegend	Verzicht auf Einführung in Umgebung und Herkunft	spielerischer Umgang mit der Tradition, mit Motiven und Perspektiven
Erzählung eines konkreten Ereignisses	Mitteilung von Erfahrung vor Mitteilung ei-	

distanzierter Erzähler

Erzähler glaubwürdig, überlegen, kompetent

Handlung, Raum oder Figur als strukturtragende Schichten

Abschätzbarkeit von Handlungen bestimmter Figuren

Erkennbarkeit psychologischer Mechanismen

Vorstellung einer festgefügten Weltordnung

Vorstellung der Relevanz ewig gültiger Werte

Bildungsroman

aktiver Held

Idee von Humanität und Toleranz

Vorstellung der individuellen Autonomie

Glaube an die Vernunft

nes Ereignisses (Subjektivierung)

Kritik an der Tradition

Verzicht auf starre Sinngebung – Diesseitsorientierung

Mehrdeutigkeit

Vordringen metaphorischer Prinzipien

keine äußere Erscheinung

keine gängigen Gefühle, Gesten, Handlungen

Großstadt als Handlungsraum – Massengesellschaft

„Antiheld" – passiver Held

Montage-Technik

Auflösung der literarischen Form

Vereinzelung des Individuums

Auflösung der Sprache

Groteske

Spiel mit verschiedenen Sprachen und Sprachebenen

Eindringen des Irrationalen

Infragestellung eines eindimensionalen Wahrheitsbegriffs

Beteiligung des Lesers am Werk durch unterschiedliche Lesarten

Berücksichtigung der Realität

Betonung der Unterhaltung

Parodie und Ironie als zentrale Mittel

literarische Collage

intertextuelle Bezüge

► ***Lösung 4.31***

a) Intertextualität (Bezug auf andere Modelle literarischer Weltdeutung, z. B. politisch-philosophische Bezüge, nicht in produktiver Auseinandersetzung, sondern in rein spielerischer Absicht)
b) Infragestellung der individuellen Autonomie
c) Spiel mit dem Erzählstoff und mit der Sprache
d) Postmoderne als erkenntnistheoretische und ästhetische Einstellung: Akzeptanz unterschiedlicher Positionen, keine allgemein gültige Wahrheit, lässt auch Spiel ohne Sinn zu.
e) Abkehr vom Allgemeingültigkeitsanspruch der Vernunft, dadurch Verzicht auf Aufklärung
f) Aufhebung der Grenze von Realität und Imagination

► ***Lösung der Abschlussübung***

a) Absurdes Theater
b) Aristotelisches Drama
c) Botenbericht
d) Charakter
e) Deus ex machina
f) Dokumentarisches Theater
g) Drama
h) Schauspiel
i) Akt
j) Episches Theater
k) Zieldrama
l) Tragikomödie
m) Trauerspiel
n) Auftritt
o) Chor
p) Drei Einheiten
q) Exposition
r) Tragödie
s) Fallhöhe
t) Geschlossenes Drama
u) Katastrophe
v) Analytisches Drama
w) Regieanweisung
x) Katharsis
y) Sekundenstil
z) Ständeklausel
aa) Szene
bb) Steigerung
cc) Teichoskopie
dd) Monolog
ee) Prolog
ff) Peripetie
gg) Offenes Drama
hh) Retardation
ii) Komödie
jj) Lustspiel

7. Glossar: Die Grundbegriffe des Dramas

Absurdes Theater

(zu lat. „misstönend“)
gestaltet die existenzialistische Grunderfahrung der Sinnwidrigkeit menschlicher Existenz in einer sinnentleerten Welt; Autoren: Samuel Beckett, Eugène Ionesco, Jean Genet, Jean Paul Sartre.

Akt

(lat. „Handlung, Vorgang“)
In sich einheitlicher und geschlossener Abschnitt (➔ Aufzug) eines ➔ Dramas. Vgl. auch ➔ Freytag-Pyramide.

Akkumulation

(lat. „Anhäufung")
Anhäufung von Worten, dadurch größerer Nachdruck auf der Aussage
Beispiel: „Wer zählt die Völker, nennt die Namen
Die gastlich hier zusammenkamen?
Von Theseus' Stadt, von Aulis Strand,
Von Phokis, vom Spartanerland,
Von Asiens entlegner Küste,
Von allen Inseln kamen sie“
(Schiller, *Die Kraniche des Ibykus*)

Allegorie

(griech. „etwas anderes sagen“)
Bildhaft-konkrete Darstellung von etwas Abstraktem, Allegorie ist das, was sie meint (Unterschied zum ➔ Symbol).
Beispiel: Greis, der Alter darstellt.

Alliteration

(aus lat. „hinzu“ + „Buchstabe“)
Gleicher Anlaut der Konsonanten der Stammsilbe (Stabreim), vgl. auch ➔ Assonanz.
Beispiel: **w**iegende **W**elle

Anadiplose

(griech. „Verdoppelung“)
Verstärkende Wiederholung des letzten Wortes oder von Teilen des letzten Satzes zu Beginn eines folgenden Satzes oder Verses.
Beispiel: „Ein Mann wohnt im Haus der spielt mit den Schlangen **der schreibt**
der schreibt wenn es dunkelt nach Deutschland
dein goldenes Haar Margarete“
(Paul Celan, *Todesfuge*)

Anachronismus

(griech. „in eine andere Zeit verlegen")

Verbindung von zeitlich nicht zusammengehörigen Vorstellungen, Dingen oder Personen. Oft soll damit entweder eine komische Wirkung erzielt werden oder aber zur Hervorhebung überzeitlicher Aktualität.

Beispiel: Das Vorkommen schlagender Uhren (Erfindung des 14. Jahrhunderts) in Shakespeares *Julius Cäsar*

Analytisches Drama

➔ Drama, das Geschehnisse aus der Vergangenheit im Verlaufe der Handlung aufdeckt. Gegensatz: ➔ Zieldrama.

Beispiele: Heinrich von Kleist, *Der zerbrochene Krug*; Sophokles, *König Ödipus*

Anapäst

(aus griech. „Zurückschlagen")

Dreisilbiger Versfuß (➔ Metrum), der aus zwei kurzen (unbetonten) Silben und einer langen (betonten) Silbe besteht.

Beispiel: „Anapäst"

∪ ∪ –

(∪ = ➔ Senkung, – = ➔ Hebung)

Anapher

(griech. „Rückbeziehung")

Wiederholung desselben Wortes oder derselben Wortgruppe am Anfang von aufeinander folgenden Sätzen oder Satzgliedern.

Beispiel: „**Ist sie** dann gleichwol was / wem ist jhr Thun bewust? /
Ist sie auch gut vnd recht/wie bringt sie böse Lust?"
(Martin Opitz, *Francisci Petrarchae*)

Anrede

Formulierung, die sich direkt oder indirekt an Leser wendet.

Anspielung

Halb versteckte Andeutung.

Antagonist

➔ Figur

Antiheld

Im Gegensatz zum Helden zeigt der Antiheld keinerlei heroische Züge, er ist passiv, schwach, Opfer der Umwelt (z. B. *Woyzeck* in Büchners gleichnamigem Drama).

Antilabe

(griech. „Griff")
Aufteilung eines Verses im Drama auf mehrere Sprecher.

Antithetik

(aus lat. „gegen"+ „Behauptung")
Gegenüberstellung von Begriffen oder Inhalten.
Beispiel: „Der Wahn ist kurz, die Reu ist lang"
(Friedrich Friedrich Schiller, *Lied von der Glocke*)

Antizipation

➔ Vorausdeutung

Apodiktische Aussagen

(griech. „Nachweis", „Beweis")
Keinen Widerspruch duldende Aussagen.

Archaismus

(griech. „altertümlich")
Benutzung altertümlicher Wörter.
Beispiel: „sintemal" (für „da")

Aristotelisches Drama

Im Gegensatz zum ➔ epischen Theater Bezeichnung für streng gebaute, klassische Form des ➔ Dramas; Geschlossenheit wird durch Beachtung der ➔ drei Einheiten erreicht; Ziel: ➔ Katharsis. Vgl. auch ➔ Freytag-Pyramide, ➔ Fünfaktschema, ➔ Dreiaktschema.

Assonanz

(frz. „Anklang")
Halbreim durch Gleichklang der Vokale, vgl. auch ➔ Alliteration.
Beispiel: „Ich weis nicht was ich wil/ich wil nicht was ich weis"
(Martin Opitz, *Francisci Petrarchae*)

Asyndeton

(griech. „unverbunden")
Reihung von Sätzen, Satzgliedern oder Wörtern ohne Konjunktion.
Gegenteil: ➔ Polysyndeton
Beispiel: „Jtzt Blumen / morgen Koth / wir sind ein Wind / ein Schaum/
Ein Nebel und ein Bach / ein Reiff / ein Thau' / ein Schatten. "
(Andreas Gryphius, *Thränen in schwerer Krankheit. Anno 1640*)

Auftritt

1. Deutsche Bezeichnung für → Szene.
2. Erscheinen der Schauspieler auf der Bühne.

Aufzug

Der → Akt im Drama wird im Deutschen auch Aufzug genannt.

Aufzählungen

Häufung von Begriffen oder Ausdrücken.
Beispiel: → Asyndeton

Ausruf

Ausrufungssatz
Beispiel: „Der edle Mensch
sei hilfreich und gut!"
(Johann Wolfgang von Goethe, *Das Göttliche*)

Ballade

(ital. „Tanzlied")
Ursprünglich ein zum Tanzen gesungenes Lied, heute versteht man darunter eine knapp skizzierende Erzählung in Strophenform, die ein geheimnisvolles, außergewöhnliches Ereignis mit meist tragischem Ende aus der Geschichte, der Sage, der Legende oder aus dem zeitgenössischen Geschehen thematisiert. Die Spannung wird am Schluss, in der Pointe, aufgelöst. Man unterscheidet Volksballaden, die als einfache Erzählungen mündlich tradiert wurden, und Kunstballaden, die von einem Dichter gestaltet werden und meist einen kunstvollen Aufbau besitzen.
Beispiele: Friedrich Schiller, *Der Ring des Polykrates*, Johann Wolfgang von Goethe, *Der Zauberlehrling*, Heinrich Heine, *Belsazar*

Bänkelsang

Im 17. Jh. von umherziehenden Schaustellern zu Drehorgelmusik vorgetragene Geschichten, mit spannendschauerlichem und lehrhaftem Inhalt (→ Moritat). Die Bezeichnung kommt von der Holzbank, von der aus diese Geschichten vorgetragen wurden.

Bericht

Im epischen Werk: kurzer Abriss des Geschehens.
→ Botenbericht, → Teichoskopie dienen der Zeitraffung v. a. im dramatischen Werk.

Bild

Sprachliche Form des anschaulichen, aber uneigentlichen Sprechens, d. h., der sprachliche Ausdruck meint nicht das Bild, sondern etwas anderes.

Beispiel: „Hektor ist stark wie ein Löwe."

Das sprachliche Bild kann verschiedene Formen haben, z. B. → Allegorie, → Metapher, → Personifikation, → Symbol, → Synekdoche, → Vergleich.

Blankvers

(engl. „rein")
Reimloser, fünfhebiger → Jambus.
Beispiel: ∪– ∪– ∪– ∪– ∪–(∪)
(∪ = → Senkung, – = → Hebung)
„Es eifre jeder seiner unbestochnen,
Von Vorurteilen freien Liebe nach!"
(Gotthold Ephraim Lessing, *Nathan der Weise*)

Botenbericht

Dramaturgisches Hilfsmittel, um vergangene Ereignisse, deren Darstellung den Zusammenhang der Handlung gefährden oder die bühnentechnischen Voraussetzungen übersteigen würde (z. B. Seeschlachten), in Form eines erzählenden Berichts auf die Bühne zu bringen. Vgl. auch → Teichoskopie (Unterschied: Botenbericht handelt von Vergangenem, Teichoskopie von Gegenwärtigem).

Bürgerliches Trauerspiel

Darstellung des Schicksals von Menschen bürgerlichen Standes bzw. von Konflikten zwischen Adeligen und Bürgerlichen. In der Aufklärung entstanden. Vgl. → Ständeklausel.
Beispiel: Friedrich Schiller, *Kabale und Liebe*

Charakter

(griech. „das Eingegrabene, das Eingeprägte")
Bezeichnung für in der Dichtung vorkommende, der Wirklichkeit nachgebildete oder fingierte → Figuren, die nicht bloß typisiert, sondern in ihrer Individualität dargestellt werden. → Typus.

Charakterisierung

Beschreibung einer Person.
Direkte Charakterisierung: durch den Erzähler oder andere Figuren des Werkes.
Indirekte Charakterisierung: durch den Leser/Zuschauer (Grundlage: Verhaltensweisen, Kleidung, Aussehen, Gespräche).

Chiasmus

(Name von Gestalt des griech. Buchstaben X)
Überkreuzung von Satzgliedern oder Wortgruppen, die sich inhaltlich oder formal entsprechen.

Beispiel: „Die Kunst ist lang und kurz ist unser Leben“ (Johann Wolfgang von Goethe, *Faust I*).

Chor

(griech. „Reigentanz, Tanzplatz, versammelte Schar von Tänzern“)
Gruppe von Personen, die durch Zusammenklang ihrer Stimmen eine Einheit bilden und die Handlung wertend, betrachtend oder (voraus-)deutend begleiten.

Commedia dell' Arte

(ital. „Schauspiel“ und „Kunst“)
Stegreifkomödie, in Italien Mitte des 16. Jhds entstanden. Nur der Handlungsverlauf und die Szenenfolge steht fest, alles andere wird improvisiert. Es werden → Typen dargestellt. Diese Gattung beinflusste auch die deutsche Literatur, vgl. z. B. E. T. A. Hoffmanns *Prinzessin Brambilla*.

Daktylus

(griech. „Finger“)
Dreisilbiger Versfuß (→ Metrum), der aus einer langen (betonten) Silbe und zwei kurzen (unbetonten) Silben besteht.
Beispiel: *Daktylus*
– ∪ ∪
(∪ = → Senkung, – = → Hebung)

Deus ex machina

(lat. „Gott aus der Maschine“)
Bezeichnung für Figur (manchmal auch Ereignis), die überraschende Wendung in einem bis dahin unlösbar erschienenen Konflikt herbeiführt.
Beispiel: Apotheose Jupiters im dritten Akt von Heinrich von Kleists *Amphitryon*

Dialog

(griech. „Gespräch“)
Wechselrede zwischen zwei Personen (→ Monolog).

Dichtung

Allgemein wird damit die Dichtkunst bezeichnet, im Einzelnen aber auch das singuläre Sprachkunstwerk aus den Bereichen Epik, Lyrik und Drama. Im Gegensatz dazu stehen so genannte Gebrauchstexte wie Gebrauchsanweisungen oder Gesetzestexte.

Diminutiv

(lat. „Verkleinerung“)
Verkleinerungsform eines Nomens durch Anhängung von *–chen* oder *–lein*.
Beispiel: „Kindchen“

Dingsymbol

(griech. „Kennzeichen, Merkmal“)

Gegenstand mit übertragener Bedeutung und Leitmotivcharakter (➔ Symbol).

Beispiel: Die Glocke in Schillers *Das Lied von der Glocke*

Dokumentarisches Theater

Form des politischen ➔ Dramas der 60er Jahre, das in einer Art Reportage Material zu brisanten politischen Themen in mehr oder weniger unveränderter Form auf die Bühne bringt; Ziel: Diskussion über politische Themen anregen.

Beispiele: Rolf Hochhuth, *Der Stellvertreter*, Heinar Kipphardt, *In der Sache J. Robert Oppenheimer*

Drama

(griech. „Handlung“)

Neben Lyrik und Epik eine der drei literarischen Großformen; wird bestimmt durch Darstellung einer meist in sich geschlossenen (➔ geschlossene Form des Dramas, Gegensatz: ➔ offene Form des Dramas) und sich auf ➔ Monolog und ➔ Dialog stützenden Handlung, die auf einer Bühne szenisch präsentiert wird; Handlungsstruktur zumeist bestimmt von: ➔ Exposition, ➔ Peripetie, ➔ Katastrophe; für fünfaktiges ➔ Zieldrama gilt auch das Schema Gustav Freytags (➔ Freytag-Pyramide): ➔ Exposition (1. Akt), ➔ Steigerung durch erregende Momente (2. Akt), Höhepunkt/➔ Peripetie (3. Akt), retardierende Spannungsmomente (4. Akt), ➔ Katastrophe (5. Akt); Einteilung nach Dramenform in z. B. ➔ Tragödie, ➔ Komödie, ➔ Tragikomödie, ➔ episches Theater, ➔ Dokumentartheater, ➔ Lustspiel, ➔Schauspiel; Einteilung nach Weltanschauung in z. B. idealistisches Drama, ➔ absurdes Theater; Einteilung nach Epoche in z. B. klassisches Drama, naturalistisches Drama; Einteilung nach Aufbau in z. B. ➔ analytisches Drama, ➔ Zieldrama; Einteilung nach sozialem Stand z. B. in ➔ bürgerliches Trauerspiel, soziales Drama; Einteilung nach Inhalt in ➔ Tragödie, ➔ Komödie. Die wichtigsten europäischen Bauformen sind das ➔ Fünfaktschema und das ➔ Dreiaktschema.

Dreiaktschema

Drama in drei ➔ Akten. Das Dreiaktschema ist nach dem ➔ Fünfaktschema die wichtigste Bauform des (europäischen) ➔ Dramas. Die Handlung teilt sich in den drei Akten folgendermaßen auf: 1. Akt: ➔ Exposition und ➔ erregendes Moment, 2. Akt: Konfliktentfaltung (➔ steigende Handlung, Höhepunkt/➔Klimax, Wendung/➔ Peripetie) und 3. Akt: Lösung/➔ Katastrophe. Der zweite, dritte und vierte Akt des Fünfaktschemas (vgl. ➔ Freytag-Pyramide) sind im Dreiaktschema also im zweiten Akt zusammengefasst.

Drei Einheiten

Mit Bezug auf Aristoteles von frz. Klassizismus geforderter innerer Zusammenhalt des ➔ Dramas durch Einheit der Handlung (vollständige Handlung mit Anfang und Ende ohne Abschweifungen), Einheit des Ortes (gleichbleibender Spielort), Einheit der Zeit (24 Stunden als Zeitvorgabe für gesamte Handlung).

Ellipse

(griech. „Auslassung")
Auslassung eines Wortes/Satzgliedes in einem Satz; rhetorische Figur.
Beispiel: „Jtzt Blumen / morgen Koth / wir sind ein Wind / ein Schaum"
(Andreas Gryphius, *Thränen in schwerer Krankheit. Anno 1640*)

Emphase

(griech. „Verdeutlichung")
Heute versteht man darunter die besondere Eindringlichkeit einer Aussage, mit Nachdruck hervorgebracht durch die Stimmführung, Gestik, Mimik oder besondere Wortwahl.

Entfaltungsdrama

➔ Zieldrama

Enthüllungsdrama

➔ analytisches Drama

Enjambement

(frz. „Überschreitung")
Zeilensprung, Vers- und Satzende stimmen nicht überein, dadurch besondere Hervorhebung des Inhalts, Zeichen von Zusammenordnung/Zusammengehörigkeit, Steigerung der Dynamik.
Beispiel: „du solltest dich einrichten, denn wer sagte,
man müsse das Leben tapfer durchleben?"
(Wislawa Szymborska, *Werbeprospekt*)

Epilog

(griech. „Schlussrede")
Nachwort, möglich in Epik, Drama und Lyrik. Gegensatz: ➔ Prolog.
Beispiel: In Bertolt Brecht, *Der gute Mensch von Sezuan.*

Epipher

(griech. „Zugabe")
Wiederholung desselben Wortes oder derselben Wortgruppe am Ende aufeinander folgender Satzglieder oder Sätze.
Beispiel: „Ich sah auf dich und weinte nicht. Der Schmerz
Schlug meine Zähne knirschend aufeinander;
Ich weinte nicht. (...)"
(Friedrich Schiller, *Don Carlos*)

Episches Theater

Von Bertolt Brecht entwickelte Dramenform, die sich als Gegenstück zum → aristotelischen Drama versteht. Episches Theater betreibt Desillusionierung des Zuschauers (→ Verfremdungseffekt), Zuschauer soll zum aktiven, kritischen Betrachter der Handlung werden; lockerer Aufbau des Dramas meist in Form von Episoden, Verwendung von kommentierenden Songs, Schluss meist offen, um Zuschauer zum Weiterdenken zu veranlassen. Ziel: Zuschauer wird zur Veränderung von erkannten Missständen aufgerufen.

Beispiel: Bertolt Brecht, *Der gute Mensch von Sezuan*

Erregendes Moment

löst den dramatischen Konflikt aus.

→ Freytag-Pyramide, → Fünfaktschema, → Dreiaktschema

Erzählgedicht

→ Ballade

Euphemismus

(griech. „Worte von guter Bedeutung sprechen")

Positive Umschreibung negativer Sachverhalte, dadurch Verschleierung der Realität, Beschwichtigung.

Beispiel: „Freisetzung von Arbeitskräften" für „Entlassung"

Exposition

(lat. „Darlegung")

Meist zu Beginn (eines Dramas) stattfindende Einführung in Ort, Zeit, Personen, Ausgangssituation zur Klärung der Voraussetzungen der Handlung.

→ Freytag-Pyramide, → Fünfaktschema, → Dreiaktschema

Fabel

(lat. „Erzählung")

1. Literarische Gattung (episch, lyrisch), in der Tiere menschliche Eigenschaften verkörpern, meist mit Lehre, die erzieherischen oder satirischen Effekt erzielen soll.
2. Kern („plot") einer epischen oder dramatischen Handlung.

Fallende Handlung

→ Retardation, → Freytag-Pyramide, → Fünfaktschema, → Dreiaktschema

Fallhöhe

Dramaturgischer Begriff von Batteux und später Gottsched zur Begründung der → Ständeklausel; tragische Erschütterung der Zuschauer überzeugender beim Scheitern einer Figur von hohem (meist fürstlichem) Stand; Probleme der niederen Stände (➔ bürgerliches Trauerspiel) entbehren tragischer Ausweglosigkeit, da sie sich meist durch menschliche Hilfe bewältigen ließen (geringere Fallhöhe).

Figur

(lat. „Gestalt")
Personen im einem literarischen Werk. Sie können als ➔ Typus, ➔ Charakter oder als ➔ Gestus gestaltet werden. Hauptpersonen nennt man Protagonisten, der Antagonist ist der Gegenspieler des Protagonisten.

Freytag-Pyramide

Benannt nach dem deutschen Schriftsteller Gustav Freytag, der das ➔ Fünfaktschema der ➔ geschlossenen Form des Dramas grafisch darstellte.

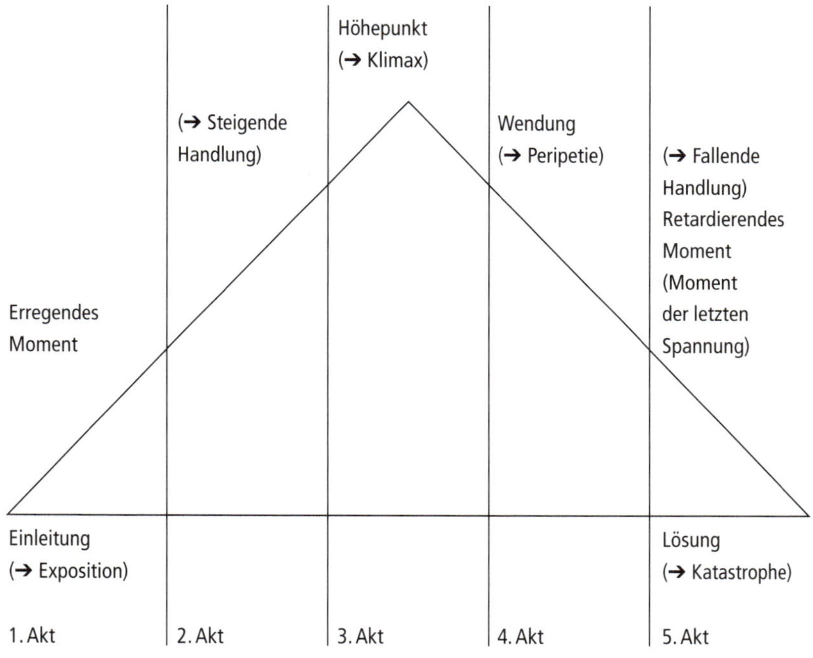

(nach Freytag, Gustav. *Die Technik des Dramas.* Leipzig 1863)

Fünfaktschema

Typische Form des europäischen ➔ Dramas (➔ geschlossene Form des Dramas) der Neuzeit. Die Handlung verteilt sich auf fünf ➔ Akte oder ➔ Aufzüge. Aufteilung des Handlungschemas vgl. ➔ Freytag-Pyramide.
Beispiele: Friedrich Schiller, *Maria Stuart*; G. E. Lessing; *Emilia Galotti*

Gattung

Bezeichnung für die „Naturformen der Poesie" (Johann Wolfgang von Goethe), Lyrik, Drama, Epik, die sich auch gegenseitig durchdringen können; der Begriff „Gattung" wurde in neuerer Zeit durch ➔ „Textsorte" ersetzt.

Geminatio

(lat. „Wiederholung")
Unmittelbare Wiederholung eines Wortes oder einer Wortgruppe.
Beispiel: „Mein Vater, mein Vater, jetzt fasst er mich an!"
(Johann Wolfgang von Goethe, *Erlkönig*)

Geschlossene Form des Dramas

➔ Drama, das streng nach den ➔ drei Einheiten und dem ➔ Fünfaktschema oder ➔ Dreiaktschema aufgebaut ist.
Beispiel: Johann Wolfgang von Goethe, *Iphigenie auf Tauris*

Gestus

(lat. „Haltung")
Nach Brecht ➔ Figuren, die in ihrem Verhalten und ihren Handlungsweisen rein durch die Gesellschaft normiert sind, also weder individuelle ➔ Charaktere darstellen noch von der Idee des ➔ Typus her konzipiert sind.

Groteske

(ital. : „Grotte", „Grube")
Verbindung von Unvereinbarem, dadurch Erheiterung, Wecken von Interesse, eventuell auch Entsetzen; ➔ absurdes Theater
Beispiel: Friedrich Dürrenmatt, *Die Physiker*

Handlung

(oder Geschehen)
Innere Handlung: spielt sich im Innenbereich (Gedanken, Gefühle) der Figuren ab.
Äußere Handlung: spielt sich im wahrnehmbaren Bereich ab.

Hebung

Bezeichnung für die betonte Silbe im Vers, Kennzeichnung z. B. mit „-" oder mit „´".

Held

Wertfreie Bezeichnung für die Hauptfigur eines Werkes in Drama und Epik; ➔ Antiheld, ➔ Fallhöhe.

Humor

(lat. „Feuchtigkeit")

Haltung, die auch noch in widrigen Lebensumständen versöhnlich gestimmt ist und das Liebenswerte in der Unzulänglichkeit zu erkennen sucht; Gegensatz zum versöhnlichen Humor ist der „schwarze" Humor mit zynischpessimistischer Konfrontation.

Hyperbel

(griech. „Übermaß")

Übertreibung

Beispiel: „Mir ist ich weiß nicht wie / ich seufftze für und für.
Ich weine Tag und Nacht / ich sitz in tausend Schmertzen"
(Andreas Gryphius, *Thränen in schwerer Krankheit. Anno 1640*)

Inversion

(lat. „Umkehrung")

Umstellung der gewöhnlichen Wortfolge, meist Subjekt nach Prädikat, Herausstellung bedeutungstragender Worte, Erhöhung der Eindringlichkeit.

Beispiel: „Fällt hin der Mann"
(Rolf Haufs, *Jeden Tag*)

Ironie

(griech. „Verstellung, Vorwand")

Behauptung, die das Gegenteil von dem meint, was sie ausdrückt; bewirkt Distanzierung des Autors (subjektive Ironie in der romantischen Ironie als Durchbrechung des romantischen Ideals, bei Thomas Mann als Distanzierung von erzählter Welt, objektive Ironie in der tragischen Ironie als Steigerung des tragischen Effekts, z. B. in Sophokles, *König Ödipus*).

Jambus

(griech. „schleudern")

Zweisilbiger Versfuß (➔ Metrum), der aus einer kurzen (unbetonten) und einer langen (betonten) Silbe besteht: ∪– (∪ = ➔ Senkung, – = ➔ Hebung).

Beispiel: „Es eifre jeder seiner unbestochnen,
Von Vorurteilen freien Liebe nach!"
(Gotthold Ephraim Lessing, *Nathan der Weise*)

Katastrophe

(griech. „Umkehr", „Umsturz")

Abschluss des Dramas mit Lösung des Konflikts zum Guten (➔ Komödie) oder zum Schlimmen (➔ Tragödie); ➔ Dreiaktschema, ➔ Fünfaktschema, ➔ Freytag-Pyramide.

Katharsis

(griech. „Reinigung", Übersetzung umstritten)

Begriff aus der aristotelischen Poetik: Aufgabe der Tragödie bestimmt als Erregung von Mitleid und Furcht und als Reinigung dieser Eigenschaften oder als Reinigung des Zuschauers von diesen Eigenschaften.

Klimax

(griech. „Leiter")

1. Steigernde Aufzählung vom schwächeren zum stärkeren Begriff (Gegenteil: ➔ Antiklimax).
   Beispiel: „Er kam, sah, siegte."
2. Eine weitere Bedeutung des Begriffes Klimax bezieht sich auf das ➔ Drama, siehe unter ➔ Freytag-Pyramide, ➔ Fünfaktschema, ➔ Dreiaktschema.

Komik

(griech. „Umzug")

Effekt, der sich als Lächeln, Lachen oder Spott äußert und der auf dem Widerspruch zwischen angestrebtem und tatsächlichem Sinn, zwischen Schein und Sein beruht.

Komödie

(aus griech. „Umzug" + „Gesang")

Komisches Bühnenstück, das durch Entlarvung menschlicher Unzulänglichkeiten Heiterkeit erzielt.

Gegensatz: ➔ Tragödie. Siehe auch ➔ Drama.

Beispiel: Heinrich von Kleist, *Der zerbrochene Krug*

Leitmotiv

Gegenstand, Situation oder Formulierung, die durch Wiederholung der Charakterisierung bzw. als Strukturhilfe dienen.

Beispiel: Die Glocke in Schillers *Das Lied von der Glocke*

Lied

Sangbare oder tatsächlich zu einer Melodie gesungene, strophisch gegliederte und gleichmäßig aufgebaute lyrische Kurzform, besonders in der Romantik beliebt, vgl. Vertonungen von Schubert; Bezeichnung steht auch für einfache Gedichte mit besonderer Betonung des Rhythmus.

Beispiel: „Röslein, Röslein, Röslein rot,
Röslein auf der Heiden."
(Johann Wolfgang von Goethe, *Heidenröslein*)

Lustspiel

Häufig gleichbedeutend mit Komödie, will aber nicht kritisch Unzulänglichkeiten aufdecken, sondern versöhnlich stimmen; reines Lachen und Heiterkeit als Ziel.

Beispiel: Gotthold Ephraim Lessing, *Minna von Barnhelm*

Mauerschau

Deutsche Bezeichnung für → Teichoskopie.

Metapher

(griech. „Übertragung")

Bildhafter Ausdruck ohne Vergleichspartikel, bildhafte Unterstützung der Aussage, Verstärkung der Suggestion im Dienste von Aufwertung oder Abwertung.

Beispiel: „corall der lippen"
(Hofmann von Hofmannswaldau, *Vergänglichkeit der Schönheit*)

Metonymie

(aus griech. „einen anderen Namen bekommen")

Umbenennung, indem geistig oder sachlich verwandte Begriffe vertauscht werden.

Beispiel: „Sie liest Franz Kafka. "
(hier steht der Autor für das Werk.)

Metrik

(griech. „Kunst des Messens")

Die Lehre vom → Metrum, also vom Versmaß.

Metrum

(griech. „Maß")

1. Im engeren Sinn: Bezeichnung für kleinste Einheit im Vers = Versfuß, Takt, aufgrund der natürlichen Sinnbetonung unterscheidet man die zweisilbigen Versfüße → Jambus und → Trochäus und die dreisilbigen Versfüße → Daktylus und → Anapäst. Mehrere Metren bilden das Versmaß.
2. Im weiteren Sinn Bezeichnung für Versmaß, das sich nach Betonung und Dauer bestimmt und den Takt (Versfuß) als kleinste rhythmische Einheit hat. In ihm ist die Zahl der Versfüße geregelt.

Monolog

(aus griech. „allein" und „Rede")

Selbstgespräch einer Person (Gegensatz: → Dialog = Wechselrede), meist im Drama (dramatischer Monolog); kann verschiedene Funktionen übernehmen, z. B. als

epischer Monolog: Beschreibung nicht dargestellter oder darstellbarer Sachverhalte.

Reflexionsmonolog: Kommentar der Figur

lyrischer Monolog: Selbstoffenbarung
Konfliktmonolog: Verdeutlichung des inneren Entscheidungskonfliktes
Entschlussmonolog: im Anschluss an den Konfliktmonolog.

Moritat

Lied des Bänkelsängers zur Drehorgel, Inhalt zumeist schaurige Mordgeschichte, andere Bezeichnung für → Bänkelsang.

Motiv

(lat. „bewegen")

Beweggrund von Handlung; in der Dichtung auch als abstraktes thematisches Grundschema.

Beispiel: Motiv der zwei Identitäten in Annette von Droste-Hülshoffs *Die Judenbuche* und *Das Spiegelbild*

Mundartdichtung

An die Phonetik des jeweiligen Dialekts angeglichene Dichtung. Programmatisch verwendet im Naturalismus (vgl. Gerhart Hauptmann, *Rose Bernd*), aber auch in der Gegenwart (vgl. Franz Xaver Kroetz, *Stallerhof*) als Ausdruck der Hilflosigkeit von → Figuren, aber auch als Zeichen von Stärke, die in der Tradition wurzelt (vgl. Ludwig Thoma, *Magdalena*).

Mythos

(griech. „Rede, Geschichte")

Entstanden in frühesten Kulturstufen, Versuch, den Ursprung von allem zu erklären. Im Mythos wird Existenzielles und Moralisches als Symbol gestaltet. Die ältesten europäischen Mythen finden sich bei Homer und Hesiod. Der antike Mythos wird bis heute literarisch verarbeitet, rein stofflich, als Ausgangsbasis zur Herausbildung neuer Mythen (vgl. z. B. *Faust*), als überzeitliche Erscheinung einer Problematik (vgl. z. B. *Medea, Antigone*).

Neologismus

(aus griech. „neu" + „Wort")

Wortneuschöpfung.

Beispiel: „Knabenmorgenblütenträume"
(Johann Wolfgang von Goethe, *Prometheus*)

Offene Form des Dramas

→ Drama, das die strenge Aufbauform der → geschlossenen Form des Dramas missachtet, indem z. B. auf einen Handlungsschluss verzichtet, die Handlung auf mehrere Spielorte verteilt wird oder Einzelszenen im Gegensatz zur Bedeutung der → Akte stark betont werden.

Beispiele: Georg Büchner, *Woyzeck*; Friedrich Friedrich Schiller, *Die Räuber*

Parabel

(griech. „Vergleichung", „Gleichnis")

Gleichnishafte Erzählung mit Bild-und Sachhälfte und einem zumeist nicht ausdrücklich genannten Vergleichspunkt (tertium comparationis); durch Analogiebildung wird die enthaltene allgemeine sittliche Wahrheit erschlossen.

Beispiele: Max Frisch, *Andorra* (Parabeldrama), Franz Kafka, *Vor dem Gesetz*

Paradoxon

(griech. „Seltenheit")

Scheinwiderspruch, der bei genauerer Betrachtung auf höhere Wahrheit verweist.

Beispiel: „Im Sommer ist mir kalt / im Winter ist mir heiß"
(Martin Opitz, *Francisci Petrarcae*)

Parallelismus

(griech. „gleichlaufend")

Wiederholung von gleichen syntaktischen Fügungen.

Beispiel: „So muss ich dich verlassen, von dir scheiden"
(Friedrich Friedrich Schiller, *Wallenstein*)

Parenthese

(griech. „Einschub")

Vollständiger Satz wird in geschlossene Satzkonstruktion eingeschoben, ohne syntaktische Ordnung zu verändern.

Beispiel: „Es war früh am Morgen – die Sonne war schon aufgegangen –, als sie endlich zu Hause ankamen. "

Parodie

(griech. „Gegengesang")

Form eines bekannten literarischen Werkes wird übernommen und mit einem neuen, meist nicht zum ursprünglichen Gehalt passenden Inhalt versehen. (Gegenteil ist die Travestie, bei der der ursprüngliche Inhalt in eine veränderte Form eingepasst wird.) Die Vorlage soll damit entlarvt oder mittels → Ironie mit kritischer Distanz betrachtet werden.

Beispiel: „Er stand auf seines Daches Zinnen,
Und schaute mit vergnügten Sinnen
Auf zwei belegte Brote hin.
‚Dies alles ist mir viel zu wenig',
Begann er zu Ägyptens König,
‚Gestehe, dass ich hungrig bin. '"
(Parodie auf Friedrich Schiller, *Ring des Polykrates*)

pars pro toto

(lat. „der Teil für das Ganze")
Ein Teil steht für das Ganze. Eng gefasster Begriff für ➔ Synekdoche.
Beispiel: „Dach" für „Haus"

Peripetie

(griech. „plötzlicher Umschlag")
Von Aristoteles eingeführter Begriff der Poetik, bezeichnet im ➔ Drama den plötzlichen Umschwung im Schicksal des Helden, findet als Höhepunkt zumeist im mittleren Akt statt, indem es auf ➔ Exposition und ➔ steigende Handlung folgt und in die ➔ fallende Handlung und schließlich in die ➔ Katastrophe mündet. Vgl. auch ➔ Freytag-Pyramide, ➔ Fünfaktschema, ➔ Dreiaktschema.

Periphrase

(aus griech. „Umschreibung")
Umschreibung eines Begriffs.
Beispiel: „dem großen Tröster" (für Gott)
(Andreas Gryphius, *An sich selbst*)

Personifikation

(aus griech. „Person" + „machen")
Vermenschlichung.
Beispiel: „die müde Seele ruft"
(Andreas Gryphius, *An sich selbst*)

Pleonasmus

(aus griech. -lat. „Überfluss")
Überflüssiger Zusatz zu einem Wort oder einer Redewendung.
Beispiel: „weißer Schimmel"

Pointe

(frz. „Stachel")
Überraschende Wendung durch einen geistreichen Schlussgedanken; oft auf Lacheffekt angelegt.

Polyptoton

(griech. aus „viel" + „Silbenmaß")
Wiederholung desselben Wortes in verschiedenen Flexionsformen.
Beispiel: „Und du mich **küsstest**, als wolltest du mich ersticken.
Küsse mich!
Sonst **küss'** ich dich!"
(Johann Wolfgang von Goethe, *Faust I*)

Polysyndeton

(aus griech. „viel" + „verbunden")

Verbindung einzelner Wörter oder Satzglieder mit der gleichen Konjunktion; Gegensatz: ➔ Asyndeton.

Beispiel: „Die Zeitung und das Fernsehen und das Radio und das Internet sind wichtige Informationsquellen."

Prolog

(griech. „Vorwort", „Vorspruch")

Worte vom Dichter oder von Schauspielern vor dem Beginn der eigentlichen Handlung (als integrierter oder selbstständiger Teil); Gegensatz: ➔ Epilog.

Protagonist

➔ Figur

Regieanweisung

In den Dramentext eingefügte Bemerkungen des Dichters bezüglich Bühnenausstattung, Mimik, Gestik, Sprechtempo, Musik, Auftreten und Abtreten von Figuren.

Reim

Gleichklang zweier oder mehrerer Wörter vom letzten betonten Vokal an.

Beispiel: „Die Mitternacht zog näher schon;
In stummer Ruh lag Babylon."
(Heinrich Heine, *Belsazar*)

Retardation/retardierendes Moment

(frz. „Verzögerung")

Handlungsverzögerung, meist im 4. Akt als Gegenstück zum ➔ erregenden Moment bzw. zur steigenden Handlung mit dem Ziel, einen anderen Ausgang als den in der ➔ Peripetie angedeuteten aufzuzeigen, wirkt spannungssteigernd, vgl. ➔ Freytag-Pyramide, ➔ Fünfaktschema, ➔ Dreiaktschema.

Rezeption

(lat. „aufnehmen")

Die Art und Weise der Aufnahme von Literatur durch den Rezipienten (= der Leser oder Hörer oder Zuschauer).

Rhetorische Figuren

(lat. „die Gestalt der Rede betreffend")

Rhetorische Figuren werden auch in der Dichtung allgemein verwendet und spielen eine wichtige Rolle in der Analyse und Interpretation. Sie betreffen im Wesentlichen die Stilistik des Satzbaues im Gegensatz zu den Tropen (➔ Tropus), die die Stilistik der Wortwahl kennzeichnen.

Man unterscheidet
Wortfiguren, z. B. → Anapher
Sinnfiguren, z. B. → Vergleich
Grammatische Figuren, z. B. → Inversion.

Rhetorische Fragen

Uneigentliche Fragen, die Zustimmung oder Ablehnung implizieren.
Beispiel: „Ist damit nicht alles in bester Ordnung?"

Rhythmus

(zu griech. „fließen")
Harmonische Sprachbewegung, die aus dem Sprach- bzw. Versrhythmus und der dem natürlichen Sinn folgenden Betonung resultiert.

Rückblende

Unterbrechung des kontinuierlichen Erzählflusses durch Erzähler oder → Figur, um auf etwas Vergangenes zu verweisen.
Aus der Filmsprache entlehnt: flashback.

Satire

(lat. „Fruchtschüssel")
Keine Gattung, sondern eine Haltung, die mit allen literarischen Gattungen eine Verbindung eingehen kann. Kennzeichen: spöttische Haltung, die indirekt kritisiert und dadurch eine Verbesserung der Zustände erreichen will.
Beispiel: „Einst haben die Kerls auf den Bäumen gehockt,
behaart und mit böser Visage.
Dann hat man sie aus dem Urwald gelockt
Und die Welt asphaltiert und aufgestockt,
bis zur dreißigsten Etage.
Da saßen sie nun, den Flöhen entflohn,
in zentralgeheizten Räumen.
Da sitzen sie nun am Telefon
Und es herrscht noch genau derselbe Ton
Wie seinerzeit auf den Bäumen. "
(Erich Kästner, *Die Entwicklung der Menschheit*)

Sekundenstil

Beschreibungstechnik vor allem des Naturalismus, die versucht, Wirklichkeit möglichst genau („sekundenweise") durch Detailtreue und minutiöse Genauigkeit zu erfassen; strebt Deckung zwischen erzählter Zeit und Erzählzeit an.

Senkung

Unbetonte Silbe im Gegensatz zur betonten Silbe (➔ Hebung). Bezeichnung z. B. mit „∪".

Sinnbild

Deutsches Wort für ➔ Symbol.

Ständeklausel

Forderung vor allem der Poetik der Renaissance, nur Angehörige der höheren Stände als Figuren in der ➔ Tragödie mitwirken zu lassen (Grund: ➔ Fallhöhe); für den niederen bürgerlichen Stand ist ➔ Komödie vorgesehen.

Stanze

(ital. „Zimmer")

Strophenform aus fünfhebigem jambischen Achtzeilern mit abwechselnd männlicher und weiblicher Kadenz und festgelegtem Reimschema: ab ab ab cc.

Beispiel: „Ihr naht euch wieder, schwankende Gestalten,
Die früh sich einst dem trüben Blick gezeigt.
Versuch' ich wohl, euch diesmal festzuhalten?
Fühl' ich mein Herz noch jenem Wahn geneigt?
Ihr drängt euch zu! nun gut, so mögt ihr walten,
Wie ihr aus Dunst und Nebel um mich steigt;
Mein Busen fühlt sich jugendlich erschüttert
Vom Zauberhauch, der euren Zug umwittert."
(Johann Wolfgang von Goethe, *Faust I, Zueignung*)

Steigende Handlung

Überleitung (Ende 1. Akt und 2. Akt) von der ➔ Exposition zum ➔ Höhepunkt; enthält Andeutungen über Verwicklung der Handlung; ➔ Freytag-Pyramide, ➔ Fünfaktschema, ➔ Dreiaktschema.

Stichomythie

(griech. aus Vers, Zeile und Wort, Rede)

Rede und Gegenrede zweier Figuren wechseln von Vers zu Vers im Dramendialog. Beispiel in: G. E. Lessing, *Nathan der Weise*.

Stil

(lat. „Griffel")

Besondere Eigenart einer künstlerischen Darstellungs- und Ausdrucksweise.

Stilmittel

➔ rhetorische Figuren, ➔ Tropen, Reimformen, die ein Autor einsetzt, um eine bestimmte Wirkung zu erzielen.

Symbol

(griech. „Kennzeichen, Merkmal")

Konkretes Zeichen, das auf abstrakten Inhalt hindeutet; das Bild vertritt die gemeinte Sache; Relation zwischen Sinn und Bild ist offenkundig; häufig vorkommende Gegenstände mit solchem Bezug können zum Dingsymbol werden; auch Farben können mit ihrem Symbolcharakter verwendet werden.

Beispiel: „Herz" als Symbol für Liebe

Synästhesie

(aus griech. „zusammen" + „Wahrnehmung")

Vermischung verschiedener Sinneswahrnehmungen.

Beispiel: „Betäubt kehr' ich den Blick nach oben hin,
zum Himmel auf da lächeln alle Sterne;
ich kniee, ihrem Lichtgesang zu lauschen. "
(Eduard Mörike, *An die Geliebte*)

Synekdoche

(griech. „Mitverstehen")

Engerer Begriff steht für weiteren Begriff (z. B. „der Mensch" für die Menschheit), ein Teil steht für das Ganze (→ pars pro toto); seltener das Ganze für den Teil (z. B. „ein Haus führen").

Szene

(griech. „hölzernes Gerüst, auf dem Schauspieler spielen")

Bestandteil des → Aktes (→ Auftritt) in der → geschlossenen Form des Dramas, kleinste Einheit des Dramas. Wichtigste Einheit in der → offenen Form des Dramas. Allgemein: Vorgang auf der Bühne.

Tautologie

(griech. „dasselbe"+ „Wort")

Ausdruck eines Sachverhaltes durch zwei sinnverwandte Wörter (Synonyme).

Beispiel: „gut vnd recht"
(Martin Opitz, *Francisci Petrarcae*)

Teichoskopie

(griech. „Mauerschau")

Auf der Bühne schwer oder gar nicht darstellbares Ereignis, das sich zur selben Zeit zuträgt, wird aus der Perspektive eines z. B. auf einer Mauer stehenden Beobachters wiedergegeben; vergleichbar mit dem → Botenbericht, Unterschied: Botenbericht handelt von Vergangenem.

Textsorte (Textart)

Bestimmung von Texten nicht gattungstypisch (→ Gattung), sondern nach funktionalen Gesichtspunkten. Dabei werden auch nichtliterarische Texte miteinbezogen, z. B. Werbetexte.

Tragikomödie

Dramatische Form, in der Tragik und Komik vermischt werden, um die Doppelgesichtigkeit des menschlichen Lebens und der Welt zu verdeutlichen.
Beispiel: Friedrich Dürrenmatt, *Der Besuch der alten Dame*

Tragödie

(griech. „Bocksgesang")
Neben der Komödie wichtigste Form des → Dramas, im allgemeinen Sprachgebrauch gleichbedeutend mit → Trauerspiel; Tragödie gestaltet die Unausweichlichkeit des Schicksals oder einer sittlichen Weltordnung, dem ein menschliches Leben am Ende unterliegt; Themen sind immer existenzielle Grundfragen des Menschen; in der Antike besonders von Aristoteles und später in der deutschen Klassik als streng aufgebautes Drama mit → Ständeklausel, → drei Einheiten und → Katharsis gefordert. Siehe auch unter → Freytag-Pyramide, → Fünfaktschema, → Dreiaktschema.

Trauerspiel

Im allgemeinen Sprachgebrauch gleichbedeutend mit Tragödie.
Bezeichnung für deutsche Form der → Tragödie, z. B. als → bürgerliches Trauerspiel.

Trochäus

(griech. „Läufer")
Zweisilbiger Versfuß (→ Metrum), der aus einer langen (betonten) und einer kurzen (unbetonten) Silbe besteht.
Beispiel: „Mauer" (– ∪), „Leben" (– ∪)
(∪ = → Senkung, – = → Hebung)

Tropus (Plural Tropen)

(griech. „Wendung")
Im Unterschied zu → rhetorischen Figuren betreffen Tropen die Stilistik der bildlichen Wortwahl/des übertragenenen Wortsinnes.
Beispiele: → Hyperbel, → Synekdoche, → Metapher, → Allegorie.

Typus

(griech. „Abbild, Muster")
In der Literatur Darstellung von Personen ohne individuelle Prägung. Die Vorstellung von den charakterisierenden Eigenschaften eines bestimmten Standes, Al-

ters oder Berufes werden anhand einer Figur als allein kennzeichnend dargestellt. → Figur, → Charakter.

Verfremdungseffekt (V-Effekt)

Ziel: Aufdeckung der Widersprüche, der Dialektik der Wirklichkeit. Mittel z. B. → Prolog, → Epilog, → Ironie, → Gestus, Verzicht auf traditionelle Bühnenausstattung, Reihung von Episoden, Verwendung von kommentierenden Songs. → episches Theater.

Beispiel: Bertolt Brecht, *Der gute Mensch von Sezuan*

Vergleich

Verbindung zweier Bereiche mittels eines Vergleichspunkts (tertium comparationis), konstitutiv sind Vergleichspartikel.

Beispiel: Er ist so stark <u>wie</u> ein Löwe.

Vers

(lat. „Wendung")

Gegliederte, poetisch gestaltete Wortfolge (Gegensatz: Prosa), zumeist mit → Metrum.

Beispiel: „Gemächlich in der Werkstatt saß
Zum Frühstück Meister Nikolas;
Die junge Hausfrau schenkt' ihm ein,
Es war im heitern Sonnenschein. –
Die Sonne bringt es an den Tag."
(Adelbert von Chamisso, *Die Sonne bringt es an den Tag*)

Versfuß

→ Metrum

Versmaß

→ Metrum

Volksballade

Mündlich überlieferte → Ballade mit meist einfachem Satz- und Strophenbau.

Beispiel: Johann Wolfgang von Goethe, *Es war ein König in Thule*

Vorausdeutung

Unterbrechung des kontinuierlichen Erzählflusses, um auf etwas Zukünftiges hinzuweisen.

Wiederholung

Begriffe oder ganze Sätze werden wortgleich mehrfach verwendet.

Beispiel: „<u>Ich</u> schreibe ein Gedicht.

Ich veranstalte eine Expedition.
Ich mache mich davon
aus Antwort und Beweis."
(Wolfgang Weyrauch, *Mein Gedicht*)

Zieldrama

→ Drama, das auf → Katastrophe/Auflösung am Ende des Stücks hinzielt; vgl. auch → Freytag-Pyramide, → Fünfaktschema, → Dreiaktschema.
Beispiele: Gerhart Hauptmann, *Rose Bernd*, Johann Wolfgang von Goethe, *Faust I*
Gegensatz: → analytisches Drama.

8. Literaturverzeichnis

Aristoteles:
Poetik. In: Theorie des Dramas. Hrsg. von U. Stähle. Stuttgart 1973
(= Reclams Universal-Bibliothek 9503 [2])

Bölsche, Wilhelm:
Auszüge aus: *Die naturwissenschaftlichen Grundlagen der Poesie* (1887). München 1976

Brecht, Bertolt:
Werke. Große kommentierte Berliner und Frankfurter Ausgabe. Hrsg. von W. Hecht u. a. Frankfurt/Main 1994

Dorst, Tankred:
Merlin oder Das wüste Land. Frankfurt 1981

Dürrenmatt, Friedrich:
Der Besuch der alten Dame. Zürich 1984

Goethe, Johann Wolfgang von:
Faust. In: *Werke*. Bd. 3. 9. Aufl. hrsg. v. Erich Trunz. Hamburg 1972

Hauptmann, Gerhart:
Die Ratten. Berlin 1994

Kleist, Heinrich von:
Prinz Friedrich von Homburg. Hrsg. v. Helmut Sembdner. München 1966

Kleist, Heinrich von:
Sämtliche Werke und Briefe. Bd. 1. 9. rev. Aufl. hrsg. von Helmut Sembdner. München 1993

Lessing, Gotthold Ephraim:
Nathan der Weise. Ein dramatisches Gedicht in fünf Aufzügen. Stuttgart 1979
(= Reclams Universal-Bibliothek Nr. 3)

Renner, Rolf Günter:
Art. *Postmoderne und Moderne*. In: Sachlexikon: *Postmoderne und Moderne*, S. 1 ff. Digitale Bibliothek Band 9: Killy Literaturlexikon, S. 25966)

Rötzer, Hans Gerd:
Auf einen Blick: Literaturgeschichte. Bamberg 1996

Schiller, Friedrich:
Das Lied von der Glocke. In: Fricke G. (Hrsg.): *Gedichte*. Stuttgart 1952

Sophokles:
Antigone. Übersetzt von W. Kuchenmüller. Stuttgart 1955 (= Reclams Universalbibliothek 659)

Tizmann, Michael:
Art. *Der Zerbrochne Krug*. In: Kindlers Literatur Lexikon. Bd. 7. Zürich 1982, S.10372 f.

Wilpert, Gero von:
Sachwörterbuch der Literatur. 7. verb. Auflage. Stuttgart: Kröner 1989

Wie interpretiere ich...?

Der Bestseller!

Alles zum Thema Interpretation,
abgestimmt auf die individuellen Anforderungen

Basiswissen
(Einführung und Theorie)
- grundlegende Sachinformationen zur Interpretation und Analys
- Grundlagen zur Erstellung von Interpretationen
- Fragenkatalog mit ausgewählten Beispielen
- Analyseraster

Anleitungen
(konkrete Anleitung - Schritt für Schritt,
mit Beispielen und Übungsmöglichkeiten)
- Bausteine einer Gedichtinterpretation
- Musterbeispiele
- Selbsterarbeitung anhand praxisorientierter Beispiele

Übungen mit Lösungen
(prüfungsnahe Aufgaben zum Üben und Vertiefen)
- konkrete, für Klausur und Abitur typische Fragen und Aufgabenstellungen zu unterrichts- und lehrplanbezogenen Texten mit Lsg. epochenbezogenes Kompendium

---

Bernd Matzkowski
Wie interpretiere ich Lyrik?
Basiswissen Sek. I/II (AHS)
112 Seiten, mit Texten
Best-Nr. 1448-6

Thomas Brand
Wie interpretiere ich Lyrik?
Anleitung Sek I/II (AHS)
205 Seiten, mit Texten
Best-Nr. 1433-8

Thomas Möbius
Wie interpretiere ich Lyrik?
Übungen mit Lösungen, Band 1
Mittelalter bis Romantik
Sek. I/II (AHS),
mit Texten, 158 S.
Best.-Nr. 1460-5

Thomas Möbius
Wie interpretiere ich Lyrik?
Übungen mit Lösungen, Band 2
Realismus bis Postmoderne
Sek. I/II (AHS),
mit Texten, 149 S.
Best.-Nr. 1461-3

Bernd Matzkowski
Wie interpretiere ich Novellen und Romane?
Basiswissen Sek. I/II (AHS)
88 Seiten
Best-Nr. 1414-1

Thomas Brand
Wie interpretiere ich Novellen und Romane?
Anleitung Sek. I/II (AHS)
160 Seiten, mit Texten
Best.-Nr. 1471-0

Thomas Möbius
Wie interpretiere ich Novellen und Romane?
Übungen mit Lösungen Sek. I/II (AHS)
200 Seiten, mit Texten
Best.-Nr. 1472-9

Bernd Matzkowski
Wie interpretiere ich ein Drama?
Basiswissen Sek. I/II (AHS)
112 Seiten
Best-Nr. 1419-2

Thomas Möbius
Wie interpretiere ich ein Drama?
Anleitung
204 Seiten, mit Texten
Best.-Nr. 1466-4

Thomas Möbius
Wie interpretiere ich ein Drama?
Übungen mit Lösungen
206 Seiten, mit Texten
Best.-Nr. 1467-2

Bernd Matzkowski
Wie interpretiere ich?
Sek. I/II (AHS)
124 Seiten
Best.-Nr. 1417-6

Bernd Matzkowski
Wie interpretiere ich Kurzgeschichten, Fabeln und Parabeln?
Basiswissen Sek. I/II (AHS)
92 Seiten, mit Texten
Best-Nr. 1456-7

Thomas Möbius
Beliebte Gedichte interpretiert
Sek I/II (AHS)
ca. 170 S., ET 10/2004
Best.-Nr. 1480-X

Eduard Huber
Wie interpretiere ich Gedichte?
Sek I/II (AHS)
112 Seiten
Best.-Nr. 1474-5
Ein kompakter Helfer zum Thema Gedichtinterpretation.
Das Buch hebt sich durch seine kompakte Darstellung und seine Methodik von anderen Interpretationshilfen ab.
Der Band zeigt auf, wie man, ausgehend von der Analyse der Form über der des Inhaltes, zu der eigentlichen Gedichtinterpretation kommt.

Bange ...leichter lernen!